書不盡言
言不盡意
有覺聖智
完成人格

辛卯冬 二○一一年
九四頑童
南懷瑾

禅宗与道家

南怀瑾 著述

复旦大学出版社

出版说明

魏晋以降，儒、佛、道三家鼎足而立，并称显学。它们既互相排斥，又彼此吸收，融通变易，争雄于世，从各个方面推进了中国思想文化的发展。由著名学者南怀瑾先生撰写的《禅宗与道家》(原名《禅与道概论》，由台湾老古文化事业公司出版)，就是以专题研究的方式，系统阐述禅宗与道家的宗旨、源流、修持和影响的著作。全书分为两编。上编为"禅宗与佛学"，对佛教产生的历史背景，大小乘佛教的基本教义，禅宗的传承，奠定后世禅宗思想基础的六祖慧能的事迹，禅宗的语录、公案、机锋和棒喝，参禅的方法，禅学与理学的关系，禅宗对唐诗、宋词、元曲、明清小说的影响，以及闻名遐迩的丛林制度等，做了精湛的论述。下编为"道家与道教"，对隐士和方士的由来，养神、服气、饵药、祀祷的派分，老庄之学，齐燕之风，阴阳五行，神仙丹道，道教的形成与演化，以及道家与道教对古代天文、历算、地理(堪舆)、物理、化学、医药等自然科学的贡献等，做了深有见地的剖析。

兹经版权方台湾老古文化事业公司授权，将老古公司《禅与道概论》二〇一〇年六月版，易为今名，校订出版，以供研究。

复旦大学出版社
二〇一五年十一月二十六日

举办宗教哲学专题讲演的旨趣（代序）
刘　真

近两年来，政大教育研究所经常每周举行学术讲演一次。讲演的范围，甚为广泛。举凡与教育有关的各种问题，如政治、经济、社会、历史、心理等无不涉及。我的意思，就是希望研究所的同学，能够具备多方面的知识，不要专在教育本身这门学问内兜圈子。因为教育与任何方面都有密切的关系，我们对宇宙、人生、社会了解愈多、愈深，则对教育问题看得愈客观、愈真切。

不过，教育究竟系以"人"为主体。也可以说，教育乃是人与人之间的一种精神交感作用。故欲求教育充分发挥其应有的效能，必须施教者自身先具有高尚的人格。我国古来之所以特重"人师"与"身教"，理即在此。

基于这种原因，所以教育研究所计划从本学期起，在一般性的学术专题讲演以外，开始举行一系列的"宗教哲学"方面的专题讲演。就今日对社会影响力较大的各种宗教，敦请大家平素所最敬佩的宗教家或富有研究的学者，做若干次专题讲演。我并非要研究所的同学将来成为某一宗教的信徒，而只是希望各同学在听过讲演之后，对其立身治学能获得在一般学问中不易获得的启示和见解。

我自幼生长在一个宗教气氛非常浓厚的家庭中，但迄今我尚非任何一种宗教的教徒。虽然如此，我总觉得一个人能够多读几本宗教书籍或多听几次宗教讲演，一定在有形或无形中，可以得到不少的益处。

目前社会上，由于物质文明的不断进步，若干人常不免一味追求物质生活的享受。但以个人收入有限，而物欲无穷，于是政治方面乃至教育方面，遂产生种种不良的风气。对于造成这种不良风气的少数不肖分子，固须"齐之以刑"；但就中国文化传统的精神来讲，则"道之以德"，似更为重要。

关于"道之以德"的方法，自然应该加强学校的伦理教育；但在伦理教育之外，如果对一般人尤其是教育工作者，能于其生命中多少灌输一点宗教的意识，使他们性灵上得到一种启示，从而了解人生不仅要注意物质生活，而且更要重视精神生活。物质生活的满足，常须仰赖于外力；精神生活的满足，则可求之于内心。一个具有高度宗教修养的人，不但不屑措意于世俗的荣辱得失，声色货利；甚至对最重要的生死关头，也都看得很轻。如果从事政治或教育工作的人都能具有这种精神修养，还会发生败坏风气的事吗？

我们中国传统的文化，自系以儒家思想为基干。而儒家思想中之天人合一观念，何尝与宗教思想没有相通之处？故有些国家常视我们的儒学为儒教；而我国古代大儒，其传道、弘道乃至殉道的精神志节，亦可与若干宗教家相媲美。宋代理学家二程兄弟向周濂溪问学时，濂溪所言甚少，仅勉以应"寻孔颜乐处"。我们细细体味此寥寥数字，含蓄着何等恢廓坦荡超然物外的境界！这岂是一般仅仅记诵章句，如今日之徒知致力于书本知识者所能企望于万一？所以我常以为，我们中国古代的一些大儒，他们本身也许没有任何宗教的信仰；但是他们的立身行事，却于无形中表现了宗教家那种崇高的人格与献身的精神。最近（十二月三日）刚刚举行百年诞辰纪念的已故的赵次陇先生生前自谓"志佛家之所志，行儒者之所行"，这两句话，颇可表现我国过去一部分前辈的知识分子思想生活所特有的风格。

蔡元培先生是大家所公认的民国以来的一位伟大的教育家，他生平虽主张以美育代宗教，但他在民国元年所发表的《新教育意见》一文中，特别揭橥"世界观"一项，曾谓："世界有二方面，一为现象，一为实体。现象世界之事为政治，故以造成现世幸福为鹄的；实体世界之事为宗教，故以摆脱现世幸福为作用。而教育者则立于现象世界而有事于实体世界者也。故以实体世界之观念为其究竟之目的，而以现象世界之幸福为其达到于实体观念之作用……提撕实体观念之方法如何？曰消极方面使对于现象世界无厌弃，亦无执著；积极方面使对于实体世界非常渴慕而渐进于领悟……"蔡先生所谓对实体世界的这种"领悟"功夫，恐怕只有具备相当程度宗教修养的人才能做得到吧！

因此，我以为从事教育工作的人，一方面固要具备多方面的知识，有深厚的学术基础；而另一方面，也应该效法宗教家献身的精神，提高人生的境界，认识人生的真义。只有这样，所谓"人格教育"，所谓"教育神圣"等等，才不致成为一些空洞的名词。

在今日科学昌明的时代，举办"宗教哲学"的专题讲演，也许有点不合时宜；甚至谈宗教，谈哲学，亦可能被人认为空疏迂阔，不切实际。实则科学与宗教乃是相辅相成的。爱因斯坦曾说："没有宗教的科学是跛子，没有科学的宗教是瞎子。"至于哲学与人生的关系，西洋古代罗马大作家西塞罗（Cicero）说得最好，他说："哲学，人生之导师，至善之良友，罪恶之劲敌！假如没有你，人生又值得什么？"我们如果冷静地想一想，古往今来的哪一位伟大的人物，不具备宗教的热忱与哲学的修养呢？

关于宗教与哲学的重要，蒋公在以下的两段训词中，更有很明确的指示：

"我感觉近年以来，科学愈发达，物质文明愈进步；而道德愈低落，精神生活亦愈贫乏，于是人们都感觉内心空虚，更觉得人生渺茫和恐怖，而无所归宿；因之对于生命不知有其意义，对于生活不知有其目的，这样没有生命意义和生活目的的人，只有懵懵懂懂的虚度一生，那对国家，对同胞，对世界人类究有什么益处？……我们在这科学文明进入太空时代的今天，格外要追求真理，宣扬宗教，来唤醒人类的心灵，解除魔力的束缚，以求得全体人类的真正自由，和整个世界的永久和平。"（见《荒漠甘泉》一八九页）

"以我在平时观察人事所得，我认为凡是稍有成就的人，就一定稍有其哲学基础和精神修养的工夫。如果一个人真能成功、成德、成业，就更必有其深厚的哲学基础，那是决非偶然的。反之，凡是其对哲学不感兴趣，而又毫无精神修养工夫的人，我可以断言其必无成就。"（见《革命教育的基础》七五页）

宗教热忱和哲学修养，我认为乃是一个教育家所必备的条件。

我希望这一系列的"宗教哲学"专题讲演，除给予教育研究所同学们一些宝贵知识外，更能引导大家在人生的旅途中，进入一段新的里程，达到更高的境界。对所谓"现象世界"的一切，看得更为超脱。不斤斤于物质的享受，不恋恋于世俗的浮华，乐道自得，立己立人。果能如此，则你们未来的成就，将不止是仅仅具有丰富知识的专家或学者，而且更是充满爱心与热忱能够真正实践中国传统师道的教育家。

（一九六七年十二月十日于政大）

前 言

去秋今春,两度应刘白如先生之约,在政大教育研究所讲述道佛两家学术思想与中国文化。初拟以最短时间,有限范围毕其事。孰知言难局约,怅触多端,繁芜散漫,不得中止。两次讲辞之半,又经《大华晚报》披露,致使爱憎之者,函电催梓全文,欲了知其究竟。秋初,白如先生远游前夕,犹以速印为辞。且杨管北先生亦愿印赠送本三千册,乐为之助。乃冒溽暑深宵,匆匆整理讲稿付梓,纰漏错谬,情多惶恐。居常有意贯串儒释道三家源流,叙述其与中国文化上下数千年之通论,然默计时间与篇章,若非尽多年之力,穷数百万言之辞,难概其要。自忖学养未逮,动遭悔咎。况人事丛脞,日不暇给,每又为之辍止。倘天假以年,或于晚岁成之,亦未可必也。本书所述,仅举其端倪,就正大雅而已。且在酷热清稿其中,适逢内外诸多障难,幸而有成,实得力于林登飞、汤宜庄、徐芹庭、孙毓芹、宋今人、汤珊先诸君之力,并此致谢,以志念也。

一九六八年岁次戊申中秋南怀瑾志

目　录

出版说明　　1
举办宗教哲学专题讲演的旨趣（代序）　　1
前言　　1

禅宗与佛学
一、佛学与中国文化的因缘　　2
二、佛学内容简介　　8
　　（一）印度文化的背景　　8
　　（二）印度上古的形势与国情　　9
　　（三）释迦出家成道对于人类世界的贡献　　10
　　　　1. 建立师道的庄严　　10
　　　　2. 破除印度传统的阶级观念　　11
　　　　3. 归纳印度上古传统宗教的轮回之说　　12
　　　　4. 开拓宇宙观与世界观　　12
　　　　5. 调和裁定形而上的本体论　　14
　　（四）大乘佛教和小乘佛教　　15
　　　　1. 小乘的思想　　16

2. 小乘的实践　18
　　　3. 小乘的求证方法　18
　　　4. 大乘的思想　20
　　　5. 大乘的实践　22
　　　6. 大乘求证的方法　24
三、禅宗概要　26
　（一）有关禅宗的史迹　28
　　　1. 禅宗所谓的"教外别传"　31
　　　2. 禅宗的禅　31
　　　3. 达摩大师初传的禅宗　32
　（二）初唐以前禅宗开展的影响　33
　　　1. 关于六祖的开悟　37
　　　2. 关于"不思善，不思恶"的问题　40
　　　3. 关于"不是风动，不是幡动，是仁者心动"的问题　41
　（三）唐初禅宗兴盛的大势　42
　（四）研究禅宗的几个锁钥　45
　　　1. 时代方言的注意　46
　　　2. 几个重要术语的了解　47
　　　3. 研读禅宗典籍的重点　52
　　　4. 必须具备禅学与文学的素养　53
　（五）禅宗的中心及其目的　58
　　　1. 禅的目的与涅槃　69

        2. 宋元以后注重参禅的禅风　72

        3. 元明以后禅宗的三关界说与参禅的境界　76

    （六）禅宗与理学的关系　77

    （七）禅宗与中国文学　84

        1. 隋唐以后文学意境的转变与禅宗　85

        2. 禅与文学的重要性　97

四、禅宗丛林制度与中国文化教育的精神　100

    （一）佛教原始制度的简介　101

    （二）禅宗丛林制度的由来　104

        1. 丛林的规模　106

        2. 丛林的风规　109

        3. 丛林以修持为中心的禅堂　115

        4. 丛林与中国文教　119

        结论　121

道家与道教

一、道家学术思想与黄老、老庄的渊源　124

    （一）道家与黄老　124

    （二）道家与老庄　126

二、隐士思想与道家　128

    （一）上古历史传说上的反证　128

    （二）孔子与隐士的思想　129

（三）隐士与历史政治的关系　130
　　　　1. 历史上畏惧"隐士"思想的反面　132
　　　　2. 历史上尊重"隐士"思想的正面　133
三、方士的学术与道家　135
　　（一）有关原始自然科学　136
　　（二）有关阴阳家演变为人文科学　137
　　（三）有关理论物理科学　137
四、关于道家方士学术思想的渊源　140
　　（一）上古传统文化与周代的道术　141
　　（二）战国时期北方齐鲁燕宋的文化背景　155
　　（三）战国时期南方楚国的文化思想　161
五、道家与道教学术思想的内容　164
　　（一）道家与道教的天人宇宙说　164
　　　　1. 关于阴阳的观念　167
　　　　2. 关于五行的观念　168
　　　　3. 关于天干和地支的甲子观念　170
　　（二）道家神仙修炼的学术思想　176
　　　　1. 道家与道教对于人生意义的估价　176
　　　　2. 方士思想的影响　178
六、汉魏以后的神仙丹道派　193
　　（一）丹经鼻祖的作者魏伯阳　194
　　（二）方士医学与易象数合流的炼气养生术的丹道　200

七、道家与道教宗祖人物思想的略论　212
    1. 儒道不分家的"天"字的含义　212
    2. 儒道不分家的"道"字的含义　213
（一）老子　214
    1. 老子思想的天道无为与自然的观念　214
    2. 老子对于仁义与圣人的观念　216
    3. 有关老子政治思想的误解　217
    4. 老子被人陷害为阴谋权术的教唆者　219
    5. 老子政治思想的重心　221
    6. 老子摄生养生的学术　223
    7. 道教《清静经》　226
（二）庄子　228
    1.《庄子》的寓言　229
    2.《庄子》的《逍遥游》与内七篇　230
    3.《庄子》外篇的风规　232
    4.《庄子》内篇养生学与方士神仙的因缘　232
（三）战国时期阴阳家与方士的声势　236
    1. 驺衍阴阳学说的动机与目的　238
    2. 阴阳学说的内容　239
    3. 驺衍地球物理的思想　239
    4. 齐国学术的风气　241
（四）秦汉之际燕齐方士与神仙的思想渊源　242
    1. 秦始皇与封禅　242

2. 汉初的神道与神仙　　245

　　　3. 汉魏以下道家学术思想的内容概略　　248

八、道教　　251

　　（一）汉末道教形成的因缘　　251

　　（二）魏晋以后的道家与道教　　260

　　　1. 唐代的道教　　266

　　　2. 宋元明清的道教　　268

九、道家及道教思想与中国文化的教育精神　　271

《禅与道概论》后语　　277

南怀瑾先生著述目录　　280

禅宗与佛学

一、佛学与中国文化的因缘

讲到佛学与中国文化历史的因缘,首当提出中国文化的界说,分为三大阶段。第一阶段:自三代前后,中国传统文化渊源以伏羲画八卦而建立《易经》天人之际的文化为基础,是属于原始的、质朴的、科学而哲学的文化;经过夏、商、周三代的演进,便形成以易、礼为中心的天人思想。第二阶段:由于传统文化的分化,到周、秦之际,产生诸子百家学术思想互为异同的天下,复经秦、汉前后的演变,渐次形成儒、道、墨三家学说思想特立独出的形态。第三阶段:再经魏、晋、南北朝的演变,产生隋、唐以后儒、释、道三家鼎峙,随时变易互为兴衰的局面。从此历宋、元、明、清,讲到中国文化,便以儒、释、道三家并举为其中坚代表。好像中国的地理河流,北有黄河,中有长江,南有珠江流域,综罗交织而灌溉滋茂了中国文化生命。所以讲到中国文化,实在不可偏举,我们身为中国人,更不能不了解自己文化的真相。尤其中国文化的哲学思想,与西方文化哲学,基本大有不同;如果说中国有哲学思想,却不是独立的专科,中国的哲学,素来是文(文学)哲不分,文史不分,学用不分,无论研究中国哲学或佛学,它与历史、文学、哲学、为政四门,始终无法分解,等于西方的哲学,与宗教、科学和实际的政治思想,不能脱离关系,是有异曲同工之妙。

由以上所举,要知秦、汉以后,儒、道两家学说思想的互相隆替,以及佛教文化输入的前因后果,便须了解两汉思想学术演变的原因:

两汉的学术思想，始终是儒、道两家思想的天下；墨家思想在汉初已经融化为儒、道的附庸，并无特立的藩篱。西汉初期，因为政治领导与社会的趋势，道家思想最为流行，历史上有名的"文景之治"，完全倾向道家黄、老之术，这是时代的需要，也是汉初政治原则上的必然趋势。从此道家学术思想，便在中国历史上形成一个定则，凡当拨乱反正的时代，必定需用道家学术为领导，到了天下太平，便"内用黄老，外示儒术"。这个原因，留待讲述道教学术时，再加说明。西汉以来，因为道家学术思想的盛行，于是法家、阴阳家、杂家等思想，也都托足道家门庭，依草附木而欣欣向荣，及其流弊所致，便造成西汉阴阳家的五德终始，以及谶纬（祀祥）的迷信风气，王莽的叛乱、光武的中兴、汉末三国的局面，无一不在谶纬的观念中而构成政治治乱的心理因素；因而有汉末道家的隐士思想，与墨家变相的游侠思想结合，产生道教的雏形，便与佛教学说互相推排，而又互相融化。

同时两汉学术思想，自经汉武帝与董仲舒辈的提倡，"罢黜百家，一尊于儒"，使孔、孟、荀以来之儒家思想，一变而为两汉经师儒家的天下，于是训诂、注疏与各主一家的传经风气，弥漫朝野，由学术思想的权威经师、博士、与选举孝廉、拔用贤良方正的制度互相交错，而造成东汉后期的世家阀阅（门第）的弊端，以致形成党锢之祸，使学术思想与政治因素，互为表里而促成政治社会的乱源。汉初承战国与秦室的变乱，文化学术凋敝已尽，西汉传经与注疏的工作，实在甚为重要。但自东汉末期，注疏传经，已经流于支离繁琐，藉此从事学问而博取功名，则为唯一工具，如要真实寻出天人文化思想的奥义，已如强弩之末，势已不能透过纸背了；所以两汉学术，一到三国阶段，便相当空泛而黯淡，恰在这个时期，佛教学术思想，挟新颖玄奥的哲学，源源输入，因此而形成魏、晋、南北朝学术思想的形态。

关于魏、晋、南北朝文化的颓废与新运，一般多归过于三玄之学的勃兴，与清谈风气的腐败，其实，如果了解两汉历史文化的演变，对三玄之学与清谈兴起的原因，就不会诿过于少数读书人，如何晏、王弼之流了。在中国历史上领导学术思想的转变，少数有识之士，固然可以开创风气，但真实形成力量的，仍然属于实际政治的领导人物，孔子推崇尧、舜、禹、汤、文、武、周公，固然是如此，后世领导方向的正确与否，还是不能例外；初唐君臣，领导学术思想，而启发佛、道两教，宋初君臣，领导儒家而产生理学，后来明、清两代，无一而不如此，所以说学术风气的转移，在于一二人者，绝不是少数坐议立谈空言之士可以做得到的。总之，魏、晋三玄之学与清谈风气的形成，它的偏向，既不是老、庄思想的罪过，也不是佛学般若谈空说妙的错误，细读历史，便知是由于魏武（曹操）父子（曹丕、曹植）的文学情调所影响，何晏、王弼都是少年贵族，恃宠气骄，既不能从事絜静精微的学问，又不能作疏通知远的工夫，而以老、庄思想的风流外表，互为三玄注解，那是文学的哲学的必然结果，所以从纯粹的哲学立场看魏、晋、南北朝的思想，除了佛学以外，所谓三玄之学，只是文学的哲学而已，由玄学再变而有清谈的风气，由清谈而造成无用之用，置天下国家事于风花雪月之间，那是势所必然的结果。

同时，佛教学术思想，又因两晋、南北朝西埵氏族的崛起，互相争霸而入主中原，于是推波助澜而使佛学东来的洪流，源源不绝，因而奠定隋、唐之间中国佛教，与中国佛学成长的根基。或有认为南北朝间佛学的输入，是凭藉西埵氏族的武力入侵而注入，等于清朝末期西方宗教向中国的传教情形一样，这个问题，在中国历史资料上，非常明白，不可混为一谈。事实上，南北朝之间西埵氏族的入侵，因为他们文化根基过于浅薄，本来便毫无文化思想的可言，与宗教政治，更不相干，只是一种盲目的凶顽残贼而已，后来如石赵、姚秦的作为，全赖感染佛教的教化，而稍戢其淫威，他如北魏的情形，更因受到佛学的熏陶，而融会接受儒、道二家文化的结果，那是史有明文，毋庸争议了。总之，南北朝的佛学，因为与中国儒、道两家文化的互相融会，奠定隋、唐以后中国文化与中国佛学勃兴的阶段，西域来中国的名僧如佛图澄、鸠摩罗什等人，无一不是英睿特出之士，而毕生致力于佛学文化事业，对中国文化思想的贡献，都是功不可泯，无可厚非。

此外，在人物方面，如因译经事业的关系，发明中国的音韵之学，便有以此名家的沈约，因佛学的译述而启发文法，即有著作《文心雕龙》的刘勰，又如云冈石窟，与唐代敦煌壁画，以及音乐、诗歌、艺术等的发达，无一不与佛学有关。但必须记得，自东汉以来到隋、唐之间，由印度佛教思想吸收成为中国文化的佛学，其间经历艰难困苦、错综复杂的过程，约有四五百年的时间，才形成唐代的文化。温故而知新，现在要谈中西文化的融会贯通，虽然时移势易，加上现代科学工具的发达，但无论如何，也不是在短时期内，或一个世纪中便可望其成就的，所以我们生在这一时期的知识青年，对于当前中国文化的趋势，与自身所负国家民族历史文化的责任，更须有所警惕而加倍努力。

至于隋、唐以后，儒、释、道三家学术阵容的形成，当然有其历史背景，远因已如上述，近因则另有新的面目：（1）由于唐室李氏宗亲的关系，自唐太宗以来，即诏定道教为国教，尊奉李老君为教主，因此而奠定道教在唐代政教上的根基。（2）又因为唐室君臣，醉心佛学，故虽尊奉道教，实则佛、道并重，但在人事地位上，略加分别而已。（3）自初唐开国将相，多数为文中子王通的门人，而王通讲学，对于儒、释、道三家学说思想，择其善者而从之，素来不分畛域，因此，一般读书人，号称儒者的知识分子，多已有儒、佛不分，儒、道无别的学术思想；即使如中唐以后，一位得力于墨家，而以文章名世，号称为儒家正统的韩愈，虽闹过史称排佛的大事，其实，还是后人正反双方的渲染过度,细读韩愈排佛的文章,与历史的事实,他当时只是对于佛教制度与某一类佛教徒的不满,并非对佛学本身多有攻击。而且自韩愈以后,直到宋、元、明、清几代理学家们的儒者,排斥佛教最力的理由,就是说它废弃伦常,无父无君的出家制度,此外,少数有关佛学的批评,到底都是门外汉的外行话,无足轻重。如从深入的角度来看,韩愈排佛,于佛教毫无损失,所以当代名僧禅德,极少出来说话,真正打击宗教本身的,往往出于宗教徒的自身,这是古今中外不易的定例,凡为任何宗教的人士,应当深省。

唐代佛学的勃兴,影响中国文化每一部门,直到后世而普及日本与东方各国,约有三大原因:(1)由于天下太平,社会安定,佛教人才辈起,创立中国佛学各宗义理,因此而普遍影响唐代的中国文教。(2)因南顿北渐的禅宗风气,普遍宏开,唐代文学与所有文化学术,如蜜入水,如盐加味,随处充满禅意的生机,同时因百丈禅师创立丛林的寺院制度,使佛教十宗学派,一律托庇宇下,奠定中国佛教与中国佛学的特色而照耀古今中外。(3)因玄奘法师自印度留学回国,翻译佛经事业的影响,以及佛学唯识法相的迻译完成,使中国文化中的宗教哲学思想,确立逻辑的思维体系,因此而与儒、道两家,左右逢源,互相吞吐诸子百家之长,而构成中国文化三大巨流的特质。

物壮则衰,事穷则变,佛学禅宗经晚唐五代以后,它的蜕变与转向,也是文化历史的必然趋势,所以一到宋初,由于开国君臣的崇尚孔孟学说,于是读书人士当然是儒家之徒的知识分子,便在有意无意之间,吸收隋、唐以后四百年来佛学修养的精神与方法,摇身一变,而产生理学濂、洛、关、闽的门庭。理学家们讲学的方法与作风,书院制度的规模,无一而不从禅宗形态的蜕变,平心而论,要说宋、明理学等于儒家的禅宗;佛教禅宗,例如佛家的儒、道,实在不算过分,但这只是言其形式,如究其实质内容的异同,就大有分别了。禅宗、理学，经过两宋二三百年的互相推排，及其末流，同时皆趋没落，禅宗有默照（沉默）邪禅及狂禅的混杂，理学有朱、陆尊德性与道问学的纷争，一逢元朝武力入侵，挟佛教密宗的喇嘛教的卷入，便使亦儒亦佛的两家巨室，就都生出支离破碎的蔓草荆棘了，从此使明代三百年来的文教，笼罩在一片不是狂禅的理学，即是理学的狂禅的气象之中。虽然有王阳明创立履践笃实的良知良能的学说，但依违儒、佛之间，毕竟大有问题存在，因此使明末、清初的大儒们，讥为"圣人满街走"、"平时静坐谈心性，临危一死报君王"等，确有原因，并非纯属意气用事，清初佛学与禅宗，虽有雍正的再度提倡，但因既定的国策，始终以外崇喇嘛教而羁縻西北边陲，故亦一蹶不振，无能为力了。

总之，由于以上的简述，对于佛学与中国过去文化历史的因缘，大概已可了解其重点了。

二、佛学内容简介

（一）印度文化的背景

佛学，为释迦牟尼建立教化的内容，从佛学观点来讲，佛教、佛法、学佛三个观念，各有不同的意义；佛教，是佛的遗教，具有宗教性质；佛法，概括佛学的思想学术与所有求证的方法；学佛，是实践佛的遗教，循佛的教导方法去求学。

在中国学术中，对于佛学，有一句习惯的名言，都说"佛学浩如烟海"，由此可以想见佛学内容的丰富，若就学术的角度，用很短的时间，把佛学的重点简介出来，首先须得了解上古时期印度文化的背景。提到印度文化，我们要有一个认识，印度上下数千年的文化思想，始终在宗教、哲学，与各宗教、各哲学的修行求证方法中徘徊演变，乃至现在的印度教，也不例外，所以印度全部的历史文化，也一直在宗教争斗、思想摩擦、阶级不平的状况下绵延续绝。虽然十七世纪以来，有外力的侵入，他们随时随地，仍然利用印度人宗教思想的矛盾，作为控制的法宝。

印度上古宗教的教义，与释迦牟尼先后同时的宗教及各派哲学思想，真如"天花错落，星罗棋布"，实在可作世界上"比较宗教"与"比较哲学"的蓝本，普通讲印度哲学，大约都以六师并举，以说明其六大哲学学派的情形，实际上在已经翻译的中国佛学中，动称异派哲学思想的，约有九十六种之多，虽然全体资料不够，但一鳞半爪，断简残篇，还是有很多宝贵的材料；只是现在国际间讲印度哲学或佛学，都受十七世纪后欧洲学派的影响，从来不重视中国佛学的资料，致使中外学者，一笔抹煞中国佛学的价值，非常可惜而且可叹。总之，上古的印度哲学与宗教，对于有主宰、无主宰、一元、多元、是心、是物等等的问题，已经无所不具，至于佛教，约当中国宋代中叶，因受异教侵入的影响，完全进入中国，成为中国的佛教，后来印度文化历史的转变，与佛教并不相干，这是应该特别说明，以免误解。

（二）印度上古的形势与国情

释迦牟尼的时代，约当中国春秋前期，关于他住世的准确时期，向来为古今中外学者所争辩的焦点，从世界文化历史的角度来说，在这个阶段，先后不出一个世纪，东方西方的历史演变，虽然都是一片紊乱，但却哲人辈出，蔚为奇观，中国有老子、孔子等人；印度有释迦牟尼的哲人僧团；希腊有苏格拉底、柏拉图等人，都是影响后来人类文化垂数千年之久的人。

当那个时期，我们的历史，固然为分封诸侯，建立地方王国的制度，可是还有中央一尊的周天子高高在上，君临天下；而印度正是数百个国家争权分立，并无一个一统天子的帝王局面，释迦牟尼身为王子，秉绝世的睿智，承受宫廷教养，少年博学多能，由于他亲身目睹当时印度的战争残杀，与观察生物世界弱肉强食的痛苦，要想为天下苍生寻求一个真正和平的途径，便毅然出家，遍寻远古哲人的遗教，以求得到宇宙人生的真谛。他出家以后，参访过传统婆罗门教的修证方法，与其他各宗教、各学派出世苦行的修道生活，结果认为都是不究竟的学问，便独自经历一番苦行修证，从十九岁出家，直到三十二岁才开始弘扬他的教化。现代学者，对他犹如对孔子一样，或有认为他是宗教的教主，也有认为他是哲学家或教育家，其实这些尊荣的头衔与地位，对于释迦牟尼都无所谓，一个真正的圣哲，决定漠视世间的虚荣，敝屣帝王的尊荣而不顾，同时又动称古佛与他佛，可见他并不想以教主自居，至于由他的教化而变为一个宗教，又登上教主的宝座，那都是后世再传弟子们的事情。我觉得所有宗教教主们，大多数都是抱着如此胸襟的，譬如老子被人拉上道教教主太上老君的宝座，又何尝是他"不知所终"，或骑青牛出函谷关的初衷呢！与其说释迦牟尼创立佛教而为教主，毋宁说，他裁集印度上古传统文化思想的大成，而阐扬其特立独行的文教精神，更为伟大而隽永有味。

（三）释迦出家成道对于人类世界的贡献

现在我们归纳释迦出家成道，与宏扬教化的要点，约有五个重心，分述如次：

1. 建立师道的庄严

指导以慈悲为怀的君国之道。释迦考虑自己可以做一个不世的英雄，统治印度的天下，但英雄能够征服天下，不能征服自己；况且人类历史，始终向变道的途径演变，毕竟不能千秋万代保持一个永恒不变的王权；他要建立一种文化思想，可以做为万世的准绳；他要征服自己，达到成就内圣的要求，便要"离情弃欲，所以绝累"去出家求道了。结果他所愿得偿，建立了师道教化的庄严，赢得古今中外、千秋万世的敬仰，依照现代人惯用的经济价值观念来讲，他从事万代教化的价值，比他终身数十年为王称帝的价值，诚然不可以道里计。依循他所建立师道的效果，在后来数百年间，便有印度名王阿育王的功绩出现，成为印度历史上文治最光荣的一页，相当于孔子学说，形成西汉初期的文治；但我说相当，并不就是同样，有关师道庄严的教化精神，与大小乘所有戒律的仪范，可与中国传统文化中的《礼记》，相互呼应，也是人类礼义与法律哲学的基本精神。唐、宋以来比较客观的学者，每引释迦与孔子比论，认为孔子若生在当时的印度，必如释迦的作为，释迦如生在当时的中国，必如孔子的行径，所谓"东方圣人，西方圣人，此心同，此理同，其揆一也。"

2. 破除印度传统的阶级观念

提倡平等及于众生。印度历史，自古至今，向来便有极其严格的阶级观念，通常所谓第一阶级的婆罗门（传统婆罗门教的僧侣）、第二为刹帝利（传统掌握军权的武士）、第三为吠舍（从事农牧商等人）、第四为首陀罗（从事贱役者）。释迦成道以后，极力宣扬一切众生性相平等的观念，不但认为人类是平等的人类，而且认为凡有血肉与具有灵知之性的生物，乃至天人之际，一律称为众生，大家在本性的道体上，本来都应该是平等的，人果然不应该以非礼的恶意侵害他人，同时也不应该为自私而残害一切众生；人与众生，如如之性，本自平等，所以人人为善去恶可以成佛，一切众生与天人，为善去恶，亦可以成佛。这是儒家的思想，"民吾胞也，物吾与也"，乃至理学家所提倡的"人人可为尧舜"的观念，实为同出而异名，他教理的物我一如，众生平等的说法，可谓是耀古腾今、彻底平等的思想，同时他以身作则，在他亲身领导学者集团的僧侣中，无论出身贵贱，一律平等，唯德行而重。也许有人认为既说平等，就会流于是非不辨，善恶不分，这可不能误解，释迦说的是性（体）相（用）本体的平等，至于达到平等的境界，仍然须要善恶的分野，与为善去恶的修养，所以为除恶而向善，为去恶人而为众善的作为，正是莫大的功德，并不自相矛盾，这又与儒家所说的"汤武一怒而安天下"的意义，大有殊途同归的旨趣。

3. 归纳印度上古传统宗教的轮回之说

建立三世因果、六道轮回的生命现象论。由于"物我一如，性相平等"的根本观念，与为善去恶的方法，而达到"一如"与"平等"的境界，当然就涉及众生生命的来源问题，他用归纳的方法，并列生命的种类，大体约分为六道：所谓天道、阿修罗道（界于天魔之际）、人道、畜生道、饿鬼道、地狱道的六类。一切众生，由于思想与行为善恶程度的多寡不同，而互自沦为六道当中的生命现象，人能为善而生天，亦能为恶而变为畜生、饿鬼、乃至堕入地狱；但天如忘善动念为恶，亦可互变为阿修罗，乃至旁入他道，于是认为这个宇宙世间所有众生生命的异同现象，都由于心意一念之间的善恶而互变，相似于道家物化宇宙的理论（相似不即是全同）。故一念的善恶，与起心动念的行为，积微末而成为显著，便构成三世因果的理论；所谓三世，是指时间的过去、现在、未来，有过去的因，累积而成现在的果，由现在的因，累积而成未来的果，未来与过去，又如循环的无尽，所谓轮回，便是指此周旋动转的意义，于是便建立一个三世因果，六道轮回的学说体系，相同于《易经》的"积善之家，必有余庆，积恶之家，必有余殃"，以及"善不积，不足以成名，恶不积，不足以灭身"的道德因果观念。

4. 开拓宇宙观与世界观

印度上古的宗教与哲学，凡是涉及形而上的问题，自然就会触及天人之际的探讨，虽然他们思想学说的终极，最后都自归入于天道，但各宗派所崇奉的天道，纷纭不一，于是便有一尊与泛神的冲突。释迦学说，归纳天人之际，而有三界的区分，所谓欲界、色界、无色界，统名谓之三界；欲界的天，包括上至日月以外，下及人与畜生、饿鬼、地狱，日月运行之际的天，仍属欲界之中，所谓欲界，是指这一界内的众生生命，都从欲爱（男女饮食）而来，广义地说，有色、声、香、味、触的五欲之乐；狭义地说，有笑、视、交、抱、触的行为。欲界之中，共有六重天界，其中所谓忉利天者，包括三十三天的分布，随时互易其主，在欲界中的人道世界，约分东南西北四洲（部分），我们人类的世界，是属于南瞻部洲的一部。这个世界的总名，叫做娑婆世界，娑婆，有堪忍、缺憾的两重意义；堪忍是指这个世界上充满缺憾，甚多苦难，而人与一切众生，不但能忍受其缺憾与许多的苦难，而且仍有很多的人们，孜孜向善，所以值得赞叹，如果世界上没有缺憾与苦难，自然分不出善恶，根本也无善恶可言，那应该是自然的完全为善，那就无可厚非，无所称赞了。欲界天人之中，各有主宰，超过欲界以外的，便是色界，色界的众生，但有情意而无欲，相视会心一笑，就会生出生命的成果，他有十八重天，属于修习静虑禅定境界众生所生的果位，色界的最高天，为色究竟天，有大自在天为其主宰。超此以外，便是无色界，计有四重天，为修习静虑得果者所生之处，但有意识，而无情欲的存在，统此三界之中，为其主宰者，又名为大梵天，由此简略说来，释迦区分天人的界限，约有六十重天，统名谓之三界，仍然属于六道轮回的范围。

这个三界的宇宙世界，是以一个日月所照的太阳系统为单位，由人间世上至日月，以及三界所属天中，时间的实际与观念，各各自有不同，例如月中一昼夜，等于人间半个月；日中一昼夜，等于人间一年，于是分别宇宙世界的时间，繁细到难以算数，总之，他的宇宙观是无限的、扩大的宇宙观。他的世界观，是以一个日月系统做为一世界的单位，累积一千个日月系列的世界，名为一个小千世界，累积一千个小千世界，名为一个中千世界，累积一千个中千世界，名为一个大千世界，他说如此三千大千世界，在这个无垠无限的宇宙，多至如河沙数量，不可计算，由此反观人间多欲众生的纷纷扰扰，真是渺小得可怜。释迦既说出三千大千世界的三界宇宙观，以统摄印度上古的各宗教与各派哲学的天人思想，开拓人智胸襟的领域，至于天文数字不可能及的境界，反之，分析物质微尘的精细，又深入到最后无形无相的微妙，因此使往古来今各派哲学思想的内容，实在难与其互比丰富与充实。

5. 调和裁定形而上的本体论

印度上古的宗教哲学，与各派哲学思想，对于宇宙生命来源的争论，不但众说纷纭，莫衷一是，而且各用因明（逻辑）的根据，建立学说的体系，但始终不离有主宰、无主宰、一元的、多元的、唯心的、唯物的范围。其实，综合古今中外世界人类文化最基本的探讨，仍然不外这些问题，几千年来的时间，全世界的人类，由宗教到哲学，由哲学到科学，对于人类自己切身的生命来源问题，仍在寻求、迷惘、争辩之中，看来真是人类文明的一大讽刺。

印度上古宗教哲学，对于宇宙人生生命真谛的追求，各自别有见地，各自别有安心立命的方法，而且都认为已经得到清净解脱的究竟法门；有的认为最后的灵性与大梵合一，便是至道；有的认为灭绝情欲与思虑，便是究竟；有的认为不用感觉而保持灵性的不昧，不用思想而不失灵知，便是大道；也有认为人死如灯灭，只图目前的享乐，就是真实；甚之，有人认为我已得到最清净的解脱境界的涅槃，凡此种种，不胜枚举。释迦宣扬教化，对于这些问题，作了一个调和裁定的结论，他认为宇宙万有生命的现象，都是因缘集合而生，其中并无一个能主宰的作用，缘生而起，缘尽而散，而宇宙生命最高（或最终、最初）的功能，是心物同体的；如果你用宗教的观念，从神圣的角度去看，也可以称他作佛、或天、或主、或神、或任何种种超人格化的神圣称呼；如果从理性的角度去看，也可以称之为性、或心、或理、或道、或法界等称呼；倘使从人类习惯观念的角度去看，也可以称他为法身，为生命本源的无尽法身等称呼。总之，从体上来说，他是以空为体的；从相上来说，他以宇宙万有之相状为相的；从用上来说，宇宙万有一切的作用，都是他的起用，他譬如一个大海，海水起的波浪，便如因缘所生的宇宙世界，波浪上的泡沫，便如因缘所生众生各各形成的个别自身，虽然波浪泡沫现象各有不同，始终不离一个水的自性，但譬喻只限于比喻，譬喻并不就是本体的自性。

众生世界，因为不能证到自性本体的究竟，便舍本逐末，而各各执著自己的所见、所知处，认为那就是究竟，于是各依主观，形成世间的差别知见，其实，主观、客观，同属于思维意识的分别作用，思维意识的所知所见，自身本来就凭藉着身、物世界的因缘而起作用，它的本身便是虚妄不实，不足以定真理的有无，存在与否；只要人能从自心寂静思维意识上去做工夫，渐渐就可了知身心的作用，也如现象世界一样，变迁无常，虚妄不实，从此节节求进，层层剖析，尽人之性，尽物之性，达到身心宇宙，寂然不动的如如一体，不住于有，不落在空，便可证得宇宙人生的最初究竟。释迦又另命名它为"真如"、或"涅槃自性"、或"如来藏性"；"如来"，广义地说，便是宇宙生命本体的别名。所以他认为说空、说有，都非究竟，唯一的方法，是达到身心寂静，再在此寂静中去求证，但它是"不可思议"的；所谓"不可思议"，是修证方法上的术语，认为不可用习惯的意识思维去思想、去拟议，便可以到达的，因此"不可思议"一词，不可错作"不能思议"的误解。

（四）大乘佛教和小乘佛教

说到释迦学术思想的内容，也就是通常所谓佛学的概要，依照一般习惯，都以大乘、小乘来区分，中国的佛学与佛教，乃大小乘并列，而且比较偏向大乘，现在流行于西方的佛学，大多数只注重小乘，认为那是原始的佛教,尤其东南亚各国的南传佛教,大体都是以小乘为主的,以下先用比较简要的途径,从思想、实践、与求证方法三个项目来说明小乘佛学。

1. 小乘的思想

有关分析身心而得的归纳名词计有:五阴、三毒、六根、六尘、十八界等名相。

五阴:一译作五蕴。阴与蕴,都是代表阴暗与蕴藏的意义。五阴包括色、受、想、行、识五项。

色阴:包括有所表示的如颜色与长短、虚空,乃至无所表示的,如抽象幻觉等等,中文的色字,有时代表男女之色,但佛学中极少采用色字来代表男女色欲,总之,色阴,是包括物理与生理身体的四大种性,所谓四大,就是地大(坚固性的实质)、水大(流动性的液体)、火大(热能)、风大(气化)。受阴,指生理的感觉与心理的反应。想阴,指思维意识的思想作用。行阴,指身心本能运行活动的动能。识阴,指心灵作用的精神本质。

由人我身心与物理人事世间所起的心理基本罪恶,便有所谓贪、嗔、痴的三毒,隋唐以前旧译也有称为淫、怒、痴的。由三毒所生的差别罪恶,便有三种心理的罪过,即贪、嗔、痴;四种口舌的罪过,即妄语、恶口、两舌、绮语;以及三种身体的罪过,即杀、盗、淫。

佛学既概括人们身心的作用,叫做五阴,同时又分别身心与物理世界的关系,构成六根、六尘与十八界:

(此中唯有意的思维法则,属于心理的,余如身体所生的感触等

等，都是属于生理与物理的作用。）

有关于人生观与世界观的，计有四谛、十二因缘。

四谛：即为苦集灭道四者。是说人生世界，一切皆苦，纯苦无乐，而众生无知，反取苦为乐；归纳其类，分为八苦，即生、老、病、死、求不得、爱别离、怨憎会、五阴炽盛等，这就叫做苦谛。因为众生自寻烦恼，以采集苦因而成苦果，误以为乐，这就叫做集谛。如欲灭去苦因苦果，达到离苦得乐，这就叫做灭谛。因此必须要以求证道果，升华人生而得达究竟的法门，这就叫做道谛。

并且以人世事物，一切都是变迁不定，根本没有永恒，所以名之为"无常"。人生一切，纯苦无乐，因此名之为"苦"。一切皆空，所以名之为"空"。而且分析身心，乃至世界，其中毕竟没有我的存在，所谓世界身心，但为我的所依，并非我的真实，又名之为"无我"。因此综观人生世界，名为"无常"、"苦"、"空"、"无我"。

十二因缘：首先从无明开始，无明就有不明根本，不知其所来的意义，普通人们对于生命或心灵意识活动的泉源，都是一本糊涂，不明究竟，反之，就是明白觉悟而得其究竟了，可是一切众生，都从无明而来，所以姑且裁定以无明为开始的因。首因无明而发生第二相互关系的行，行就是动能的意思。第三因行而有识的作用，识是基本能思的潜力。第四因识而构成名（抽象的观念）色（实质的生理与物理）。第五因名色而生起眼等六根与色等六尘进入的现象。第六因六入而发生接触的感觉。第七因触而引起领受在心的作用。第八因受而发生爱欲的追求。第九因爱而有求取的需要。第十因取而现有的存在。第十一因有而成生命的历程。第十二因生而有老死的后果。复因老死而转入无明，又形成另一因缘的生命。

无明循前列循环因缘的次序，而互为因果，因此生生灭灭，如环的无端无尽，虚妄相续，建立一个幻化的人生世界历程的现象，同时，又用这一法则,说明物理的,与过去世、现在世、未来世三段时间中,生命延续的法则,扩而充之,又可用在对于时间、空间的解释。

总之,小乘佛学对于人生世界的观点,正如一般宗教相似,纯粹从出世思想的立场,看世界,是一个痛苦烦恼的世界;看人生,是一个悲观罪恶的人生,因此要求出离世间,要求解脱人生,而求得清净寂灭的涅槃道果;其行为思想,如中国道家的隐士,其偏向有点类似杨朱,所以也为中国文化中另一类的精神相近,自然而然被承受下来而成为中国佛学的一部分。

2. 小乘的实践

以持戒、修定、修慧为次第三学的基础,终于达到解脱,与解脱知见的究竟。所谓戒律,有出家的男众与女众,不出家在俗的男众与女众种种项目的差别,基本戒条,也就是人类公认的不杀、不盗、不淫、不妄语等等的美德,是以戒律的作用,与中国文化的《礼记》精神:非礼勿视、非礼勿听、非礼勿言、非礼勿动,极其相似;其他细节条文,有关于仪礼,以及防微杜渐的操守,又与墨子的素丝染色之叹,与节俭其行、高尚其志,互相类似,除了其中一部分,因时因地的异同,尚有可议之外,实在是澡雪精神、砥砺操行的道德准绳。

3. 小乘的求证方法

以禅那为主,梵语禅那,有译为中文的静虑,但静虑是从大学的知、止、定、静、安、虑、得的取义而来,且又稍有出入,禅那包括瑜伽与观慧,是一种变化气质,锻炼身心的方法,大乘的禅定,与后来中国佛教禅宗的禅,又有异同。禅那的方法,有从一心一德的信仰坚定入手;有从生理的安那般那(调理出入呼吸)入手;有从洗心休息入手;有从心理的观念慧思入手;有从念诵秘文入手,所谓方便法门，不一而足，综合其修证工夫程序的分类，不外四禅八定，又称为九次第定；四禅包括四定，统名为四禅八定，加上得阿罗汉极果的灭尽定，更名为九次第定。

初禅，心一境性、定生喜乐：所谓心一境性，就是指从某一种方法入手，初步到达心境宁静，统一精神与思虑，集中一点，没有另一纷杂的思念歧差，渐渐引发生理上生命本能的快乐——不同平常欲乐的感觉，与心理上无比的喜悦——不同平常情绪上的欢喜。由初步入手到达这个过程之中，便已经历一般所说打通气（生理本能的活动）脉（神经系统）的程序，才能到达心境宁一的境界。二禅，离生喜乐：再由此进修，心境的宁静，更为凝固，喜乐的境界，更为坚定，有脱离身心压力苦恼的觉感。三禅，离喜得乐：由前所引发心理上喜悦的经验，已经熟悉而安谧，成为异乎平常的习惯，唯有乐境的存在。四禅，舍念清净：以上三个禅定的过程，仍有感觉意识的作用存在，到了四禅的程度，舍除感觉而达到无比寂静的境界，才为究竟。除了这四种禅的境界以外，有四种定境：色无边处定，是在光景无边的情况中，得到身心的宁静。空无边处定，是在空灵无际中，得到宁静。识无边处定，是在从未经验的精神境界中，得到宁静。非想非非想处定，是为超普通感觉知觉的境界中，得到宁静；所谓非想，就是说不是意识思想的情况，非非想，是说并非绝对没有灵感的知觉。至于最后一种阿罗汉境界的灭尽定，是超越平常言语文字的境界，勉强用比喻来说，等于天人浑合，与无边无相的虚空合一的境界。所以小乘最高成就的阿罗汉们，每每到了住世寿命已尽的时候，而预知时至，显现神变，终于"灰身灭智"自称："我生已尽，梵行已立，所作已办，不受后有。"便泊然寂灭。

由于以上的简介，大概可以约略窥见小乘佛学的情形，他先由学理思想，对于理论上的了解，从实践绝对道德的戒行作起，到达求证禅定而得解脱，其最终的目的，认为可以脱离这个世界生死的轮圈，永远得到住在绝对寂静清虚的道果之中。事实上，这个清虚寂静的道果，是否就是宇宙生命的究竟？是否真能可以解脱生死的轮回？从大乘佛学的观点上看来，都是很大的问题，同时，禅那的境界，释迦也曾说过，这是一种共法，所谓共法，并不是佛法所独特专有的，凡普通世俗的人，与其他宗教，异派学术的人，只要深明学理，努力修证，都可以做到类似的定境，并非究竟了义的法门。他们只知厌离世间，自求适意，解决生命之流的分段作用，自己便认为已经了脱生死，住在寂灭清静的境界上，只是落在偏空之果，等于逃避世间的自私隐士，是一种彻底个人自由的实行者，后来中国的禅宗，称之谓"担板汉"或"自了汉"；所谓担板，是说他用一个肩头背了一块木板走路，只能看到一边而已。

4. 大乘的思想

中国的佛学，向来是大小乘兼修并具，显教密教通行不悖的，尽管从大乘佛学的立场来看小乘，并非究竟的佛法，但学习大乘，仍然须以小乘的戒、定、慧三学作为基础，不但如此，如以乘道来说，中国佛学，等于有五乘的阶梯：第一人乘，学佛先要从做人开始，凡人伦道德，应该注重的事，都须一一作到，以期达到为善去恶，而止于至善的境界。由人乘升华，可以达到第二天乘的进修，天人是从做人的至善而生。第三为小乘的声闻乘，包括厌离世间，修习四谛——苦、集、灭、道的小乘行者。超此以上，便为第四的缘觉乘，从十二因缘的原理，观察世间的缘聚缘散，缘生缘灭，便遗世独立，超然物外的小乘行者。第五才为大乘的菩萨道，所谓菩萨，是梵语菩提（觉悟）萨埵（有情）的译音，他包括自利、利他以及佛果的自觉、觉他、觉行圆满的意义，如用中文直译的意义来说，菩萨便是"觉有情"，又名为"大士"或"开士"，用现代语来说，便是多情的慈悲救世的得道者，后来中国文学上有"不俗即仙骨，多情乃佛心"的句子，实在是辞藻美丽的恰当写照。大乘菩萨道，复有三种行径：(1)先求自利，如从小乘出世修行等入手。等到自利成就，才来利他。(2)先为利他，后求自利。(3)自利、利他同时并进。总之，大乘的行为，是身入世而心出世的，是以济世救众生为基础的，是可以牺牲自我而救世救人的大乘的观看一切众生，都是与我同体而发生慈悲的愿力，大乘的慈悲利物，是无条件、无要求的，绝对的自发自觉的救世心肠，综合以上两个观念，便名为"同体之慈，无缘之悲"。

大乘思想的体系，是扩充小乘戒、定、慧、解脱、解脱知见的法门，构成六度（六波罗蜜）或十度的层次，所谓六度：(1)布施。大乘思想是以布施入手的，因为一切众生，都是从自我自私的贪求，而造成苦果，大乘以尽其我之所有，我之所属，彻底作为布施，以满足众生的欲望，以感化众生的悭贪；布施又分三种：一为外布施，即以财物身命等做布施，又名财布施；以知识学问智慧等作布施，为法布施，二为内布施，使自己内心放下一切贪欲的心，三为无畏布施，给一切众生以平安、安全、无恐怖、精神上的支持与保障。(2)持戒。从不杀、不盗、不邪淫、不妄语开始，至于起心动机，无一非戒律，大乘的戒律，不但是行戒形戒，实际上，完全为诛心之论的心戒，例如为善的动机而为求名，即犯大乘菩萨之戒，其中运用之妙，实在不是片言可尽。(3)忍辱。简单地说大乘忍辱，有两句话，已可概其大要，即"忍人所不能忍，行人所不能行"，统统为了慈悲救世而出发，而且要做到内心了无忍辱的观念存在，才算忍辱。(4)精进。就是随时随地，勤奋努力求证的恒心，所以精进，与前面的布施、持戒、忍辱、与后面的禅定、般若为伴侣，无论进修哪一度门，都是须精进不懈方可，它是积极的为善，不是消极的等待为善。(5)禅定。包括小乘四禅八定与九次第定的内容，扩而充之，至于动中、静中、在内、在外、无时、无处、无一而不在禅定中的境界，上至上升天堂而享乐，下至下入地狱度众生，都要刹那不离禅定以自处。（6）般若。般若为梵语，如用中文的译义，等于智慧，但中文的智慧，往往与聪明相通，聪明在佛学上，被称为"世智辨聪"，是由于感官的灵敏，和耳聪目明而来，并不足以代表般若内涵的智慧。般若的智慧，有五项内义：一为实相般若，是证悟宇宙万有生命的本体，与心性根源的智德。二为境界般若，是由心性本能所生起的各种差别境界，包括精神世界的种种现象。三为文字般若，是由智慧所发出哲学的文学，与语言的天才。四为方便般若，是智慧运用的方法，包括所有学术知识的范畴。五为眷属般若，概括由前五度而来的道德行为的德性。以上自布施到禅定五个次序，都是大乘的励行至善之德的基本，由力行善德而至于自启其牖，达到般若智慧成就的极果，所以大小乘佛学的最高成就，都是注重智慧的解脱、智慧的成就，并非盲目的信仰。复由六度成就的扩展，作为利世利人的入世辅翼，便有另外四度的成立。（7）方便善巧。精进自利利他的方法。（8）愿。是对众生永恒无尽的慈悲愿力，所以大乘菩萨为发愿拯救世间，便有"虚空有尽，我愿无穷"，"地狱未空，誓不成佛"的坚誓名言。（9）力。由坚贞不拔的誓愿生起自利利他的伟大愿力。（10）智。终于达到"自觉觉他、觉行圆满"而成佛果的大智度门。

5. 大乘的实践

大乘菩萨道的思想学术，开拓小乘厌离世间的思想，化为积极入世的精神，不但要以出世的心情，跳进人间的火坑地狱去救世救人，而且要救一切众生；不但要度化善人，而且要度化恶魔；不但赞叹笃信佛道真理的善男信女，同时也赞叹凡是具备这种同一真理、同一原则的异宗外道，虽然对于最高见地因有差别而形成说教的方式各有不同，只要是同具慈悲觉世的心肠，认为即同于大乘菩萨道的同行善友，这种以与世无争的出世心情，毫无条件而入世救众生的自愿，正如后世佛教所用的标记"莲花"一样。"莲花"是纯净无污的"圣洁"之花，但它却不生长在高原山顶之上，它要在拖泥带水的秽污烂泥中开花结果。因此讲到大乘所实践的戒律，每每以八万四千条来形容它的繁细，但这非一定的数字，只是表示众生界善恶心理的差别变相，在一念之间，便有八万四千种的差失，由此可知所谓大乘戒律的根本精神，在于心戒，凡是"动心忍性"，起心动念之间的内在动机，有一毫是恶念，或以自私自利而出发，便是违犯菩萨的戒律。唐、宋以后，中国内地所用的菩萨戒，是以《梵网经》为基本，边区西藏地方所用的，是《瑜伽师地论》的菩萨戒为基本，但这两种戒本，都是原理原则的建立，运用之妙，仍在一心。其中有大部分原则，相同于儒家圣贤君子之道，与有道之士的行谊，如与中国传统文化五经中的《礼记》的《儒行》、《坊记》、《表记》、《学记》等篇参照来读，便可了解释迦佛对于人类德行风规的伟大建立，实在令人肃然起敬，油然具信，与其说它是宗教的戒律，毋宁说是人类教育哲学的最高守则。由此可知大乘实践的精神，又迥非小乘戒律可以范围，所以唐、宋以后中国的佛教，采取大小乘戒律并重的方向，尤其偏向于大乘戒行，与南传佛教，大有异同之处，这也足以说明；我们过去的文化传统，不是贸然接受佛学，是先要通过儒、道等学术思想的尺度去称量，然后才确定其价值而皈依膜拜的。虽然如此，我们若拿大乘菩萨的牺牲自我，专为救世而高尚其志的精神来讲，当然是天人仰止，无可非议，然而实践其道，谈何容易，墨子的摩顶放踵以利天下，早已有人说他"陈义太高"，何况能舍头目脑髓，而有过于墨子者，所以后世笃信儒家学者，便提出"亲亲、仁民、爱物"的仁爱次序，认为才是比较近于人情的救世思想，因此便又有儒、佛行谊争辩的学案。总之，"高山仰止，景行行止"，虽然是高不可攀，远不可及，但取法乎上，也是教化必具的需要，平常有人问我是不是佛教徒，我的答复是："我无资格做个佛教徒。"有人问我怎样才叫做大乘菩萨？我的举例是：当一个人，在大海茫茫，遭遇台风巨浪而垂死须臾时，你只有一个救生工具，还是诚诚敬敬的送给旁人，当你在患难中，饥饿到九死一生，你有一碗饭，而先送给同饥的旁人，如果有这种心肠，无论你有无信仰，或信仰不同，一律都是菩萨的行径；大乘佛教中有一个故事："一位孝子向一位修道的菩萨求救，要求他施舍眼睛，作为医治他母亲的药物，而这个菩萨，毫无吝惜地把左眼挖给他。但那位孝子说：你太快了，弄错了，我是需要你的右眼，才能医治我的母亲。这个菩萨听了，迟疑一下，再把右眼挖给他。这个孝子便说：不用了，因为你有迟疑不舍的心，这个眼睛已经作药不灵了。"我们听了这个故事，便可了解牺牲自我，救世救人的行为，是如何的难行！不过，在这个芸芸众生的世间，有不少"慷慨捐生、从容就义"，以及许多舍己为人的事，各色各样，或大或小，却到处自然地充满着大乘菩萨的精神，不能因为他无宗教的信仰，或信仰不同，便认为不是菩萨。至于菩萨戒律的理论基础，明辨是非善恶的动向与方法，尤其精神，如果滥用这种精神，不但于世无补，于人于己无利，甚之，适得其反，那要另当别论了。

6. 大乘求证的方法

关于实践大乘菩萨道的程度次第，分为十位阶梯，佛学的专有名词，便叫作"十地"，在未到达"初地"以前的，还有四个序位，包括四十位的等差。确定"十地"的程度差别，主要在于扩充慈悲心量，以达穷理尽性的极则，配合前述十度的程序而定地次，但这仍属于"见地"的一面，同时还须要有实际工用（工夫与德行）方面的禅定境界，相辅为用，以期达成见证圆满大智大觉成就的佛果。其实，小乘所用求证方法的四禅八定与九次第定，也是大乘的共法，由扩充慈悲心量而达尽人之性，尽物之性的极限，这是大乘菩萨菩提心的慧学，属于"见地"的功德，同时须要配合禅定修证的境界，这是大乘菩萨的实证，属于工夫的"功勋"。但耽着禅定之乐，舍弃大慈大悲的菩提心，或不求"见地"的精进而达到佛果，这是菩萨的堕落。总之，大乘行持修为的原则，是以救世救众生的大愿为其中心守则，以即出世而入世，心自解脱的大智慧成就为究竟，所谓"生死涅槃，犹如昨梦。菩提烦恼，等似空花"。方是大丈夫功成愿遂，无欠无余的天人师也。

此外，大小乘佛学各部主要经典，都以问答的体裁，或记录佛语的方式，反复详尽地说明人生宇宙的真谛，或先从身心寻探而上穷法界（包括宇宙的佛学名词）的究竟，或从法界（宇宙）的本体自性而分析到身心，而始终不外乎求证解脱的目的。隋、唐以后，中国佛学，包括西藏地区的密乘佛学，都自建立一种整理批判的系统，故有天台宗、华严宗、密宗的分科判教而产生中国佛学的体系，虽然各从不同角度的观点研究佛学与佛法，但基本的原则与宗旨，仍然不致分歧太甚，例如：《华严》、《圆觉》等经，是由法界自性的本体而说到身心。《楞严》、《金刚》等经，是由反穷身心而溯源于法界自性。《法华》、《涅槃》等经，是说心、佛、众生，性自不异，只在迷悟之间的一念而转。《大日》、《密乘》等经，是说真妄不二，即假证真的诚依信立。后来一般习惯，又以释迦过后的后期佛学性宗的谈空，与相宗的说有，总为类别，以般若、中观等学为性宗"毕竟空"的纲要，以唯识法相等学为相宗"胜义有"的枢纽。于是欢喜简捷明了而厌于分析的，便宗奉般若的空、与禅宗的说法融会，欢喜审问而注重逻辑思维的，便宗奉唯识的有、而构成佛学的思致庄严，而与近世传入的西洋哲学、心理学、逻辑等学科，不但可以趋向融通互注之途，而且大有要以唯识含融整理西洋哲学而加以批判的趋势。不过，这个途径与目标，尚在开步走的阶段之中，如何融会东西文化于一炉，使其重新铸造为一新的光明远景，尚有待于现代青年学子与将来的人才去努力完成。

三、禅宗概要

禅宗,是释迦牟尼佛教的心法,与中国文化精神结合,形成中国佛教,融化古印度佛教哲学最精粹的宗派。在佛学中,"禅定"是大小乘共通行持修证的方法,"禅定"的原名为"禅那",又有中文的翻译为"静虑",后来取用"禅"的梵文原音,加上一个译意的"定"字,便成为中国佛学惯用的"禅定"。禅宗,虽然不离于禅定的修证,但并不就是禅定,所以又名为心宗,或般若宗;心宗是指禅宗为传佛教的心法,般若是指唐代以后的禅宗,注重般若(智慧)经,与求证智慧的解脱。近世以来,欧洲学者,又有名为达摩宗的,为从印度菩提达摩大师到中国首传禅宗而命名的。

讲到禅宗,自第二次世界大战以后,日本的佛学家们,由于政府的支持,努力向欧美宣扬佛教文化,而且特别宣扬禅宗,因此,现在在欧美各国,提到禅宗的禅学,已成为最时髦最新颖的学问,可是对于禅宗宗祖国的中国,却被遗忘,甚至于轻视,这种现象的造成,实在使我们的心情有难言的沉重,虽为时势使然,岂非人事哉!

但目前在国内外(包括日本)所讲的禅宗,它的偏差趋势,愈来愈有距离,因此,外国人有认为披头(Beattles)嬉皮(Hippie)等等运动,都是"禅"的启示,站在中国文化的立场来讲,实在是莫大的误解;严重地说,也是我们东方文化自取其辱的污点。关于现在所谓禅宗的误解,约有六类:

第一,首先是由禅学名词的成立。禅宗本来是注重于身心行为的实证，与工夫及见地并重，自从一变而为禅学以后，禅宗便成为一种学术思想，可以与行为及工夫的实证脱离关系，于是谈禅的"口头禅"之风，便大为流行，造成倒退历史，大如两晋的"玄谈"现象。殊不知自隋、唐之际禅宗建立后，历唐、宋鼎盛时期而经元、明、清为止，时间一千余年，地区包括东亚及东南亚各地，禅宗宗风果然大行，有资料可见者，不过两千人左右，而习禅真有成就，亦不过三四百人。何况其中有大成就者，还寥寥可数，何尝是随时有禅，到处有道呢！况且是真实的禅者，除了生活与言辞的机趣以外，其德行修证工夫，都是顶天立地的大丈夫行径，又何尝是徒托空言，而不见之于行事之间的谈士，不过谈谈禅学，总比埋没禅宗聊胜一筹，亦未尝不是好事。

第二，由于东方学者们偏爱老子、庄子思想文学的哲学境界，于是承虚接响，便认为禅宗是受老庄思想的影响。换言之，所谓禅宗，就是融会老庄思想的道家佛学而已。其实，禅宗与佛学，很多名词语句，都借用于老庄与儒家的术语，但那只属于借用而已，禅宗本身的精神，并不因为借用老庄的名言，就认为是老庄或道家思想的加工改装，譬如我们翻译中国文化或佛学，在某些地方，必须要借用外文的宗教哲学的术语，但只能说有类同可通，并不能说这就是外文某一宗教哲学的思想，又譬如我们使用台币，只在某种环境中，借用美金单位做计算的代表，不能说我们就是使用美金的国家。

第三，采用禅宗教授法中的机锋转语，成为变相的高度幽默或讽刺。凡是出言吐语，在模棱两可，可解与不可解之间的语句，认为便是禅境，这实在误人不浅。

第四，认为冥心闭目的静坐（俗名打坐）或沉思默想便是禅宗。于是所谓旁门左道者流，也济济多士，互相标榜如此这般便是禅宗，所以报纸小广告栏内的各种禅功传授，也便应时而生，成为时髦生意了。

第五，最近美国青年，流行服用一种L.S.D.的幻想药，弄得疯狂浪漫，行为不检，思想虚玄，认为这便与禅宗工夫有同等效力的禅定之药。美国政府虽然禁止出售，而暗中买卖，仍然风行一时。这种药物，本来用于精神病的治疗测验，但一变而与禅宗结合，这真是莫大的笑话。

第六，自第二次世界大战以后，印度的瑜伽术普遍传播到欧美各国。瑜伽强身工夫，也很注重打坐（静坐），于是把催眠术的自我催眠，与瑜伽炼气炼脉的工夫交错，便认为这就是禅，鱼目混珠，指鹿为马，实使不明究竟者，难以分辨。

（一）有关禅宗的史迹

教外别传的禅宗：禅宗在佛教佛学之中，素来被称为教外别传的法门，历来相传，释迦在灵山会上，对着百万人天，默然不说一句话，只自轻轻地手拈一枝花，普遍地向大众环示一转，大家都不了解他的寓意，只有大弟子摩诃（意译为大）迦叶，会心地展颜一笑，于是释迦便当众宣布："吾有正法眼藏，涅槃妙心，实相无相，微妙法门，不立文字，教外别传，付嘱摩诃迦叶。"这便是禅宗的开始，后来由迦叶尊者为印度禅宗的第一代祖师，阿难为第二代祖师，历代相传，到了第二十八代菩提达摩大师，正当中国南北朝时代印度佛教衰微，大师谓东土震旦（中国），有大乘气象，所以便渡海东来，先从广州上岸，与南朝的梁武帝见面，梁武帝是当时笃信宗教的皇帝，不但虔信佛教，同时也崇尚道教，所以一见达摩大师，便问："我修造了这样多寺庙，做了许多的佛事，你看有什么功德？"恰好达摩大师以传佛心印，肩负宣扬正信佛教的心法使命，便老老实实答复他说："并无功德，此但人天小果，有漏之因，如影随形，虽有非实。"同时又说："净智妙圆，体自空寂，如是功德，不以世求……"等语，因为彼此话不投机，大师便渡江北去，寓止嵩山少林寺，面壁而坐，终日默然，人莫之测，后来传付心法和衣钵给中国的第二代祖师神光，这便是达摩大师东来，为中国禅宗初祖的公案。

唐、宋以后，有些研究佛教学理的学者，对于禅宗修证法门，并不了解，甚至还抱有歧视的心理，便对于禅宗拈花微笑教外别传的历史，啧有烦言，到了现代，更有人不信这些宗门故事，乃至连带对达摩大师传法的怀疑，认为都是中国和尚所捏造，所谓禅宗，是中国佛教的革命派，而且是初唐时代，六祖慧能的小弟子神会（又名荷泽）所独自造成；对于这个问题，既然有人提出，不妨稍做说明：这种观念，如果是基于爱好中国文化传统的心理出发，认为好的学问，都是中国人创造的，因此便否认禅宗传统的传说，那也情有可原，倘使是基于有反传统习惯的心理，对于任何问题，都喜欢唱反调以鸣清高的习气，那便有憾于"多闻阙疑，慎言其余"的原则。其实，对于教外别传的禅宗历史资料的怀疑，宋代王安石果然提过确有其事的证明，但证件已经遗失，而且也并非有力的证据，可是，若遍读过佛经，便可在佛经中找到许多旁证，因过于繁多和太过专门，暂此恕不多述。总之，凡处事与作学问，"多见阙殆，慎行其余"，但抱存疑的态度，提出问题以求解答，不做过分的武断，那是最高明的处理。

中国禅宗初传的精神：自达摩大师面壁默坐在少林寺里，有人问他，你到中国为了什么？他的答复是寻找一个"不受人欺"的人，这句话的意义太深了，试想谁能做到自己完全不受古今中外别人的欺骗呢？况且我们有时候，实在都在自己欺骗自己的途上迈进，倘使一个人真能做到不受一切欺骗，纵然不是成圣成佛，也是一个不平凡的人，大概只有上智与下愚不移的人，才能做到吧！

有一位洛阳的少年姬光，博览经籍，尤其善谈老庄。可是他每自遗憾地感叹说：孔子、老子的教化，只是建立人文礼教与世风学术的规范，《庄子》《易经》的书，虽然高推玄奥，但仍然未能极尽宇宙人生的妙理，于是便放弃世间的学问，出家为僧，更名神光。从此遍学大小乘的佛学教义，到了三十三岁时，回转香山，终日宴坐（相同于静坐）了八年，后来慕名求道，遂到少林寺去见达摩大师，可是大师时常面壁端坐，并不加以教诲，神光便暗自心想：古人求道，敲骨取髓，刺血济饥，发布掩泥，投崖饲虎；在人心纯朴的上古时代，尚且如此，我又算得了什么？于是便在寒冬大雪之际，彻夜立正侍候在达摩大师身旁，直到天明，地下积雪已经过膝，可是他侍立愈加恭敬（后来宋代儒林理学家的程门立雪故事，便是这种精神的翻版）。达摩大师这时乃回头问他：你彻夜立在雪中，为求什么？于是神光痛哭流涕地说：惟愿大师慈悲，开示像甘露一样的法门，藉以广度众生，但达摩大师却以训斥的口吻说：诸佛无上的妙道，要经历无数劫的精勤修持，经过许多难行能行、难忍能忍德行的锻炼，哪里就凭你这样的小德行、小智慧，以轻忽怿侨慢的心情，便欲求得真正的道果，恐怕你白用了心思啦！神光听了这番训斥，就当下取出利刀，自己砍断了左臂，送到大师的前面，表示自己求道的恳切和决心。于是达摩大师认为他可以为担当大任的法器，又为他更改法名叫慧可，神光便问：诸佛心印的法门，可以说给我听吗？大师说：诸佛心法，并不是从别人那里得到的（注意！这句话是禅宗最重要的关键）。他听了又问道：我心不得安宁，请大师为我说安心法门。大师便说：你把心找出来，我便为你安心。神光听了这话，当时便怔住了，良久，方说：我找我的心在那里，了不可得啊！大师又说：对啊！这便是你安心的法门啊！并且又教他修持的方法，要摒弃一切的外缘，做到内心没有喘息波动的程度，歇下此心犹如墙壁一样，截止内外出入往来的妄动，那么，便可由此而入道了，后来又吩咐他要以楞伽经来印证自己修悟的工夫与见地，这就是"达摩大师在中国初传禅宗，传授二祖神光"这一公案的经过。

现在我们根据以上初传禅宗的授受故事，分作三个问题来说明：

1. 禅宗所谓的"教外别传"

并不是根本不要佛学的经教，别有一个秘密或微妙的传授，因为全部佛学经教的学理，都是为了说明如何修持求证的理论与方法，所以执著经教学理的人，往往把教理变成思想，反而增加知识上的障碍与差歧，并不能做到即知即行，同时证到工夫与见地并进的效果，所以教外别传，只是为表示对普通佛教佛学教授法的不同，却不异于教理以外，特别有个稀奇古怪的法门，例如二祖神光，在未出家以前，本来就是一个博学多才的少年，出家以后，又加上贯通大小乘佛学的教理，他在知识方面，显然非常渊博而充实，并不需要什么，只自反求己心，就会怀疑知识的学问，真正用来安身立命，便会觉得完全是两回事了。所以他要放弃知识的教理，但求实际的证悟，但等到真正悟到实际的真谛，对于所有知识学问的根本，自然而然就融会贯通，豁然明白其究竟的道理了，所以后来禅宗的沩山灵祐禅师便说："实际理地，不著一尘。万行门中，不舍一法。"就是这个道理。因此，我们对于佛学教理的"教"，与教外别传禅宗的"宗"，做一概念的结论："教"，是教导你如何修行证果；"宗"，是我要如何求证修行，宗与教，只在教导方法上的不同，并不是目的有两样。

2. 禅宗的禅

并不是注重机锋转语的口头禅，禅宗不离禅定修证的工夫，以期达到明心见性成圣成佛的极果，例如二祖神光，未见达摩大师以前，便已游心《易经》、老庄的道学，而且经过严格的心性修养锻炼，曾经在香山静坐了八年，对于动心忍性的绵密反照工夫，早已有了相当的根基，拜见达摩大师以后,大师不但不立即加以教导,反而用难堪的态度与过分的言语刺激他,如果他是一个无实际修养工夫的人,纵使不是饱以老拳,至少也会拂袖而去,但是他反而愈加诚敬,甚至断臂求道,就凭他这种精神,我们变更子夏的一句话说:"虽曰未入道,吾心谓之道矣!"亦未尝不可,所以他问达摩安心之法,大师只叫他"将心来吾为汝安?"他便能在"觅心了不可得"的领会下而悟道;后世研究禅宗,动辄抓住禅宗为言下顿悟,立地成佛的话柄,好像只要聪明伶俐,能言善道说一两句俏皮话,立刻就算悟道,完全不管实际作学问与作工夫的重点,这当然会落在我其谁欺!欺人乎!欺天乎的野狐禅了!不然,就想自己不用反省的工夫,只要找一个明师,秘密地传授一个诀窍,认为便是禅宗的工夫,"敝帚自珍,视如拱璧",这又忘了达摩大师所说的:"诸佛法印,非从人得"的明训了,近代谈禅,不是容易落于前者的空疏狂妄,便是落在后者的神秘玄妙,实在值得反省。

3. 达摩大师初传的禅宗

除了二祖神光是亲受衣钵,继承禅宗道统以外,同时还有几位后学传人,他们也都有心得,不过才德气魄,略逊神光而已;达摩大师除了传授心法以外,同时还要神光以《楞伽经》印心,由此可见教外别传禅宗,并不离于教理以外。《楞伽经》,果然为达摩大师吩咐神光为禅宗的印心宝典,但在大乘佛学的法相(唯识)宗,也认为是"唯识"学的主要经典,它提出以"无门为法门"的求证方法,并且说明以顿悟与渐修并重,同时把心法的体用,分做八个作用,便成为眼识、耳识、鼻识、舌识、身识等前五识,再有第六的意识,第七的末那识,第八的阿赖耶识等,所谓一心八识的分析;旧注识有识别、分别的作用,也就是包括感觉、知觉与精神活动的功能。第六意识,又分有明了意识与独影(又名独头)意识的两重,所谓独影意识,相当于现在心理学所说的潜意识的现象。第七末那识是意根，也就是自我与生命俱来的元始知觉，本能活动的意识。第八阿赖耶识，是包括心物一元，精神世界与物理世界同根的心性的根本。由此可知禅宗所谓的明心见性，与顿悟一心的心，不仅是心理上平静的心，实在是要彻底透过宇宙身心的根元，才能了知"三界唯心，万法唯识"的真谛。

《楞伽经》的大略，就是"唯识"学所谓的五法（名、相、分别、正智、如如）、三自性（依他起、遍计所执、圆成实）、八识（已如上述）、二无我（人无我、法无我）纲要的发挥。总之，《楞伽经》的教理，最重分析的观察，细入无间而透彻心性的体用；禅宗的方法，归纳学理，注重一心修证而融通教理的工夫，所以后世禅宗便流传一句名言："通宗不通教，开口便乱道。通教不通宗，就如独眼龙。"其实，这个意思，也就是《楞伽经》内所说的宗通与说通的翻版言句而已。近来有人提出六祖以前的禅宗，名为楞伽宗，以此作为有别六祖以后禅宗的界说，实在是因为不明真正禅宗心法所致，未免画蛇添足，多此一举，达摩大师在传付二祖神光的时候，曾经预言说："吾灭后二百年……明道者多，行道者少。说理者多，通理者少。"所谓《楞伽》经义，便成为名相之学而流传为说理的思想而已，殊堪一叹！况且有人引用《楞伽》的一段渐修经文，证明达摩大师所传是渐修的禅，却不管下文顿渐并重的一段，实在是鲁莽灭裂之至。

（二）初唐以前禅宗开展的影响

达摩大师自南朝梁武帝时代，渡海东来，居住中国的时间，约有二十年左右，除了传授禅宗心法与中国的少年高僧神光为第二代祖师外，与神光同时从学的，还有道副、道育、及比丘尼总持，与期城太守杨衒之几位弟子，虽然他们不是直接继祧禅宗的道统，但秉承禅宗的破相离缘，直指人心，见性成佛的宗旨，并无二致。他们当然也同时展开弘扬禅宗教化的工作，因此在南朝梁、陈、隋之间，便辗转影响南岳慧思禅师笃实修行法华经般舟三昧的禅定工夫，由此而高唱"指物传心人不会"的直指心禅，后来他的弟子智者（智顗）禅师，秉承他的衣钵，创立三止三观的天台宗修行法门，继晋朝慧远法师建立净土宗以后中国佛教的另一宗门；取小乘禅定的方法，揉集大乘教理的精思慧观，摄取禅宗的直指人心，见性成佛的要点，而形成一大套系统，完整佛学的理论，开创一系列修证工夫的实际渐修法门。于是自陈、隋之际开始，经历唐、宋、元、明、清千余年来，凡知识分子的士大夫、读书人、爱好形而上道，而又不肯舍弃世间与爱好学问的人士，都是从事天台宗止观禅定的修法，而且也有拿它与禅宗混为一谈的，例如唐代的名士梁肃，便是天台学者的翘楚，他如白居易、陆放翁、苏东坡、王安石等，以及宋代初期理学的大儒们，无一不从天台止观禅定工夫打过滚来，明代名儒王阳明，开始所学的禅定，也是天台的止观工夫，清代的名士龚定盦，不但有推崇天台止观禅定的专文，而且还极力排斥禅宗的不是。现在我顺便提出这个问题，贡献给研究讲述中国文化史，与中国哲学史者的注意，使大家对于隋、唐以后中国哲学中禅宗所发生的影响，以及天台宗与历代士林学者的莫大因缘，得以严整分别止观禅定与禅宗心法的异同，了解渐修与顿悟争论的关键。过去一般研究中国佛学或哲学的老师宿儒们，每因碰到中国佛学，与中国佛教宗派的内容，便受其繁多漫浩的学术思想所威胁，茫然不知所向，因此，下手错乱，只把唐代禅宗的南顿北渐之争，作为这个问题的中心，显然是有偏废与迷失的遗憾。

其实，自隋、唐以来，到初唐百余年间，由中国禅宗的二祖神光以次，除了单传禅宗道统的五代祖师以外，与神光同学于达摩大师的，还有三人。与三祖僧璨同时并列，系属于神光禅师的传承，相传六代，知名大师共有十七人。与五祖弘忍同时并列，系属于道信禅师的传承，计有一百八十三人。与六祖慧能同时并列，属于弘忍禅师的传承，计有一百零七人。至唐初禅宗第五代祖师时期，其中凡彰明较著，留有资料可征者，都是散处四方，各以师道庄严，影响朝野社会，唐代中国佛学，华严宗的建立，又与禅宗的传播有关。自武则天王朝以后，所谓北宗神秀禅师以次的弟子们，便有好几位。虽说南宗的禅，自六祖慧能以次，称为禅宗的正统，但只属于禅宗道统传承的世系问题，却不能引此便作为禅宗在唐代对中国文化哲学思潮所发生影响的绝对根据。因此，我认为要讲禅学，必须要真正学过禅宗，在禅的工夫与见地做过实际工夫，然后方可谈禅，要讲禅宗的学术史，或中国哲学，与中国佛学史，更应该了解全貌，不可以偏概全，执一而言。

讲到中国禅宗的第六代祖师慧能和尚的公案，这是谈禅与讲中国哲学思想史的人，最乐于称道的事，现在再把他的故事简明地介绍一番，然后讨论其中被人误解的几个问题：

六祖慧能大师，俗姓卢，祖籍范阳人，在唐高祖武德年间，因为他的父亲宦于广东，便落籍于新州。三岁丧父，其母守志抚孤至于成立，家贫，采樵为生，一日，因负薪到市上，听到别人读金刚经到"应无所住而生其心"一段，便有所领悟，别人告诉他这是黄梅（湖北）的禅宗第五代祖师弘忍禅师，平常教人读的佛经，他便设法到黄梅去求学习禅（这时他并未出家为僧）。五祖弘忍禅师初见他时，便问："汝自何来？"他便答道："岭南。"五祖说："欲须何事？"他答："唯求作佛。"五祖说："岭南人无佛性，怎么做佛？"他答道："人地即有南北，佛性岂有东西？"五祖听了，便叫他跟着大家去做苦工，他说："弟子自心常生智慧，不离自性，即是福田，和尚要我做何事？"五祖说他根性太利，便叫他到槽厂去做舂米的苦工，他做了八个月的苦工，有一天，五祖宣布要传授衣钵，选付继承祖位的人，叫大家呈述心得。这时，跟从五祖学禅的同学，共有七百多僧人，有一位首席的上座师，名叫神秀，学通内外，素来为大众宗仰的学者，他知道众望所归的意旨，便在走廊的墙壁上，写了一首偈语："身是菩提树，心如明镜台。时时勤拂拭，莫使惹尘埃。"五祖看了神秀偈语以后，便说："后代依此修行，亦得胜果。"他从同学那里听到这首偈子，便说："美则美矣，了则未了。"同学便笑他说："庸流何知，勿发狂言。"他答道："你不信吗？我愿意和他一首。"同学们相视而笑，却不答睬。到了夜里，他密告一童子，引至廊下，请人在神秀原偈旁边，写了一首偈语："菩提本无树，明镜亦非台。本来无一物，何处惹尘埃！"五祖看到此偈便说："此是谁作，亦未见性。"众闻祖语，遂不在意。五祖却在夜间悄悄到了碓坊来，问他米白了没有？他便答道："白了，只是没有筛。"（师筛同音，如此师生问答，都是双关语）。五祖便以杖三击其碓而去，他便在三更入室，承受五祖的心传，当时五祖曾再三征诘他初悟"应无所住而生其心"的意旨，他便于言下大彻大悟，遂说："一切万法，不离自性。何期自性，本自清净；何期自性，本不生灭；何期自性，本自具足；何期自性，本无动摇；何期自性，能生万法。"于是五祖又说："不识本心，学法无益。若识本心，见自本性，即名大丈夫、天人师、佛。"随即传付衣钵，为中国禅宗道统继承人的第六代祖师。

五祖弘忍禅师自传心印以后，就在夜里送六祖慧能渡江南行，亲自为他把橹说："合是吾渡汝！"六祖答道："迷时师度，悟时自度，度名虽一，用处不同。能蒙师传法，今已得悟，只合自性自度。"五祖听了便说："如是如是！以后佛法由汝大行。"五祖自此以后，就不再上堂说法，大众疑怪相问，便说："吾道行矣！何更询之！"又问："衣法谁得耶？"五祖便答道："能者得。"于是大众聚议，卢行者（行者乃唐宋时代佛教对在家修行人的称呼）名能，一定是他得法潜行了，就相约追踪，大家经过两个月的搜索，在六祖到达大庾岭时，追逐众中，有一将军出家的惠明和尚,率先而登,追及六祖,六祖便将衣钵掷置石上说:"此衣只表示征信而已,岂可以力争吗?"惠明又举衣钵而不能动,便说:"我为法来,不为衣来!"六祖便说:"汝既为法来,可屏息诸缘,勿生一念,吾为汝说。"惠明听了,停了很久,六祖乃说:"不思善,不思恶,正与么时(唐代口语,称这样做与么),那个是明上座本来面目?"惠明便在言下大悟。复问:"上来密语密意外,还更有意密旨否?"六祖说:"与汝说者,即非密也。汝若返照,密在汝边。"因此,惠明即下山诡称岭上并无人迹,而使追者从此散去。

此后六祖匿居在四会的猎人队中,经过十五年时间,才出来到广州法性寺,适逢印宗法师在寺里讲《涅槃经》,他就寄寓在廊庑之间。暮夜,风扬刹幡有声,两个和尚正在辩论,一个说是幡动,一个说是风动,争论不息,六祖便说:"不是风动,不是幡动,仁者(普通对人的尊称)心动。"因此而蒙印宗法师的赏识,宣告找到了禅宗第六代祖师的消息,会集大众,为他剃发授戒为僧,后来他便居留曹溪,大弘禅道,这便是禅宗六祖得道、弘法的简略历史。

现在由这个公案的内容,提出三个问题来研究,使大家了解禅学与研究中国文化、哲学史者,特别注意,不致再有误解。

1. 关于六祖的开悟

明心见性与神秀的两个偈语问题:由历代相传,几种不同版本的六祖坛经,与禅宗各种典籍的记述,有关六祖最初得道开悟的事迹,大体并无多大出入。中国禅宗,自五祖弘忍开始,教人念诵《金刚般若多罗蜜经》,便可由此入道,一变达摩大师以《楞伽经》印心的教学方法,这只能说是教授法的改变,对于禅宗的宗旨,并无二致;《金刚经》以明心见性为主旨,处处说明般若(智慧)性空的真谛,其中的修行求证方法,以"善护念"三字为重点,以"过去心不可得,未来心不可得,现在心不可得"而说明性空实相,了知"应无所住而生其心"为指标。

现在为了普通了解禅宗的治心道理,用现代的观念,先作一比较容易明了的说明,也可使大家依此修习,作为修心养性的简捷方法:

(1)首先我们先要静静地观察自己内在心理的意识思想,再把它简单地归纳为两部分来处理:一部分是由于感觉所生的思想和观念,例如痛苦、快感、饱暖、饥寒,等等,都是属于感觉的范围,由它而引发知觉的联想和幻想等活动;一部分是由于知觉所生的意识思想,例如莫明其妙而来的情绪,烦闷、苦恼、对人我内外种种事物的分别思维等,当然包括知识学问的思维,以及自己能够观察自己这种心理作用的功能。

(2)其次,到了能够了解自己心理作用的活动,不管它是感觉的,或知觉的,总而言之,统统叫做一念,能够作到在念念之间,起心动念的每一观念,自己都能观察得清楚,再无不知不觉,或莫明其妙的情况,然后,就可把它来处理作为三段观察:凡是前一个念头(思维意识)过去了的,便叫做过去心,也就是前念;后一个念头(思维意识)来了的,便叫做现在心,也就是当前的一念;还没有来的,当然便是未来心,也就是后念了,可是它还没有来,不去管它。不过,你不要忘记,当你觉得后一个观念还没有来的时候,这个正是现在当前的一念了,而且才觉到是现在,立刻便已成为过去。

(3)复次,如此内省观察得久了,你把过去心、现在心、未来心,看得清清楚楚,于是你便练习,当前念的过去心过去了,后念的未来心还没有生起的一刹那之间,当前的心境,就会微微的、渐渐的,呈现一片空白。

但这空白,不是昏迷、或晕厥、或同死亡以前的状况,这是清清楚楚的,灵灵明明的一段空灵,也就是宋明时代禅师们所说的昭昭灵灵的时候。

如果真能切实到达这个情况，就会觉得自己所有的意识思维，不管它是感觉的或知觉的，都如一片浮光流影，像雁过长空，风来水面，所谓踏雪飞鸿，了无踪迹可得，才知平生所思所为的，都只是一片浮尘光影而已，根本无法把捉，根本是无根可依的，那你就会体会到"过去心不可得，未来心不可得，现在心不可得"的心理状态了。

（4）再次，你若了解了心念过去、现在、未来三段的不可得，譬例成下面这个公式，自己反省看来，翻成一笑。

…………未来……现在……过去……
——————————————无始以来
……未来……现在……过去……

$0+1-1+1-1=0$

因此认得此心中的一切一切云为，都是庸人自扰，由此再进一步，观察破除生理感受上所起的压力，和思想促使身体所作的行为活动，都是犹如泡沫空花，虽然在不加自我观察的时候，表面看来好像都是我一连串成直线的活动，实际所谓这个我的活动，也只是像电流、像火花、像流水一样，都是由于无数接连不断的前后念的因缘凑成了一条线，其中毕竟没有真正的东西存在，所以你会自然而然地觉到山不是山、水不是水、身不是身、心不是心，这一切的一切，都是只像梦幻般的浮沉起伏在世间而已，因此你会自然而然的了解"应无所住而生其心"，其实就是"本无所住而生其心"的妙用了。

（5）如次，你要保持这个明白了心理上意识思维的状态以后，经常在静中动中，保持这一段昭昭灵灵的灵明觉性，犹如万里晴空，不留点翳的现象，那就够你受用去享受了，你才真会懂得人生的真谛，找到真正归宿的安身立命之处，可是你不要认为这样便是禅宗的明心见性了！更不要认为这样便是禅宗所谓的悟道了！因为你在这个时候，正有一个昭昭灵灵、灵灵觉觉的作用存在，你还不知它的来去与起处呢！这个时候,正是明代憨山大师所说:"荆棘林中下足易,月明帘下转身难!"

以上所讲的一切,是借用比较现代化的方法,说明人们心理活动状态的情况,同时也以此而说明禅宗六祖当时听到别人念诵金刚经到"应无所住而生其心"而领悟的一些消息,由此使你可以了解六祖的师兄神秀所作的偈子,"身是菩提树,心如明镜台。时时勤拂拭,莫使惹尘埃"的自己内在用工夫心得的程度;那么,你由此可知六祖的"菩提本无树,明镜亦非台。本来无一物,何处惹尘埃"的心得境界。如把两者作一比较,自然可以了解五祖弘忍要叫六祖三更入室,付嘱他的衣钵了,但是,就凭"本来无一物,何处惹尘埃",还是未达传付禅宗衣钵的造诣,不要忘记我们上面所列举的情形,因为"本来无一物"的情况,正如雪月梅花的境界,虽然清冷而美妙,到底是空寂孤寒的一面,毫无生机存在。六祖在大彻大悟的时候,是他在三更入室,五祖诘问他初闻"应无所住而生其心"的质疑,使他再进一步而彻底了解心性本元的究竟,所以他便说:"何期自性,本自清静;何期自性,本不生灭;何期自性,本自具足;何期自性,本无动摇;何期自性,能生万法。"这个才是代表了禅宗言下顿悟的"顿"与"悟"的境界。可是不要忘了,他后来还是避居在猎人队中,由悟后而修持了十五年的经过,由此你就可以了解《楞伽经》中是顿渐并举,禅宗是顿渐并兼,犹如《楞严经》上所说的:"理须顿悟,乘悟并销,事资渐修,因次第尽。"所指顿渐并重的道理了。现在谈谈禅学,抓住一句"本来无一物",就无所而不可为,那不落在狂禅的知见才怪呢!须知禅宗正有严谨修持工夫的层次存在,不是落在空谈或狂妄自是上,才会与真正的禅有相近之处。

2. 关于"不思善,不思恶"的问题

前面讲述六祖悟道的公案,已经说过惠明和尚在大庾岭头追到六

祖经过，他后来声明是为道而来，不为抢衣钵的问题，因此六祖先叫他"不思善，不思恶。"过了好久一段时间（原文记载称"明，良久"），六祖便问他："正与么时，那个是明上座本来面目？"这里所说的"那个"两字，不是肯定词，而是质问的词句，换言之：就是问他，当你在心中不思善，不思恶，什么都没有思想的一段时间之中，哪一个才是你的本来面目？

后来人读《六祖坛经》，因为很少做过禅宗的切实工夫，便把"良久"一句的意义，忽略过去，又把"那个是明上座本来面目"的"那个"，看作肯定的指示话语，因此便认为此心在"不思善，不思恶"的时候，便是心性的本元，所以才有认为无善无恶便是心性之体的误解了；倘使真是这样，白痴的人，与丧失思维意识的心理病者，或神经有障碍的病人，都可算做禅的境界吗？因此你要明了，在你做到"不思善，不思恶"的时候，心境一段空白处，产生一切妙悟的境界，才能算做禅宗的初悟——只能说是初悟，也就是六祖所说的，秘密在你自己那边的开端，若有人错解了这段公案，实在有自误误人的危险，所以特别提出，贡献大家做一参考。

3. 关于"不是风动，不是幡动，是仁者心动"的问题

这个公案，是六祖初出山时的一段机用，就是后来禅宗所谓的机锋，也就是机会教授法的一种妙语，并不就是禅宗指示明心见性的法要，这等于说"酒不醉人人自醉，色不迷人人自迷"，是同样的隽语。"云驰月驶，岸动舟移"，你能说谁在动？谁在静？如果当你在睡眠中，虽然"两岸猿声啼不住，轻舟已过万重山"，也只是不见不闻，哪里还有如此妙句，这就是佛学"唯识"学所说：境风吹识浪，一切情感思维，都从外境之风吹起的"依他起"之理，并非就是佛法禅宗心要的那个与宇宙万法同根，"圆成实性"的心性之体的心。有人往往把风

幡案中的"是仁者心动"一句话，便当作已经了解了禅宗的心法，那真与禅有十万八千里的距离了，如果这样，用现在心理学的分析，岂不也能够做到禅的境界，更何必谈禅呢！倘使用这样见解去见唐、宋时代的大禅师们，一定会骂是"屙尿见解"！等于"一行白鹭上青天"，愈飞愈离题太远了！

（三）唐初禅宗兴盛的大势

禅宗的六祖慧能，开始弘扬禅宗的时代，正当唐高宗与武则天的时代，现在要讲禅宗的兴盛史迹，首先须对唐代中国佛学与唐代文化的趋势，有一简单的了解，在这个时期以前，中国文化的文运，由于六朝人爱好柔靡艳丽而缺乏实质的文学，造成学术思想飘浮不切实际，停在萎靡颓唐的状态之中。初唐开国以来，因唐高祖李渊父子的极力提倡改除六朝的文体，使表达学术思想工具的文学，又有新的生机。而在中国佛学方面，自陈、隋之间，智者大师创立天台宗，用批判整编的治学方法，建立一套体系完整的天台宗佛学以后，又碰到在印度留学二十年的玄奘法师回国，唐朝君臣朝野，备加盛大欢迎，为中国佛学加入新的血轮，唐太宗命令朝廷为他设立译场，开设一个前迈古代的翻译馆，集合国内学者，与名僧千余人，同时又罗致西域的梵僧，包括初唐东来传扬景教的教士，共同从事佛经翻译的工作。

当时佛经的翻译情形，先由主持梵文与中文的主笔，翻好经典以后，当众宣读梵文原意与中文的译文，每逢不妥的地方，便字斟句酌，经过长久的反复辩论，才加确定，不像近代我们翻译西方文化，都出于一人私家见解，往往纰漏百出，致有画虎类狗之讥。因此唐初自有玄奘法师译经事业的开展，译成佛学中唯识法相与因明（印度佛教的逻辑学）的学系，而使佛学的思想理论，建立严谨的逻辑体系，同时也影响了一般学术，自然都重视在精详的辨析，与质朴的表达；每一时代的社会风气与文运的移转，都不是由于一二少数原因所形成，在同一时代中的任何一件事物，或多或少，都会产生影响时代的效果，如果推开玄奘法师的宗教立场而不谈，专从文化运动的角度去看，他对于唐代文化学术的贡献，实在可与魏徵、房玄龄等媲美，况且他事业功德的余荫，还比他们更垂之久远呢！

由于以上的介绍，可以了解释迦牟尼佛教学术思想的传入，自东汉末期，经魏、晋、南北朝而到初唐之际，经过数百年的推排融会，已如水乳交融，完全变成中国佛教的中国佛学了，玄奘法师的翻译佛经事业，可以说，是印度佛学变成中国佛学的结论与定案，以后的佛学慧命，便全靠中国高僧学者去发扬光大了。在这个时候，中国佛教专讲修行实证方面的宗派，前有晋代慧远法师创建的净土宗，风气所播，普及全国上下，后有隋朝智者大师创建的天台宗，在理论与修证方法上，也普遍深植人心；再加入玄奘法师传来的唯识法相之学，使一般知识分子的读书人，与佛教的名僧大匠，便都笼罩在佛学的研究与精思妙理的气氛中。以前我们曾经讲过，佛学的最终目的，着重在修证方面，并非专以讲学术思想为究竟的事，当初唐之际，佛学的大家们，讲论学理，著作弘文，已达登峰造极的饱和状态，而且大有偏向将变成为哲学的思想，与逻辑的论辩，与修行实证的目的，有不相关系的趋势；恰好达摩大师在梁武帝时代传来禅宗的修证法门，历传到了初唐以后，将近百年的时间，禅宗的直指人心，见性成佛的修行法门，已渐渐普遍为人所知，所以到六祖慧能与他的师兄神秀时期，着重简化归纳的禅道，便自然而然应运而兴，乐为人所接受，就此趋之若鹜，一跃而成为中国佛学的中心了。

至于禅宗发展的历史，大多偏重六祖在曹溪一隅传授禅宗的道统所左右，并未了解其全面的情况；事实上，在初唐到盛唐之际，影响中原与长江以北的禅宗，还是得力于以前四祖、五祖旁支所传的师弟们，与六祖的师兄神秀的力量居多，到了晚唐与五代至南北宋间，所有佛学与禅宗的影响力，才是六祖一系禅宗五家宗派的天下。而在其中架起南能顿宗的桥梁，建立起灯塔的，便是六祖再传弟子马祖道一，与其弟子百丈怀海禅师创建禅宗丛林制度的功绩，若有人把六祖一系禅宗的兴盛的一笔糊涂账，算在六祖最小的弟子神会身上，那是偏见与轻掉所致，不足为训。

禅宗在初唐时期，由于以上所讲时势助缘的推动，又因为有与六祖慧能并出五祖门下弟子们的弘扬，因此深受朝野社会的推重，使禅宗的风声教化，普遍展开其传播的力量。在唐高宗与武则天时期以后，除了六祖的师兄神秀已为朝廷的"国师"以外，由五祖旁支所出的嵩岳慧安禅师，惟政禅师，以及四祖旁支法嗣的道钦禅师等，都曾先后相继为"国师"，同时华严宗的崛起，是与四祖、五祖一系的禅师，有很大的关系。至于禅宗六祖慧能大师的禅道，在武则天王朝至唐玄宗时期，才由岭南传播，渐渐普及于长江以南的湖南、江西之间，后世所谓来往江湖的成语，便因此起，而且六祖的门下弟子，大多歇迹山林，专修禅寂，极少如江北中原的禅师们，厕身显达，对一般知识分子与民间社会，都发生很大的作用。尤其自六祖创格不用高深学理，只用平常说话表达佛学心要以后，到了再传弟子如马祖道一、百丈怀海等以次，便建立了南传禅宗曹溪顿教的风格。无论问对说法，常常引用俗话村言，妙语如珠，不可把捉，只在寻常意会心解，便可得其道妙，使庄严肃穆，神圣不可侵犯的佛经奥义，变为轻松诙谐，随缘显露的教授法，这是中国文化禅学的创作，也是佛学平实化的革新，因而产生了禅宗与佛学几个不同的特点，以下再作介绍。到了晚唐、五代、与南北宋间的禅宗，除了上述的情况以外，又与平民文学结为不解之缘，于是禅师们的说法，便产生许多隽永有味，而具有平民文学化的韵语与诗词，而影响宋代文学诗词的特别格调，明、清之间，虽然承其余绪，但已有依样画葫芦之感，反而显见它的拙劣了。

我们明了初唐以来禅宗的崛起，与其变革的形势，便可明白南顿北渐之争，并不是禅宗史上的重大问题，不可因小失大，专向牛角尖里去寻找冷门偏僻的资料，作为标新立异的见解，例如六祖的小弟子神会（荷泽）的入京，争取禅宗在当时政治社会地位的事，与真正专以求道为务，避世无闻而隐迹山林的禅宗正统的禅师们，毫无作用与影响，况且神会当时的入京，据禅宗史料的记载，是为嵩岳的渐门盛行于世，因此而引起他不服气的动机，大著其《显宗记》，他经过一番努力，在天宝四年间，方定南能顿宗，北秀渐宗的两宗之说。其实，嵩岳的禅，系出于禅宗四祖与五祖旁支的传承，与神秀之间，关系并不很大，况且渐修顿悟，本为禅宗的一车两轮相似，神会多此一事，徒有近似世俗的虚荣而已，于真正的禅宗与禅师们，又有什么关系？所以当时在南方的禅宗大师们，对于此事，从无一语提及，由此而知其为无问题中之问题，无问题中之小问题，何足道哉！总之，六祖以后的禅宗，是由民间社会自然的推重，并非凭藉帝王政治力量的造就，由"下学而上达"，后来便成为全国上下公认的最优秀、最特出的佛教宗派，若引用一句佛经式的成语来说，可谓："甚为奇特希有"。

（四）研究禅宗的几个锁钥

六祖以后的禅宗，自盛唐之际开始，即大行于长江以南，渐变佛学传入中国后数百年来的教授法，把佛学的经、律、论、三藏十二部，五六千卷所传的经典妙义，归纳于秉承释迦拈花，迦叶微笑的教外别传法门，特别提出"直指人心，见性成佛"的中心问题。加以六祖慧能，自幼失学，未读诗书，故平常传扬禅宗心要，便不用循文解义，释字疏经的方式，但以平常语句，直截了当的指示心法，恰又合于"教外别传、不立文字"，直接授受明心见性求证的原则。于是到了再传弟子手里，就不期然而然的形成一种南能顿宗的作风，至今留给我们后世的禅宗资料，虽然蕴藏了无穷的价值，但当你一读禅宗书籍，便有茫然不知所云之感，为了要为现在青年的同学们，知道中国文化的宝藏，便须说明研究禅学首先应有的认识：

1. 时代方言的注意

禅宗记述的书籍，凡是禅师们个人的专集，便都称为"语录"，所谓"语录"，就是他平常讨论禅学，问答疑难，比较老实而不加修辞的，记载他平生说法与讲学的说话，犹如《六祖坛经》一样，尽量避免深奥的佛学与文学，因此，"语录"的记载，许多是唐、宋时代的方言，更要特别注意唐代两湖（湖南、湖北）、江西、福建、广东等地的方言、名物，以及切近于唐代中原地带的古音。

同时要了解，禅宗"语录"的兴起，也是唐代中国文化对讲学方式的革新，宋代理学家们"语录"体裁的文字，就由此而来，其实，这些对话式"语录"体裁的形成，也有两个远因：① 由于佛经的脱胎：因为佛经本身，原来就是问答的对话。② 由于中国文化的转变：在传统的中国文化中，先有孔子的《论语》，和刘宋时代刘义庆所著的《世说新语》，综合这两种精神而产生。到了宋代以后，禅宗便有裁节"语录"，汇编集成为大部类书的出现，例如《传灯录》、《人天眼目》、《五灯会元》、《指月录》，以及清代的雍正《御选语录》等等，都是汇编集成的禅宗典籍，包括义理、辞章、考据，与佛学、禅学许多宝贵的资料，如果要研究禅学，《传灯录》、《指月录》、《御选语录》都是必读的书，详细研究，便须要遍读诸家禅师的个别语录了。

2. 几个重要术语的了解

（1）禅宗语录：所称宗门历史的故事，名为"公案"，宋代理学家们所谓的学案，也就由此脱胎而来。宋代以后的禅师们，有"拈古"的名词，那就是把过去某一禅师求学、悟道、教授法的故事，特别提出来做说明、讨论、研究、起疑的资料，等于现代中国民间农村社会所通用的"讲古"一词，是同样的意义。又有"颂古"一词，那是把过去某一公案的要点，自作一首诗，一首偈语来批判，或赞扬一番，以此启发后学的疑情：

举例：

黄龙死心悟新禅师的颂古，颂六祖公案云：

六祖当年不丈夫，倩人书壁自糊涂。分明有偈言无物，却受他家一钵盂。

大慧宗杲的拈古，拈提黄龙新颂六祖公案云：

且道钵盂是物不是物？若道是物，死心老亦非丈夫。若道非物，争奈钵盂何？

修山主颂六祖风幡动公案云：

风动心摇树，云生性起尘。若明今日事，昧却本来人。

（2）禅宗机锋：这是谈禅与讲禅学者最乐于称道的禅学，其实，妨碍禅宗慧命的延续，与学禅容易走入狂妄歧途的原因，就是后人过于爱好机锋的过失。机锋，本来是由六祖开始启其端倪，到了马祖道一，与百丈、黄檗、临济禅师们的手里，变本加厉的一变，而形成唐、宋时代禅宗最新颖的教授法；佛教、佛学原来对于教授法的原则，就有所谓"契机"的术语，佛学的机，有包括学者的资质、学力，与临时所采用机会等教授法的几个意义，所以"契机"一词，是对于当教授师的人，必须注重教授法的原则。

到了禅宗的禅师们手里，加以活泼运用，无论说法开示，与启发学人慧思的方法和语句，便都如珠之走盘，不可方物了，机锋呢！包括教授法的运用，有快利如锋，如庖丁解牛，目无全牛的意义，综合唐、宋以来禅宗宗师们机锋、转语的教学精义，恰如孔子所说的教授法"不愤不发，不悱不启"的作用。机锋对于问答上的运用，有时是说非成是，说是成非，有时是称许，有时是否定，从无一个定法可循，但无论如何，它的目的，在于考核学人的见地与实证的工夫，以及引起他的怀疑，自参自悟自肯的作用。因此禅宗宗师们的机锋、转语，往往有迥出意表，非义所思，甚至妙语解颐，隽永无穷的机锋作略，虽然如此，这些机锋、转语，不是早已宿构在胸，都是临机对答，语语从天真中流露；机锋的运用，都在当时现场的一语、一默、一动作之间的表示，并非学习禅宗的人，要随时随地醉心在机锋妙语之间。明、清以后，禅宗衰落，往往有些冒充禅师的传法，事先宿构成四言八句，似韵文非韵文的机锋偈语，以当传法的法宝，甚至有请专人预先作好，宣诵一番，也便记成语录，传之后世，好名之甚，及于方外，非常可叹。不过现在学习禅学的人，都把机锋、转语的妙用，当作禅学的中心，甚之，讲讲古代禅师们的公案、机锋，便以此表示禅学的精要，尽在是矣！岂不更有遗憾吗？宋代雪窦重显禅师，对于学禅著禅的人，早已有诗斥责，如云：

一兔横身当古路，苍鹰瞥见便生擒，可怜猎犬无灵性，只向枯桩境里寻。

又云：

　　潦倒云门泛铁船，江南江北竞头看。可怜多少垂钓者，随例茫茫失钓竿。

又云：

　　玉转珠回佛祖言，精通犹是污心田。老卢只解长舂米，何得风流万古传（云门，是宋代云门文偃禅师的别号。老卢，是指六祖俗家的姓氏）。

例一（这是一则平实的机锋）：

　　明州大梅山法常禅师，初参马祖，问：如何是佛？祖曰：即心是佛。师即大悟。唐贞元中，居于大梅山鄞县南七十里梅子真旧隐，时盐官（禅师名）会下一僧入山采柱杖，迷路至庵所，问曰：和尚住此山来多少时也？师曰：只见四山青又黄。又问：出山路向什么处去？师曰：随流去。僧归，说似盐官，盐官曰：我在江西时，曾见一僧，自后不知消息，莫是此僧否？遂令僧去请师出，师有偈曰："摧残枯木倚寒林，几度逢春不变心，樵客遇之犹不顾，郢人那得苦追寻。"马祖闻师住山，又令一僧到问云：和尚见马祖得个什么？便住此山。师云：马师向道：即心是佛，我便这里住。僧云：马师近日佛法又别！师云：作么生别？僧云：近日又道非心非佛。师云：这老汉惑乱人未有了日，任汝非心非佛，我只管即心即佛。其僧回，举似马祖，祖云：大众，梅子熟也。

例二（这是一则无言之教，折伏学人见地不到家，两个大师教授法不谋而合的机锋）：

邓隐峰辞马祖，师曰：何处去？曰：石头去（石头乃与马祖同学，希迁禅师的别号）。师曰：石头路滑。邓对曰：竿木随身，逢场作戏，便去。才到石头，即绕禅床一匝，振锡（杖）一声，问：是何宗旨？石头曰：苍天！苍天！峰无语，却回举似师。师曰：汝更去问，待他有答，汝便嘘两声。峰又去！依前问，石头乃嘘两声。峰又无语，回举似师。师曰：向汝道，石头路滑！

例三（这是一则随机诱导的机锋）：

李翱初见药山禅师，时任朗州刺史，李初响师玄化，屡请不赴，乃躬谒师，师执经卷不顾。侍者曰：太守在此。李性偏急，乃曰：见面不如闻名，拂袖便出。师曰：太守何得贵耳而贱目？李回拱谢，问曰：如何是道？师以手指上下，曰：会么？李曰：不会！师曰：云在青天水在瓶。李欣然作礼，述偈赞之曰："炼得身形似鹤形，千株松下两函经，我来问道无余话，云在青天水在瓶。"李又问：如何是戒、定、慧？师曰：贫道这里，无此闲家具。李罔测玄旨。师曰：太守欲保任此事，须向高高山顶立，深深海底行，闺阁中物舍不得，便为渗漏。李后又赠诗云："选得幽居惬野情，终年无送亦无迎。有时直上孤峰顶，月下披云啸一声。"——宋相张商英参禅悟得后，作李翱见药山公案颂古云；"云在青天水在瓶，眼光随指落深坑。溪花不耐风霜苦,说甚深深海底行?"

以上所举三例,藉以说明禅宗宗师们机锋的作风,其他多不胜举,暂且不列,总之,机锋是宗师们的方便说法,是一种机会教育的教授法,并不是禅的宗旨和目的,这是因时、因地、因人而变的活用法门,并非究竟的道理,如有学禅的人,专以机锋转语为事,那就是错把鸡毛当令箭的笑话了。

(3)棒喝:讲到禅宗,往往使人联想到棒喝,好像禅宗与棒喝,是不可分的事一样,其实,棒喝只是禅宗宗师们教授法运用的一种,它具有中国传统文化《礼记》教学精神的意义,中国上古,教用朴教,演变而为夏楚。中国佛教自有禅宗的发扬光大以后,经过马祖、百丈的改制,创立共同生活,集体修行的禅门丛林制度以来,凡是真有见地,真有修持的名师大匠的宗师们,他的会下往往聚居数百众至千众不等,所谓"龙蛇混杂,凡圣同居",人多事杂的现象,就自然而然的必有其事了。因此,唐、宋时代几位大师们,喜欢手持禅杖,作为领众的威信象征,在必要时,也可用它作夏楚的用途,等于四五十年前的学校老师们,还有手拿"戒方"的风气。其实,禅师们的棒,不是用来时常打人的,只在研讨问题的时候,有时轻轻表示一番,作为赏罚的象征,后世的宗门,以及学禅的人,若是在老师那里碰了钉子,受了批驳,都叫它做"吃棒",我们现代人所说的碰钉子,难道真有一枚钉子给你碰吗?所谓"喝",便是大声的一叱,表示实罚的意思,和"棒"的作用是一样的。禅宗的"棒喝",是由于德山宣鉴禅师喜欢用"棒",临济义玄禅师喜欢用"喝",因此后世禅宗便有"德山棒,临济喝,云门饼,赵州茶"风雅典故的流传了。

总之,棒喝是教授法的运用,包括有赏,有罚,乃至不赏不罚,轻松的一棒,后来宗门,已有其名而无其实,我所见前辈的宗师们,有时认为你知见有错，但只对你一笑，不加可否，或者，便闭目跌坐，默默不答，这就是棒喝的遗风，过去我们碰到这种情形，自己再加反省，知道错了，便叫它做棒。这是一种最难运用的教学法，如果不是真正具备高才大德的宗师，实在无法施展，所以在盛唐的时代，黄檗禅师便说："大唐国内无禅师！"有人问他现在到处都有禅宗的宗师，怎么说无禅师哪？黄檗便说："不道无禅，只道无师"而已，因此他的得意弟子义玄禅师，就是后来开创临济宗的祖师，便说出一个做禅宗宗师的才德和条件，如云："我有时先照后用，有时先用后照，有时照用同时，有时照用不同时。先照后用，有人在。先用后照，有法在。照用同时，驱耕夫之牛，夺饥人之食，敲骨取髓，痛下针锥。照用不同时，有问有答，立宾立主，合水和泥，应机接物。若是过量人，向未举已前，撩起便行，犹较些子。"临济又有对于棒喝的说明，如云："有时夺人不夺境，有时夺境不夺人。有时人境两俱夺，有时人境俱不夺。""问：如何是夺人不夺境？师曰：煦日发生铺地锦，婴儿垂发白如丝。问：如何是夺境不夺人？师曰：王令已行天下遍，将军塞外绝烟尘。问：如何是人境俱夺？师曰：并汾绝信，独处一方。问：如何是人境俱不夺？师曰：王登宝殿，野老讴歌。"又有云："有时一喝如金刚王宝剑。有时一喝如踞地狮子。有时一喝如探竿影草。有时一喝不作一喝用。"

3. 研读禅宗典籍的重点

除了以上所说的公案、机锋、棒喝是属于禅宗教授法的范围，虽然必须要知道，而且要彻底了解它的作用所在，和当时当事人所得的情况以外，但决不可以拿它作为禅宗的究竟宗旨和目的来看。如要真正了解禅宗的传心法要，特别须要注意语录中的上堂法语（就是上课讲话）、示众（公开讲学）、小参、晚参（临时讨论）等法要，那才比较是踏实的禅学。但是要读这些书，自己必先具备有儒、佛、道三家基本学识的基础,尤其对于佛学,不能毫无所知便去读它,那必会使你如"蚊子咬铁牛",永远没有下嘴处。

例一:

> 百丈禅师上堂:"灵光独耀,迥脱根尘,体露真常,不拘文字,心性无染,本自圆成,但离妄缘,即如如佛。"又云:"一切言教,只是治病。为病不同。药亦不同。所以有时说有佛,有时说无佛。实语治病。病若得瘥,个个是虚妄语。实语是虚妄语生见故,虚妄是实语断众生颠倒故。为病是虚妄,只有虚妄药相治。"

例二:

> 洞山禅师上堂:"还有不报四恩(佛恩、师恩、国恩、父母恩)三有(欲、色、无色)者么?"众无对。又曰:"若不体此意,何超始终之患,直须心心不触物,步步无处所,常无间断,始得相应,直须努力,莫闲过日。"

除了简举以上上堂法语的两例以外,因资料太多而不提,至若大禅师们的专著,以及酬答的信札,都是很好的禅学资料,如果舍此而不用,单提公案、机锋以概谈禅学,那是背道而驰的事,千万不可以此误人,真是罪过不浅。总之,无论是宗教或哲学、教育、学问、著作的真正目的,是在给予别人以安身立命,与立身处世的正确目标,并不是只为一己的虚誉,故意撷取标新立异,言人所不懂的便自鸣高了。

4. 必须具备禅学与文学的素养

禅宗固然是中国佛教的中国佛学的特色,但从释迦牟尼所创立的整个佛学的体系而言，它的基本宗旨，与最高的目的，并非因与中国文化融会以后，就根本推翻了释迦佛教的主旨，只是在教授法的方式，与表达最高真谛的言辞与方法，产生一种中国文化特出的姿态，而且参合借用儒、道两家学术思想的名言和作风而已。因此研究禅学，若不全面了解佛学大小乘的学理、遍览经、律、论三藏的经典，明白中国各宗佛学的大义，以及不通佛教修行求证定慧的方法与工夫，只取禅宗的机趣而言，必然不能触及其中心的宗旨与道果，至少，会落在愈走愈偏，愈学愈仄的情况。况且现代印度瑜伽术等类似禅定的工夫，已经普遍展开在世界各国传布，如果讲禅宗毫无实际的修证经验，恐将被人唾弃，认为是清谈欺世的谎言而已。倘是一个立心学禅的学人，应抱"遁世不见知而无闷"，"确乎而不可拔"的宗旨，决不要因为举世谈禅我亦谈，不肯真诚向学，只图"曲学阿世"，以博取一时的虚誉，那就于人于己，都有莫大的损失了。总之，千万不要忘记，禅宗以证取涅槃妙心，了脱生死而超然于物外的主旨，岂可离了佛学的教理，而徒托空言而已。

其次，我们要研读唐、宋以来的禅宗典籍，如果对于中国文学没有相当修养，那就会如古代禅师们所说"咬铁馒头"相似，就有无法下嘴的可能，尤其自中唐到宋、明、清的禅学，更进一步已与中国文学结了不解之缘，随处与诗、词、歌、赋等文学会流，倘使从纯粹的白话国语文学入手，恐怕极难了解其究竟。况且以中国文学发展史而言，自魏晋六朝以后，唐诗、宋词、元曲、明小说、清韵联，无一不与禅境有息息相关之妙，所以要全面了解禅学的精神，必须对佛学与中国文学，具有相当的基本修养。有些人又说：禅宗的六祖慧能，本来是一个目不识丁的樵夫，并不需要了解佛学与文学，岂不同样悟道而成佛作祖吗？诚然！但在六祖前后，又有多少慧能？本来佛法与禅悟，是属于智慧的造诣，聪明才智，到此一无用处，然而具备真智慧的人，究竟又有多少？如果动辄以六祖自比，早已失其谦虚之德，已经充满了憍慢之情，那与禅宗的宗旨，适已背道而驰了。何况释迦说出"教外别传，不立文字"的宗旨，却在他说过无数的经典以后，才提出这个扫荡执著文字名相的家风，他并非根本就不用文字而直截了当地立此宗旨，这点须要特别注意。总之，佛法与禅宗，都是因时因地适变的教学方法，凡是真智慧人的作为，成功各有千秋，大可不必刻舟求剑，致有回首茫然的结果；不过为学为道，必须要实事求是，脚踏实地的做去，先求入乎其内，才能出乎其外，否则，浪费一生学力，那就太可惜了！

例一（这是列举禅宗与中国文学有密切关系的公案机缘）：

> 秀州华亭船子德诚禅师，节操高邈，度量不群，自印心于药山，与道吾、云岩为同道交。洎离药山，乃谓二同志曰："公等应各据一方，建立药山宗旨。予率性疏野，惟好山水，乐情自遣，无所能也。他日后，知我所止之处，若遇灵利座主（唐宋佛教称讲佛经的法师为座主），指一人来，或堪雕琢，将授生平所得，以报先师之恩。"遂分携至秀州华亭，泛一小舟，随缘度日，以接四方往来之众，时人莫知其高蹈，因号船子和尚。一日，泊船岸边闲坐，有官人问："如何是和尚日用事？"师竖桡子曰："会么？"官人曰："不会。"师曰："棹拨清波，金鳞罕遇。"道吾后到京口，遇夹山上堂，僧问："如何是法身？"山曰："法身无相。"曰："如何是法眼？"山曰："法眼无瑕。"道吾不觉失笑。山便下座，请问道吾："某甲适来只对者僧话，必有不是，致令上座失笑，望上座不吝慈悲。"吾曰："和尚一等是出世，未有师在？"山曰："某甲甚处不是，望为说破。"吾曰："某甲终不说，请和尚却往华亭船子处去。"山曰："此人如何？"吾曰："此人上无片瓦，下无卓锥，

和尚若去，须易服而往。"山乃散众，束装直造华亭。船子才见，便问："大德住甚么寺？"山曰："寺即不住，住即不似。"师曰："不似似个甚么？"山曰："不是目前法。"师曰："甚处学得来？"山曰："非耳目之所到。"师曰："一句合头语，万劫系驴橛。"师又问："垂丝千尺，意在深潭，离钩三寸，子何不道？"山拟开口，被师一桡打落水中，山才上船，师又曰："道！道！"山拟开口，师又打。山豁然大悟，乃点头三下。师曰："竿头丝线从君弄，不犯清波意自殊。"山遂问："抛纶掷钓，师意如何？"师曰："丝悬绿水，浮定有无之意。"山曰："语带玄而无路，舌头谈而不谈。"师曰："钓尽江波，金鳞始遇。"山乃掩耳。师曰："如是，如是。"遂嘱曰："汝向去，直须藏身处没踪迹，没踪迹处莫藏身，吾三十年在药山，只明斯事，汝今已得，他后莫住城隍聚落，但向深山里，镢头边，觅取一个半个接续，无令断绝。"山乃辞行，频频回顾，师遂唤："阇黎！"（梵文译音，乃教授法师之意，一般用作代表和尚的称呼。）山乃回首，师竖起桡子曰："汝将谓别有？"乃覆船入水而逝。

例二：

洛浦山元安禅师，初从临济，机缘不契，辞师他去。临济曰："临济门下，有个赤梢鲤鱼，摇头摆尾向南方去，不知向谁家齑瓮里淹杀。"师游历罢，直往夹山卓庵，经年不访夹山。山乃修书，令僧驰往。师接得便坐，却再展手索。僧无对。师便打。曰："归去举似和尚。"僧回举似，夹山曰："者僧若开书，三日内必来！若不开书，斯人救不得也。"夹山却令人伺师出庵，便与烧却。越三日，师果出庵，来人报曰："庵中火起。"师亦不顾。直到夹山，不礼拜，乃当面叉手而立，山曰："鸡栖凤巢，非其同类，出去！"师曰："自远趋风，请师一接。"山曰："目前无阇黎，此间无老僧。"师便喝，山曰："住！住！且莫草草匆匆，云月是同，溪山各异，截断天下人舌头，即不无阇黎，争教无舌人解语？"师伫思，山便打，因兹服膺。一日，问山："佛魔不到处，如何体会？"山曰："烛明千里像，暗室老僧迷。"又问："朝阳已升，夜月不现时如何？"山曰："龙衔海珠，游鱼不顾。"师于言下大悟。山将示灭，垂语曰："石头一枝，看看即灭矣！"师曰："不然。"山曰："何也？"师曰："他家自有青山在。"山曰："苟如是，即吾宗不坠矣！"

例三（出入于文学境界的禅语）：

懒残禅师有歌曰："兀然无事无改换，无事何须论一段，直心无散乱，他事不须断，过去已过去，未来犹莫算，兀然无事坐，何曾有人唤，向外觅工夫，总是痴顽汉，粮不畜一粒，逢饭但知䬦（读如窜音，宁绍人呼吃饭叫䬦饭），世人多事人，相趁浑不及，我不乐生天，亦不爱福田，饥来吃饭，困来即眠，愚人笑我，智乃知焉，不是痴钝，本体如然，要去即去，要住即住，身披一破衲，脚着娘生袴，多言复多语，由来反相误，若欲度众生，无过且自度，莫谩求真佛，真佛不可见，妙性及灵台，何须受薰炼，心是无事心，面是娘生面，劫石可移动，个中无改变，无事本无事，何须读文字，削除人我本，冥合个中意，种种劳筋骨，不如林下睡兀兀，举头见日高，吃饭从头抨，将功用功，展转冥蒙，取即不得，不取自通，吾有一言，绝虑忘缘，巧说不得，只用心传，更有一语，无过直与，细如毫末，大无方所，本自圆成，不劳机杼，世事悠悠，不如山邱，青松蔽日，碧涧长流，山云当幕，夜月为钩，卧藤萝下，块石枕头，不朝天子，岂羡王侯，生死无虑，更复何忧，水月无形，我常只宁，万法皆尔，本自无生，兀然无事坐，春来草自青。"

例四（游戏于浪漫文学境界的禅语）：

酒仙遇贤禅师偈曰："绿水红桃花，前街后巷走百余遭，张三也识我，李四也识我，识我不识我，两个拳头那个大，两个之中一个大，曾把虚空一戳破，摩婆令教却怎么，拈取须弥枕头卧，扬子江浪头最深，行人到此尽沉吟，他时若到无波处，还似有波时用心，金罂又闻泛，玉山还报颓，莫教更漏促，趁取月明回，贵买朱砂画月，算来枉用工夫，醉卧绿杨阴下，起来强说真如，泥人再三叮嘱，莫教失却衣珠，一六二六，其事已足，一九二九，我要吃酒，长伸两脚眠一寤，醒来天地还依旧，门前绿树无啼鸟，庭下苍苔有落花，聊与东风论个事，十分春色属谁家，秋至山寒水冷，春来柳绿花红，一点动随万变，江村烟雨濛濛，有不有，空不空，笊篱捞取西北风，生在阎浮世界，人情几多爱恶，只要吃些酒子，所以倒街卧路，死后却产婆婆，不愿超生净土，何以故？西方净土，且无酒酤。"

（五）禅宗的中心及其目的

由于上来两节分题所讲"佛学与中国历史文化的因缘"，与"佛学内容简介"，以及这次所讲禅宗几项重点的讨论，大概已可了解禅宗乃是佛学的心法，而佛学的主旨，注重在修行求证，并不是纯粹空谈理论的思想问题。无论原始大小乘的佛学，以及中国佛教各宗的创建，都是以禅定修持为其求证的骨干，所谓涅槃、性空、真如、妙有的教理极则，以及达成圆满佛果的三身（法身、报身、化身）、四智（成所作智、妙观察智、平等性智、大圆镜智）、六通（天眼通、天耳通、他心通、宿命通、神足通、漏尽通）、三明（宿命、天眼、漏尽）以及性空缘起、缘起性空，与真空妙有、妙有真空的理念与实证，一律都从禅定入手而达到般若智慧的证验，然后完成圆满的解脱道果。禅宗传入中国以后，虽然再度演变而成中国文化方式的宗派，但只在教授方法，与文字语言方面，逐渐演变佛学的教理，而改用平凡语白的说话、与平民文学的境界，表达其高深的玄理，至于它的中心与目的，仍然不离佛学原始的要求，换言之，禅宗的中心，虽然不是禅定，但仍然不离以禅定修行求证的方法为基础。禅宗的目的，虽然不是着重离尘遁世，逃避生死的小乘隐退，但仍然不离升华生死，要求心的出世自在，而作入世救众生的行径，虽然唐、宋以后的禅师们，也有采用呵佛骂祖的教授方法，用来破除固执盲目信仰的宗教性，高唱佛是"干矢橛"等名言，但他仍然标榜以达到不是成佛，只是完成一个"超格凡夫"，或"了无一事的闲道人"等为目的。其实，这些作用，都是为了变更经常含有过分宗教色彩如佛菩萨等的佛号，而代之以最通俗明白的观念而已，所谓"超格"，所谓"闲人"，并非等闲易学的事，试想：既然身为一个凡夫，却要在凡夫群中，超越到没有常格可比；既然是一个人生，却要"无心于事，无事于心"，做到"空诸所有"，不是"实诸所无"的悠闲自在，那岂是随随便便就能一蹴而就的吗？倘使真能到达如此地步，纵使不称他为佛，而叫他任何其他虚名，在他自然都无所谓了，犹如庄子所说或牛或马，一任人呼，又有何不可呢？我们若了解禅宗的中心与目的以后，就可明白唐、宋以来禅宗宗师们所标示的了生死、求解脱，是如何一回事了！他们所提出来的问题，例如："如何是祖师西来意"？以及"参话头"等学禅入手方法的作用，也同时可以了然于心了！现在为了进一步明白禅宗这个中心与目的的演变，便须要知道中国佛学史的演进；当东汉末期，佛学传入中国的先锋，并不是学理的灌输，最初佛学进入中国的前奏，第一，是印度梵僧们用超乎平常所知而神乎其事的神通表现。第二，是教导修习小乘禅定的修行方法。由于这两个佛学输入的先锋前奏，恰当秦、汉以来中国道家方士，发明种种修行方法，冀求升华人生而进入神仙境界的鼎盛时期，所以一经接触佛法中禅定与神通的证验，便自然而然的彼此观摩研究。甚之，倾心禅定以求神通，一变战国以来，利用外药金丹的修炼，与两汉以后，以锻炼精神魂魄的修炼方向，从此，跟踪而来的，便是佛学思想学术的源源输入，更加充实禅定修证的理论基础，所以有魏、晋、南北朝佛教高僧大德们，修行实验的种种成果。因此才又产生佛教各宗禅观的修法，与天台宗止观禅定法门等的建立，可惜一般研究佛教史与佛学史者，因为本身并没有亲证佛学的真实经验，不敢碰触这些史实，甚至反咬一口，认为这些都是与佛学学理思想毫不相干的虚言，才使佛学的真正意义，与禅学的真实目的，完全变了本质。

然则，禅宗何以又在隋、唐以后，排斥禅定，只重见性成佛的顿悟法门的见地呢？这便须要了解禅宗一脉所标榜负担的任务了！我们须知号称为教外别传的禅宗，它的目的，是为传授佛法心要真修实证的见地，并不以禅定或神通为标榜。因为禅定是佛法与世间各宗教、各哲学学派，甚至一般普通习静人的共法，并不是佛法特创的不共法（有关禅定修证的简要次序，已经在前面佛学内容中讲过，不再赘述）。神通的境界，也都是由于从心理生理入手，加以严格的禅定方法锻炼而成，是把人类与众生身心性命的本能效用，发挥到最大与极限的功能，因此便知纵使修炼禅定的工夫，得到神通的境界，仍然没有离开心意意识的作用。

既然禅定神通，都是唯心所造，可以由心意识达到的境界，那么，就是有了禅定神通的成就，自己仍然不能明白这个能够使你得禅定，能够使你起神通作用的基本功能的心，它究竟是何相状？它究竟来从何来？去向何去？它的本体究竟是怎样的一回事？那岂不是仍然是一个不知宇宙人生究竟的糊涂人吗？所以《楞伽经》上便说这些境界，仍然不离唯识的变相，《楞严经》上更加明白地说："现前纵得九次第定，仍为法尘分别影事"而已。宋代由神仙道家而参禅的张紫阳真人也说："顶后有光犹是幻，云生足下未为仙"了！可是话又说回来，倘使是一个真正学佛参禅的人，如果没有经过严格的禅定修持，连普通平心静气的心性修养工夫也未到达，就贸然要求，或自认为已得言下顿悟的禅道，那便是非愚即狂，恐怕距离禅道尚远吧！假定这样便自信为禅学的真实，至少在我个人而言，实在是个世间最愚蠢的笨人，几十年的求学求证的工夫，都是冤枉的浪费了。闲话少说，言归正传，总之，禅宗的中心与目的，已如以上所讲，略作说明，关于真实禅宗的途径，归纳起来，便有工夫与见地的两种条件，犹如鸟的两翼，车的双轮，是缺一不可的事实，现在让我们举出初唐之际禅宗大师们，有关修持禅定的工夫，与见性悟道的见地吧！

　　例一（原文的大意）：

　　　　江西道一禅师，汉州（四川）什邡县人，姓马氏，故俗称马祖（不是闽中的妈祖，千万不要错会），或称马大师，开元中，习定于衡岳（湖南）。那时禅宗六祖的得法大弟子南岳山怀让禅师，知道他是佛法的大器，便去问他说：大德（佛家对人的尊称）坐禅，冀图个什么？马祖便说：欲求作佛。怀让禅师（以下简称师）乃拿了一块砖，日日在他坐禅的庵前去磨，（注意，这便是禅宗的教育法。）马祖有一天问师：你磨砖作甚么？师曰：磨作镜。马祖曰：磨砖岂得成镜？师曰：磨砖既不成镜，坐禅岂得作佛？马祖听了，便发生疑问了。就问：如何才是？师曰：如牛驾车，车若不行，打车即是？（车比身）打牛即是？（牛比心）马祖被他问得无法可对（并不是马祖答不出这个问题，他正在明白此中譬喻之理，反究自心）。师又曰：你学坐禅？或是学作佛？若学坐禅，禅不在坐卧之间。若学坐佛，佛并非有个定相，本来是无住的法门，其中不应该有个取舍之心。你若认为打坐是佛，等于杀佛。你若执著长坐不动的定相便是佛法，实在未明其理。

马祖听后，就如喝了甘露醍醐一样清凉畅快，便向师礼拜，再问：那么！如何用心，才合于无相三昧（译为正受）？师曰：你学心地法门，如下种子，我说法要，譬如天降雨露，你的因缘凑合了，自然应当见道。马祖又问：道，并非有色相可见，怎样才能见呢？师曰：心地的法眼，自能见道，无相三昧，也便是这个道理。马祖又说：这个有成有坏吗？师曰：若以成坏聚散而见道者，就并非道了，我说个偈语给你吧！"心地含诸种，遇泽悉皆萌，三昧华无相，何坏复何成？"马祖听了师的开示而悟入，心意便超然解脱。从此便追随怀让大师，侍奉九年，日日进步而透彻佛学心法的堂奥。

我们讲了马祖道一大师悟道机缘的公案以后，相信大家已经明白禅宗的法门，是否需要禅定工夫的关键了！可是不要忘记，中国唐代禅宗的文化，是由马大师手里才大事弘开，他是划时代的人物，不是泛泛可比。但也不要忽略他在未悟以前，确已做过一段长时间禅定的苦行工夫，才能接受南岳让大师的片言开解之下，顿然而悟，但是他在悟后，还复依止侍奉其师九年，随时锻炼所悟的道果，才能透彻玄奥。我们自问其才其德，有过马大师的吗？岂可妄说言下顿悟的禅，便是如此这般的容易吗？总之，学问德业，必须在于操持行履之际，笃实履践，尤其学禅宗，更是如此，决非轻掉骄狂，便可妄求易得，希望我们这一代的青年，要深深懂得天下凡事，决不是用躁率轻忽的心情可以做到的。

例二：

牛头山法融禅师，年十九，学通经史，寻阅《大般若经》，晓透真空，忽一日叹曰："儒家世典，非究竟法，般若真观，出世舟航。"遂隐茅山，投师落发。后入牛头山幽栖寺北岩之石室，有百鸟衔花之异。唐贞观中，禅宗四祖道信大师，遥观气象，知彼山有异人，乃躬自寻访。问寺僧："此间有道人否？"（注意，他问出家的和尚，问此地有修道的人吗？这等于俗话说的，指着和尚骂秃贼一样的无理。因为出家人，当然是为了修道才出家的吗！由此可见禅宗的大师们，是如何的方正不阿，所以才处处遭世所忌。）曰："出家儿哪个不是道人？"四祖曰："啊！哪个是道人？"僧无对。别僧曰："此去山中十里许，有一懒融，见人不起，亦不合掌，莫是道人么？"祖遂入山，见师端坐自若，曾无所顾。祖问曰："在此作甚么？"师曰："观心。"祖曰："观是何人？心是何物。"师无对，便起作礼曰："大德高栖何所？"祖曰："贫道不决所止，或东或西。"师曰："还识道信禅师否？"祖曰："何以问他？"师曰："响德滋久，冀一礼谒。"祖曰："道信禅师，贫道是也。"师曰："因何降此？"祖曰："特来相访，莫更有宴息之处否。"师指后面曰："别有小庵。"遂引祖至庵所，绕庵惟见虎狼之类，祖乃举两手作怖势。师曰："犹有这个在？"祖曰："这个是甚么？"师无语。少选。祖却于师宴坐石上书一佛字，师睹之竦然。祖曰："犹有这个在？"师未晓，乃稽首请说真要。祖曰："夫百千法门，同归方寸，河沙妙德，总在心源。一切戒门、定门、慧门，神通变化，悉自具足，不离汝心。一切烦恼业障，本来空寂。一切因果，皆如梦幻。无三界可出，无菩提可求，人与非人，性相平等，大道虚旷，绝思绝虑，如是之法，汝今已得，更无阙少，与佛何殊，更无别法。汝但任心自在，莫作观行，亦莫澄心，莫起贪瞋，莫怀愁虑，荡荡无碍，任意纵横，不作诸善，不作诸恶，行住坐卧，触目遇缘，总是佛之妙用，快乐无忧，故名为佛。"师曰："心既具足，何者是佛？何者是心？"祖曰："非心不问佛，问佛非不心。"师曰："既不许作观行，于境起时，心如何对治。"祖曰："境缘无好丑，好丑起于心，心若不强名，妄情从何起，妄情既不起，真心任遍知，汝但随心自在，无复对治，即名常住法身，无有变异，吾受璨大师顿教法门，今付于汝，汝今谛受吾言，只住此山，向后当有五人达者，绍汝元化。"住后，法席之盛拟黄梅。唐永徽中，徒众乏粮，师往丹阳缘化，去山八十里，躬负一石八斗，朝往暮还，供僧三百，二时不阙。三年，邑宰萧元善请于建初寺，讲《大般若经》，听者云集。

由以上所提出牛头山法融禅师悟道机缘的举例，就可明了禅宗所谓明心见性，关于见地的重要。当法融禅师独自居住牛头山修习禅定的时候，已经得到忘去机心，忘去物我的境界，所以才有百鸟衔花的异事；这就如列子所说，海上有一个人，天天与一群鸥鸟做朋友，因为他没有机心，没有戕害生物的观念，已经忘机到了不知有鸟，更不知鸟是鸟，我是我的程度，所以天天与群鸥相狎。后来有人看了这种情形，叫他顺便抓几个鸥鸟回来，他听了这话，动了机心，便准备去抓鸥鸟，结果呢！鸟儿一看到他，便先飞了。由此可知法融禅师的禅定修养，不但已达忘机忘我的境界，而且还具有慈爱物命的功德，与深厚的禅定工夫了！所以四祖道信大师说他一切皆已具备，只欠一悟而已。可是在他悟道以后，反而孜孜为人，为了一般从学的群众，亲自到山下去化缘，背米来给大家吃，再也不会有百鸟衔花，或者来个鬼神与他护法送米了！这个道理，这个关键，便是沉迷在玄秘之学的人，最好研究的考题，我们暂时不为他下注解。其次，当四祖道信大师与他到了后山，看见一群虎狼，四祖便举起手来，有恐怖的表情，因此法融禅师便起了怀疑，问他：你是悟道的人，还有这个恐怖虎狼的心理存在吗？四祖当下就反问他：你说，这个会起恐怖的是什么？如果法融若答他说是心。心在哪里？它又是什么形状？它又从哪里来？哪里去？死后还存在吗？未生以前又如何？一定还有连串的问题提出，追问下去。可是法融禅师没有下文，四祖也便不说什么了！于是四祖要抓机会，要造个机缘来对他施以教育，所以便在法融平常打坐的大石上，先写了一个佛字，自己便一屁股坐下来，这种举动，在一个虔诚信仰的佛教徒，而为此出家入山学佛的法融看来，实在是大逆不敬的大事，所以他便悚然动心，非常怀疑这个自称为禅宗四祖的道信大师。四祖早已料到他有此一举，所以便问他说：你还有这个悚然动容，崇拜偶像的观念，而不知真佛何在的心理吗？这也就是四祖借用机会教育，使他明白你以前问我的，"还有这个恐怖心吗？"与我现在问你的，"还有这个悚然的心理吗？"都是此心作用的变相，乃至喜、怒、哀、乐，及种种心理生理的变相，统统都是此心的作用；你如不明白这个心性本源的体相，那你所学的都是心外驰求，毫无是处，只是随物理环境而转变的心的假相作用而已。因此法融知道自己错了，便请教法要，所以才引出四祖一段长篇大论的大道理，明白告诉他修行心地的法要（原文已如上述，恕我不必多作注解，只要细心去读，自然就会明白，多说，反如画蛇添足了）。可是后来四祖仍然叫法融禅师住山静修，经过长期的锻炼，他才以超然物外的心情，下山为世人而实行其教化的工作,他再也不是懒融了,而且是那样的辛劳勤苦,完全为了别人而活着。由此可知,我们现代的青年,生当国家世界多难的时代,如想负起齐家、治国、平天下的责任,没有高度的修养,以出世的胸襟,做入世的事业,就当然会被现实所困,流于胸襟狭隘,私欲烦恼丛生的陷阱了!对不起你们,我不是负责说教,只是讲到这里,说顺了嘴,顺便提醒大家的注意罢了!

例三:

　　福州长庆慧棱禅师,往来雪峰、玄沙(两位禅宗大师)二十年间,坐破七个蒲团,不明此事,一日卷帘,忽然大悟,乃有颂曰:"也大差,也大差,卷起帘来看天下,有人问我解何宗,拈起拂子劈口打。"峰举谓玄沙曰:"此子彻去也。"沙曰:"未可,此是意识著述,更须勘过始得。"至晚,众僧上来问讯,峰谓师曰:"备头陀未肯汝在,汝实有正悟,对众举来。"师又颂曰:"万象之中独露身,唯人自肯乃方亲。昔时谬向途中觅,今日看来火里冰。"峰乃顾沙曰:"不可更是意识著述?"

例四:

　　福州灵云志勤禅师。本州长溪人,初在沩山,因见桃华悟道,有偈曰:"三十年来寻剑客,几回落叶又抽枝。自从一见桃华后,直至如今更不疑。"沩山览偈,诘其所悟,与之符契。沩曰:"从缘悟达,永无退失,善自护持。"

　　由于以上第三、第四两个举例,可见禅宗的悟道,是注重禅定的修证工夫,与见道的见地并重的,长庆慧棱禅师在二十年间,坐破七个蒲团,还不明白此事,悟道以后,又经过雪峰、玄沙两位大师的严勘,才得稳当。现在学禅的人,还没有坐破一张草席,便说已悟,恐怕难有这样便宜吧!又如灵云禅师的见桃华而悟道,看来非常轻松有趣,而且是富于文学的境界,但你千万不要忘记他的自述所说"三十年来寻剑客"的辛苦工夫啊!如果认为古人一见桃花梅花,便轻易地悟了道,大家在生命的过程中,见过多少次的好花,又怎么不悟呢,倘使谈者,解释为灵云一见到桃花,就悟到生机活泼泼的道理,这样便算是禅,那你见到了吃饭,更有生机活泼泼的作用,应该悟道早已多时了;牛顿看见苹果落地,发现震动世界的科学定律,试想古往今来,多少人天天吃苹果,并无新的发现,只有变粪的成分,便可由此而知看桃花而悟道,并非诸公的境界吧!

此外经常有人提到禅宗的见山不是山,见水不是水,与见山见水的公案,不妨在此再加一番讨论,这个公案,系出于宋代,吉州(江西)青山惟政禅师的上堂法语,他说:"老僧三十年前,未参禅时,见山是山,见水是水。及至后来,亲见知识(佛家称明师曰善知识),有个入处,见山不是山,见水不是水。而今得个休歇处,见山只是山,见水只是水。大众!者三般见解,是同是别,有人缁素,(代表黑白分明)得出,许汝亲见老僧。"因为禅宗有了这段公案的留传,所以后世学禅与现在国内外谈禅的人,便拿它做为参禅的把柄,有人说这就代表了禅宗的三关之说;也有人说,必须做到见山不是山,见水不是水的工夫以后,再翻一个身,仍然达到见山是山,见水是水,便是大彻大悟的境界。其实,这些所说,毕竟还是影响之谈,似是而非的见解,第一须要明了这是惟政禅师一个人用功的经验谈,至于惟政禅师本人,究竟是否已经大彻大悟,你先不能凭空架造,就代他作主观的确定。他第一阶段所说的见山是山,见水是水,当然代表了所有的人们,在未学禅道以前,都是如此,看山河大地,物理世界的种种人物环境,历历分明,并不需要加以解释。第二阶段所说的见山不是山,见水不是水,那倒是百分之百,的的确确是真实用过禅定工夫的境界;如果是一个真正用过禅定工夫,而且方法与修证程序,以及身心内外的操持行履,丝毫不错,久而久之,便会使身心气质,大起变化;于是两眼神光充足,神凝气聚,目前亲眼所看到山河大地等等的物质世界,自然而然的都像在开眼作白日梦一样,犹如一片浮光掠影,觉得这个物理世界的一切,都是梦幻般存在,并不真实,看人也好像只是一个机械的作用一样。不管学禅或修道的人,许多人到了如此地步,便认为是真道,实际这种境界,与道毫不相干,这是因为身心在静定的工夫中久了,心力与生理的本能,消耗减少了,精力充沛了,致使头脑神经系统起了类似充电的变化,于是看去面前的万物景象,犹如恍恍惚惚,并无实质的感觉;例如一个大病以后虚弱的身体,或者将死之际,视力涣散的情形相似(当然啰!我举例所说的病情与死亡前的现象,并非就是代表修习禅定的人见山见水不是山水的境界,只是相似的比方,一是因病因死而有,一是因精神与生命活力充沛而生,并非完全一样)。但是你不要忘记,这种现象,只是生理器官的感觉不同,能够使你生起这种感觉知觉的,还是你的意识思维的作用,如果你认为见山不是山,见水不是水,便是参禅修道的好景象,那还马马虎虎可以,倘使认为这个便是道,那你还不如吃一粒 L.S.D. 的幻想药,或者吃不过量的安眠药,岂不也有相同之妙吗?你能说这便是道吗?现在国内外许多参禅与谈禅的人,每每提到这事,所以不能不加以说明,以免误入歧途,平白地陷害了一个有用之身。至于惟政禅师第三阶段见山还是山,见水还是水的一说,当然是表示他已进一步的禅境,所以他自己说得个休歇之处;倘使单凭这几句话,就算是大彻大悟,那你不如放心去睡一大觉,起来一看,山还是山,水还是水,岂不更来得直截了当而痛快吗?所以读禅宗的典籍与公案,实在不太容易,千万不要被断章取义蒙混过去,必须要亲自求证一番,方知究竟,如果我们把这一段专指用工夫的公案补充完善,那便需要引用一句唐代南泉禅师的话:"时人看目前一株花,如梦中相似",才可以接近禅宗末后撒手的工夫,总之,这一则公案,还是只对禅宗工夫方面而言,并不完全关于悟道的见地。

1. 禅的目的与涅槃

禅宗的宗旨,正如释迦牟尼自在灵山会上,拈花示众所说:"我有正法眼藏,涅槃妙心,实相无相,微妙法门,不立文字,教外别传"云云,因此而知它在中国佛教中,本来便是秉承释迦不立文字、教外别传的主旨所成的宗派,它与所有佛教各宗传承佛学的作法,显然是有不同的特点。如要研究禅宗,首先须得了解释迦一生说法四十九年,他的教法究竟是什么?从大处而言,我们都知道他遗教的经典,综合起来,有三藏(经、律、论)十二部(一切经分为十二种类之名,据《智度论》卷三十三所说:一、契经;二、重颂;三、讽颂;四、因缘;五、本事;六、本生;七、阿毗达摩,此译未曾有,或无比法;八、譬喻;九、论议;十、自说;十一、方广;十二、授记。此十二部中契经与重颂及讽颂三者,为经文上之体裁。余九部从其经文所载之别事而立名)。然而无论它是大乘或小乘的所有教法,只在方法上和程度上,略有授受的深浅不同而已,而它所要求达到解脱与涅槃的果位和目的,并无二致,换言之,涅槃果然也有大小乘的差别,大乘的无余涅槃和小乘的有余涅槃,在最高求证的见地上和理论的极则上,显然是有程度深浅的不同,然而它趣向涅槃的目的,都是一致的。涅槃,是佛学的专有名称,它是代表宇宙万有与众生生命的身心总体,在它万机未动之初,身(生理)心(心理意识状态)一念不生的原始寂默情状中,它是寂然不动,超越形而上的体段,所以佛学为了形容它的绝对待、无形相、无扰动、无境界的境界，另行命名它是寂灭的情况；为了引申涅槃寂灭的功能，并非空寂如万物死亡的断灭，所以又说它是圆明清净的大觉。它以无相状之相，是其实相，所以它是超越思想意识，不是言语、文字、理论可以尽其极致的微妙法门，这是佛学全部教法中的一只正眼，也是所有佛教学理包藏的真正目的。那么，要求证得涅槃的入门方法，在人而言人，除了即从这个现成的身心着手以外，并无其他的妙法。而以这个身心的根本功能来说，生理和心理意识所有的作用，都是涅槃妙心的功能，古今中外，所有宗教、哲学、科学所要追求宇宙人生最后最高的目的，也就是要求证到这个。我们姑且借用哲学的名词来说，它就是宇宙万有和人生性命的形而上的本体，无论从哪个立场，哪个角度，命名他为佛、为天、为主、为上帝、为神、为道、为物、为心，以及加以种种的形容，取予种种的名称，无非是指这个。它穿上了宗教的外衣，便变成神化；它套上哲学的形相，便变为理念；它登上科学的宝座，便成为功能；但是无论如何去说明它，解释它，毕竟还不是这个的真正面目，因为只要一落言语文字的作用中，它便在意识思想的范围里打转，而意识思想所发生言语文字的知识作用，它的本身就是互相对待，交互变化所形成，并非绝对不变的真实。释迦在灵山会上，拈花示众，所有大众，都默然不语，不识他的宗旨所在，只有迦叶尊者，破颜微笑，释迦便说我有这个法门，"正法眼藏，涅槃妙心，实相无相，微妙法门，不立文字，教外别传，付与摩诃迦叶"，这就成为禅宗开始教外别传的公案了。实际上，教是理，教外别传是"即此理，即此事"，也便是"事理双融"直截了当的果实。花开花落，无非涅槃妙心，天机自在活泼泼的妙用，拈花者是谁？花是谁？能拈者是什么？所拈者是花？非花？是花在微笑？是迦叶在微笑？微笑者是谁？谁在微笑？迦叶在笑花的微笑？或是笑释迦拈花在多此一举？或者花在微笑释迦多此一拈？迦叶多此一笑？或为全是？或为全非？或为此中无是无非，花便是花？拈花便是拈花？微笑便是微笑？此中大有"鸢飞于天，鱼跃于渊"的气象？或为"瞻彼淇澳，箓竹猗猗"的境界？大有问题，或毫无问题，真是一番绝妙的作略与课题，然而它是那样的轻松，这样的平实。

由释迦的一拈花，迦叶的微笑开始，把释迦过去所有说法传心庄严肃穆的压力，一扫而空；犹如使人行遍千山万水，去找一个归宿，经历苍茫无涯的途程，最后到了"山重水复疑无路"之处，忽然冲破一层薄如轻纱的迷雾，眼前一片平坦，草长莺飞，鸟啼花笑，无限生机，都来心头眼底，此时找到了身心性命的生命真实面目，别有会心，付之嫣然一笑。正如玄奘大师所说的："如人饮水，冷暖自知"的滋味，迥非局外人可得想象而知，这真是涅槃妙心，教外别传的微妙法门，决非意识思议可及。到了中国以后，从达摩的直指人心，见性成佛，只在片言指示之下，便使二祖慧可得到安心法门之后，经百余年间，五传而到六祖慧能，开展盛唐禅宗的规模，此后禅宗的教法，如马祖道一禅师等人以次，大如释迦拈花，迦叶微笑的作略；或扬眉瞬目，或一棒一喝，或竖一指，或吹布毛，或见桃花而悟道，或闻钟声而彻悟，大多都在平常日用之间，最平实的生活机趣里面，而彻悟到最奇特幽玄的妙谛，所谓言下顿悟，所谓明心见性，立地成佛的法门，就如此简便而已。

然而禅宗号称为佛法的中心，它教外别传的法门，既是如此的简便，那么，释迦一生的言教，以及印度与中国历代祖师，和高僧大德们的穷研"教、理、行、果"，以求"信、解、行、证"，而达到"闻、思、修、慧"的持戒、修定、证慧等学的努力，难道都是白费？都是骗人的玩意吗？其实不然，禅宗所谓的教外别传，只是对全盘教理求得实证的教授法而言，并非在所有的教理以外，另有一个秘密心印的传授。无论是佛法与佛学范围以内的教理，或为教理以外的别传，它的真正目的，都在求证身心性命的根元。所谓心性本自圆成具足的涅槃之果，凡教理上说心、说性、号称真如、与如来藏性等等的名辞，都是指此而言而已。换言之，佛法所谓涅槃妙心的心，并非是指这个人我意识思维分别作用的心，它所谓心，所谓性，都是指宇宙同根，万物一体的真如全体的妙心，古人讲说佛理，与翻译佛学的时候，因为文字辞汇不敷应用，往往把它所指宇宙万有人我同体的中心，便用这个通常的心字来作代表；但把意识思维分别作用的心理的心，也用这个心字来作代表，所以便使后世研究佛学的人，认为这个思维意识的心，便是佛说的涅槃妙心的内涵，那就大有出入了。可是这个思维意识的心，当然也不外是宇宙万有，心物一如的真如妙心的一种机用，那是不可否认的，因此禅宗流传到晚唐、五代、宋元之间，法久弊生，渐渐紊乱，便有许多人把它和意识思维的作用，混淆不清，视为即此心理意识的心，就是禅宗所指的心地法门了，其中最大的变化，约有两路发展：（1）形成宋、元以后参禅的禅宗风气。使原始直指人心，见性成佛的法门，重新与小乘禅观，以及采取禅那思维修为主的禅定合一，认为求证到心境专一，一心不乱的止静寂定的境界，便是禅宗的入手工夫，由此而产生禅宗的教法，以禅定静坐为主的"参话头"、"作工夫"，或以默照（沉默）澄心等，便是禅的道理。（2）演变成儒学佛化的宋代理学。由心性本自具足圆成的理念，了解离尘出世游于方之外者，与入世利生，实行大乘菩萨济世之道，而此心性本然，都自不增不减、不垢不净的。于是儒、佛学理辗转交融，偏向入世，形成宋儒理学的门庭，现在我们就此禅宗在宋、元以后两路发展的大势，稍作说明。

2. 宋元以后注重参禅的禅风

参话头方法的兴起及其功用：中国的禅宗，从直指人心，见性成佛的原始方法，经盛唐到五代之间，五宗宗派兴盛以来，再变为应机施教，在目前平实的一机一境上，指物传心的教授法以后，到了宋末元初之间，流弊所及，大多数便执著身心现前的境界，当作禅机，落于窠臼，不知如夹山禅师所说："目前无法，意在目前，不是目前法，非耳目之所到"的警语。因此，明眼宗师，如：大慧宗杲、高峰原妙、中峰明本禅师等人，一再转变方法，便以提倡"参话头"的法门，作为禅宗的教授方法。从此经元、明、清以来，一提到禅宗的修法，因袭相沿，成为习惯，大多都以"参话头"、"起疑情"、"透三关"之说，为禅宗的不二法门，遂使禅宗在修为的流弊上，走向默照（沉思静默）、止静的境界，成为唯一的方法。古人所谓："试扣禅关，遍参丛席，误了几多年少！""积雪为粮，磨砖做镜，多少到头空老！""谁识得绝想崖前，无阴树下，杜宇一声春晓？"便是这个流弊所生的结果，现在就"参话头"等方法上，作概略的介绍与简论，以便大家明白后世禅宗演变成今天没落局面的原因：

（1）参话头与止观、禅那的关系："话头"，用现代语的名词来说，等于是"问题"、或"疑问"等综合观念的涵义。但它和"问题"或"疑问"一词，又有不同的性质，因为我们内心发生某一个问题时，就会运用脑神经的功能，可以漫无限止的去思维、观察、审辨、联想、推测、分析，一直到自认为已得答案，自认为得到满足；或者根本无法解决，保留它，或转入另一思想范围，变成另一情绪——喜、怒、哀、乐的情况"话头"，不是这样的，话头是一问题，但在话头上加一参字，叫做"参话头"，那便和普通有怀疑的问题，有不同的作用了。"话头"，当然是一个问题，古人叫它作话头，因为古人把意识思想的思维作用，与言语的关系，不分内外，都做为是一句话来看；例如现代江南一带流行的言语，如上海土话，要问人"你有什么问题"或"你有什么事"，便说"有啥话头"。所以当任何一个思维意识起了作用的时候，便是一句话的开始。但是任何一句话，一个思维初动之时的动机,它从哪里来?过后又到哪里去?这种动念思维,和有问题本身的来源和去处,便是一个大问题。要找这个动念思维有问题本身的开端,便是"话头",它是一句话,一个问题的开端,"参话头"也就是参究这句话的来源和根源的方法,所谓参,包括有研究、揣摩、体会、观察、观照、静虑等等的综合作用。中国古人首先提出这个"参"字的用功方法的,是东汉的魏伯阳,他在修道与明白觉悟道的原理上,便提出"参"的一字方法。唐、宋以后的禅宗,是否是借用它的,或是偶合,因为资料的不足,不敢武断而定。禅宗既有参究一法的形成,到了明、清以后的禅宗,变本加厉,往往把"参话头",叫做"看话头",偏向于观照、静观的方法,变为观心与看顾念头的作用了。

(2) 看念头:如果研究禅宗修持实证的方法,也就是普通所谓禅宗的作工夫,以及研究佛教各宗的实际修持方法,如天台宗的止观、净土宗的念佛、密宗的观想,等等。那么,对于"念头"和"看念头"这个名词,与念头的涵义与作用,应该有所了解。"念头",便是指心理思维意识的活动,以及情绪与生理习惯感觉的作用,总而言之,统而言之,一概都叫它为"念头"。例如清末流行吸食鸦片烟的坏风气,在浙东一带,对吸食鸦片烟有"瘾"的人,在他"瘾"发的时候,便说他是"念头"来了。人生的念头,仔细分类起来,太多了,在情绪上的喜、怒、哀、乐,以及佛学所说心理上基本的三种劣根:贪、嗔、痴,(杀、盗、淫)乃至如小乘《俱舍论》宗所分析的八十八个结使,与大乘唯识宗所说的五十三个心所,和八个识所包括的范围等等,一言以蔽之,统名之为"念头"。明、清以后禅宗的"看顾念头",或简称为"看念头"的方法,便是观心的作用,我们在前面已经大略讲过,把观心起伏作用的方法,分为过去、现在、未来三段公式的说明,所以不必重复讨论。此外,用"参话头"、"照顾话头"、"看话头"等的方法来参禅,那便是修习止观法门一样,先以调身(调整生理)、调息

（调整呼吸）等有为的修法做前趋，然后达到澄心静虑，初步使心志专一不乱的境界，属于止观的观行以前的止念范围，依此次第，循序上进，便是禅定所属四禅八定的历程，也在前面已经讲过，不必再说。由于制心一处，求得静止专一的境界，再起观照，审察心念的往来迹象，或者探究"话头"的答案，这便属于观行的范围，同于三止三观的修法，大体相同，稍有目的的差异而已。至于密宗的观想，与中国固有汉、魏以前道家炼神的修法，所谓"精义入神"、与"精思入神"的功用与方法，除了目的上的差异，与方式上的不同以外，大致并无两样，所以后来道家与道教的符咒，有许多便和密咒相同。

（3）参话头：明、清以来禅宗的"参禅"与"参话头"，尽管它如何标榜"直指人心，见性成佛"的招牌，但是它与唐、宋之间的禅宗，在教授法与形式上，显然大有不同，截然两样。它已经回复走入印度原始小乘佛法的禅观、禅那（禅定、思维修）、止观、观想，以及中国正统道家上品丹法"精思"的综合范围，所以大多数真正学禅、参禅的人，与其说是禅宗，毋宁说在学道，反为恰当。然而"参话头"与"精思入神"，真的完全一样吗？不然！不然！"参话头"的不同，就是它在禅定寂静的境界中，含有一个古今中外，人人要求解决而结果不能切实解答的问题存在。如果在参禅的进修过程中，得到四禅八定的必然境界与程序，这就叫做禅的工夫，而在这个禅定工夫的境界中，慧智豁朗。明悟证得这个大问题的根本，这就叫做豁然开悟的见地。总之，没有工夫的见地，便是狂慧妄想，没有见地的工夫，便是心外求法的外道禅与凡夫禅。那么，它在禅定的工夫境界中，参的什么"话头"呢？简单的介绍，话头可分为有义理的，与无义理的两种：

有义理的，如："生从何处来？死向何处去"，"念佛是谁"，"念是何人？心是何物？"，等等，以及南宋时代大慧宗杲禅师，最喜欢用的，佛说一切众生，皆有佛性，为什么"僧问赵州和尚，狗子有佛性也无",赵州答:"无。"这是什么道理?甚之,他教人只要参一个"无"字就可以了,这又是什么道理?

无义理的,如:"如何是佛?庭前柏树子","麻三斤","干矢橛",等等。

介于有义理与无义理之间的,便如一般所谓的"参公案",那是把古人悟道的史迹,参学悟道经过的故事,与他师弟之间问答的"话头",做为借镜,拿它的中心,用来参究自己的疑问,便叫做"参公案"。

元、明以后禅宗的"参话头",它既包含这些作用,所以它和专门做禅定的工夫,以及止观、观想,与道家"精思入神"的修持作用,便大有不同了。

3. 元明以后禅宗的三关界说与参禅的境界

禅宗在宋、元以后,由于"参话头"方法的流行,以及集体同修丛林制度的普及,天下各大禅林或禅院中的禅堂建设,到处都有相当的风规,于是出家衲子,行脚参学诸方,以天下为家,四海为室,随时随地,都可以在禅院丛林中,挂褡安居,只要抱住一个"话头",专心用工参究,讨褡长住禅堂,一年半载,或三五年,甚之,十年、二十年,以至于一生参禅到底,不管已悟未悟,话头永远是个话头,打坐参禅,永远也还在打坐参禅,如此等人,数不可计。所以在丛林制度的禅堂规模兴盛以后,原始禅宗的真正慧命,渐渐就此断送,也正因为"参话头"与长住"禅堂"的风气,普遍流行,使向来以般若慧学为主的佛法心宗的禅,变为以打坐参禅的禅定为主的禅风。于是执著境界,扩充宋代禅师们对机设教的教授法的三关之说,便大为盛行,因此而有指"破参"为明心的初关,见性为"重关",最后的证悟,为破末后"牢关"的传说。到了清初,雍正为了三关之说,还特别提出唯识宗法相学来作注解,认为"破初关",是了意识的事;"破重关"，是了第七末那识的工夫；破末后"牢关"，才是了第八阿赖耶识的事。其实，这都是后世参学禅宗的人，脱离不了禅定境界的窠臼，以做工夫的禅定境界，做为划分层次的界说，纵使与虚空合一，森罗万象，都在一片心中，仍然还在心意识的范围中打转，还是离不开身心互相关联的变化，如果要详细加以分析，一为时间不许可；二为对于禅宗心地法门，真实下过工夫，有经验的不多，姑且略而不谈。

（六）禅宗与理学的关系

其次，一般讲到禅宗，以及研究禅宗的资料，都在宗师们的语录，以及语录的汇书，如《景德传灯录》、《五灯会元》、《指月录》等著作里，寻找或欣赏禅师们悟道机缘的公案，与机锋、转语的妙趣，认为便是禅机，便是禅宗的心要。殊不知禅宗既然号称是佛法心宗的中心，关于佛法所有的修持行为，如戒、定、慧等细行，岂有完全略而不谈之理，所以只认机锋妙语做禅宗的，便入于元、明以后狂禅的流弊，甚之，使明儒王阳明之学，也连带受此冤诬；同时，因为阳明之学的流弊，更使禅宗连带受谤。事实上，如果用心研究历代悟道者前后的言行，只要仔细留心历代高僧禅德们的传记，以及专记宋代以后禅师们言行录的《禅林宝训》一书，便可了解真正禅宗宗师们关于修行的品德，是如何的有肃然可敬的风范，并非徒事空言，专谈机锋便以为禅；亦非专以默照（沉默）静坐，便是禅的究竟法门。而且由此可知唐、宋以来禅师们影响中国知识分子教育思想的精神，它是如何的配合中国文化思想的发展，何以会形成宋代儒家理学的原因所以了。

现在为了简便，暂且举出禅宗的佛学思想，与北宋开创理学几位大儒的理论，作一比较，大家便可知道他们受到佛学思想熏陶渊源的所自了，但是我说的影响与比较，并非就是照抄或翻版，只是限于影响，而且更没有批判他们优劣的意思,这点我须有慎重而保留态度的声明。不过,宋代理学的大儒们,在他们毕生治学的历史记载上,都有过"出入佛老"若干年的记录,然后又有好像憬悟知非的警觉,认为入禅为逃禅,入道为遁世,便又翻身入世,归于儒家思想,以修身、齐家、治国、平天下为己任的态度,不管他们后来是如何的推排佛、老,但在他们治学的过程中,有互相吸收融会的地方,那是无可否认的事实。

例如:周濂溪的学说,如他的名著《通书》,及《太极图说》等,骤然读之,完全在阐扬《周易·系传》与《中庸》的内义。实际则为融会佛、道两家学术思想,尤其偏向于原始儒、道不分家的道家与老子的思想。

程明道(颢)的名著《定性书》,如:"所谓定者,动亦定,静亦定,无将迎(出庄子语意),无内外,苟以外物为外,牵己而从之,是以己性为有内外也。且以己性为随物于外,则当其在外时,何者为在内?是有意于绝外诱,而不知其性之无内外也。既以内外为二本,则又乌可遽语定哉……今以恶外物之心,而求昭无物之地,是反鉴而索照也"等语,大都糅合《庄子·齐物论》的内义,融会禅宗三祖僧璨大师《信心铭》的道理。

《信心铭》:

> 至道无难,惟嫌拣择。但莫憎爱,洞然明白。毫厘有差,天地悬隔。欲得现前,莫存顺逆。违顺相争,是为心病。不识玄旨,徒劳念静。圆同太虚,无欠无余。良由取舍,所以不如。莫逐有缘,勿住空忍。一种平怀,泯然自尽。止动归止,止更弥动。惟滞两边,宁知一种。一种不通,两处失功。遣有没有,从空背空。多言多虑,转不相应。绝言绝虑,无处不通。归根得旨,随照失宗。须臾返照,胜却前空。前空转变,皆由妄见。不用求真,惟

须息见。二见不住，慎莫追寻。才有是非，纷然失心。二由一有，一亦莫守。一心不生，万法无咎。无咎无法，不生不心。能由境灭，境逐能沉。境由能境，能由境能。欲知两段，原是一空。一空同两，齐含万象。不见精粗，宁有偏党。大道体宽，无易无难。小见狐疑，转急转迟。执之失度，必入邪路。放之自然，体无去住。任性合道，逍遥绝恼。系念乖真，昏沉不好。不好劳神，何用疏亲。欲取一乘，勿恶六尘。六尘不恶，还同正觉。智者无为，愚人自缚。法无异法，妄自爱著。将心用心，岂非大错。迷生寂乱，悟无好恶。一切二边，良由斟酌。梦幻空花，何劳把捉。得失是非，一时放却。眼若不寐，诸梦自除。心若不异，万法一如。一如体玄，兀尔忘缘。万法齐观，归复自然。泯其所以，不可方比。止动无动，动止无止。两既不成，一何有尔。究竟穷极，不存轨则。契心平等，所作俱息。狐疑尽净，正信调直。一切不留，无可记忆。虚明自照，不劳心力。非思量处，识情难测。真如法界，无他无自。要急相应，惟言不二。不二皆同，无不包容。十方智者，皆入此宗。宗非延促，一念万年。无在不在，十方目前。极小同大，忘绝境界。极大同小，不见边表。有即是无，无即是有。若不如是，必不须守。一即一切，一切即一。但能如是，何虑不毕。信心不二，不二信心。言语道断，非去来今。

程伊川（颐）的名著《四箴》，除了发挥孔子的仁学以外，所有内外功用的内义，大如套用志公禅师等的偈颂相似，恕文繁不录，容待以后有机会，另作专题的研究。

至于张横渠（载）的名言，如"为天地立心，为生民立命，为往圣继绝学，为万世开太平"，这与禅宗六祖慧能禅师的："众生无边誓愿度，烦恼无尽誓愿断，法门无量誓愿学，佛道无上誓愿成。"又是辙迹相同，车轮各异而已。此外，张横渠的名著《东铭》与《西铭》，与明教契嵩禅师法语的精神与宗旨，可以互相发明：

明教嵩和尚曰：尊莫尊乎道，美莫美乎德，道德之所存，虽匹夫非穷也。道德之所不存，虽王天下非通也。伯夷叔齐，昔之饿夫也，今以其人而比之，而人皆喜。桀纣幽厉，昔之人主也，今以其人而比之，而人皆怒。是故学者患道德之不充乎身，不患势位之不在乎己。

明教曰：圣贤之学，固非一日之具。日不足，继之以夜，积之岁月，自然可成。故曰：学以聚之，问以辩之，斯言学非辩问，无以发明。今学者所至，罕有发一言问辩于人者，不知将何以禅助性地，成日新之益乎。

明教曰：太史公读《孟子》，至梁惠王问，何以利吾国，不觉置卷长叹！嗟乎！利，诚乱之始也。故夫子罕言利，常防其原也。原者，始也。尊崇贫贱，好利之弊，何以别焉。夫在公者，取利不公则法乱。在私者，以欺取利则事乱。事乱则人争不平，法乱则民怨不服，其悖戾斗诤。不顾死亡者，自此发矣。是不亦利诚乱之始也。且圣贤深戒去利，尊先仁义。而后世尚有恃利相欺，伤风败教者何限。况复公然张其征利之道而行之，欲天下风俗正，而不浇不薄，其可得乎！

明教曰：凡人所为之恶，有有形者，有无形者。无形之恶，害人者也。有形之恶，杀人者也。杀人之恶小，害人之恶大。所以游晏中有鸩毒，谈笑中有戈矛，堂奥中有虎豹，邻巷中有戎狄。自非圣贤，绝之于未萌，防之以礼法，则其为害也。不亦甚乎！

邵康节（雍）的名著《皇极经世》，它的《内篇》举出元、会、运、世的规律，作为推测数往知来，关于历史与人事演变的数理，与象数的公式，与他的《观物外篇》等篇的理论实际都是融会道、佛两家学术思想的结晶，汇通于易学理、象、数的范围。元、会、运、世所用的三元甲子，循环往复，演变成为观察历史人事的中心，便是佛学成、住、坏、空四大劫原则的发挥，用以说明人类众生世界分段灾劫的道理。不过，他以中国历史做中心，推算大劫中的小劫过程而已。

以上所举是有关禅宗影响宋代儒家理学思想的例子。参学禅宗与宋、明理学的同学们注意，切勿徒以口头禅语或以机锋妙趣，认为便是禅的极则，现在拣要选录禅师们的几则言行如下：

大觉琏和尚，初游庐山，圆通讷禅师一见，直以大品期之。或问：何自而知之？讷曰：斯人中正不倚，动静尊严，加以道学行谊，言简尽理，凡人资禀如此，鲜有不成器者。

仁祖皇祐初，遣银珰小使，持绿绨尺一书，召圆通讷住孝慈大伽蓝。讷称疾不起，表疏大觉应诏。或曰：圣天子旌崇道德，恩被泉石，师何固辞？讷曰：予滥厕僧伦，视听不聪，幸安林下，饭蔬饮水，虽佛祖有所不为，况其他耶！先哲有言：大名之下，难以久居，何日而足。故东坡尝曰：知安则荣，知足则当，避名全节，善始善终，在圆通得之矣。

大觉曰：舜老夫赋性简直，不识权衡货殖等事。日有定课，曾不少易，虽炙灯扫地，皆躬为之。尝曰：古人有一日不作，一日不食之戒。予人也！虽垂老其志益坚。或曰：何不使左右人？老夫曰：经涉寒暑，起坐不常，不欲劳之。

舜老夫曰：传持此道，所贵一切真实，别邪正，去妄情，乃治心之实。识因果，明罪福，乃操履之实。宏道德，接方来，乃住持之实。量才能，请执事，乃用人之实。察言行，定可否，乃求贤之实。不存其实,徒炫虚名,无益于理。是故人之操履,惟要诚实,苟执之不渝,虽夷险可以一致。

浮山远和尚曰:古人亲师择友,晓夕不敢自怠。至于执爨负舂,陆沈贱役,未尝惮劳。予在叶县,备曾试之。然一有顾利害,较得失之心,则依违姑息,靡所不至。且身既不正,又安能学道乎。

五祖演和尚曰:今时丛林学道之士,声名不扬,匪为人之所信者,盖为梵行不清白,为人不谛当辄或苟求名闻利养,乃广炫其华饰,遂被识者所讥。故蔽其要妙,虽有道德如佛祖,闻见疑而不信矣。尔辈他日若有把茅盖头,当以此而自勉。

演祖曰:师翁初住杨岐,老屋败椽,仅蔽风雨。适临冬暮,雪霰满床,居不遑处。衲子投诚,愿充修造。师翁却之曰:我佛有言:时当减劫,高岸深谷,迁变不常,安得圆满如意,自求称足。汝等出家学道,做手脚未稳,已是四五十岁,讵有闲工夫,事丰屋耶?竟不从。

演祖曰:古人乐闻已过,喜于为善,长于包荒,厚于隐恶,谦以交友,勤以济众,不以得丧二其心,所以光明硕大,照映今昔矣。

白云谓演祖曰:禅者智能,多见于已然,不能见于未然。止观定慧,防于未然之前。作止任灭,觉于已然之后。故作止任灭所用易见,止观定慧所为难知。惟古人志在于道,绝念于未萌,虽有止观定慧,作止任灭,皆为本末之论也。所以云:若有毫端许,言于本末者,皆为自欺。此古人见彻处,而不自欺也。

晦堂一日见黄龙有不豫之色,因逆问之。黄龙曰:监收未得人。晦堂遂荐感副寺,黄龙曰:感尚暴,恐为小人所谋。晦堂曰:化侍者稍廉谨。黄龙谓化虽廉谨,不若秀庄主,有量而忠。灵源尝问晦堂,黄龙用一监收,何过虑如此?晦堂曰:有国有家者,未尝不本此；岂特黄龙为然，先圣亦曾戒之。

晦堂谓朱给事世英曰：予初入道，自恃甚易。逮见黄龙先师后，退思日用，与理矛盾者极多，遂力行之三年，虽祁寒溽暑，确志不移，然后方得事事如理。而今咳唾掉臂，也是祖师西来意。

朱世英问晦堂曰：君子不幸，小有过差，而见闻指目之不暇。小人终日造恶，而不以为然。其故何哉？晦堂曰：君子之德，比美玉焉，有瑕生内，必见于外，故见者称异，不得不指目也。若夫小人者，日用所作，无非过恶，又安用言之！

晦堂曰：圣人之道，如天地育万物，无有不备于道者。众人之道，如江河淮济，山川陵谷，草木昆虫，各尽其量而已。不知其外，无有不备者。夫道岂二耶！由得之深浅，成有大小耳！

晦堂曰：久废不可速成，积弊不可顿除，优游不可久恋，人情不能恰好，祸患不可苟免。夫为善知识，达此五事，涉世可无闷矣。

黄龙曰：住持要在得众，得众要在见情，先佛有言：人情者，为世之福田，盖理道所由生也。故时之否泰，事之损益，必因人情。情有通塞，则否泰生。事有厚薄，则损益至，惟圣人能通天下之情。故易之别卦，乾下坤上则曰泰。乾上坤下则曰否。其取象损上益下则曰益。损下益上则曰损。夫乾为天，坤为地，天在下而地在上，位固乖矣，而返谓之泰者，上下交故也。主在上而宾处下，义固顺矣，而返谓之否者，上下不交故也。是以天地不交，庶物不育。人情不交，万事不和。损益之义，亦由是矣。夫在人上者，能约己以裕下，下必悦而奉上矣，岂不谓之益乎。在上者蔑下而肆诸己，下必怨而叛上矣，岂不谓之损乎。故上下交则泰。不交则否。自损者人益。自益者人损。情之得失，岂容易乎！先圣尝喻人为舟。情为水，水能载舟，亦能覆舟，水顺舟浮，违则没矣。故住持得人情则兴，失人情则废。全得则全兴，全失则全废。故同善则福多，同恶则祸甚。善恶同类，端如贯球。兴废象行，明若观日。斯历代之元龟也。

黄龙谓王荆公曰：凡操心所为之事，常要面前路径开阔，使一切人行得，始是大人用心。若也险隘不通，不独使他人不能行，兼自家亦无措足之地矣。

黄龙曰：夫人语默举措，自谓上不欺天，外不欺人，内不欺心，诚可谓之得矣。然犹戒谨乎独居隐微之间，果无纤毫所欺，斯可谓之得矣。

黄龙谓隐士潘延之曰：圣贤之学，非造次可成，须在积累之要，惟专与勤，屏绝嗜好，行之勿倦，然后扩而充之，可尽天下之妙。

潘延之闻黄龙法道严密，因问其要。黄龙曰：父严则子敬，今日之规训，后日之模范也。譬治诸地，隆者下之，洼者平之，彼将登于千仞之山，吾亦与之俱。因而极于九渊之下，吾亦与之俱。伎之穷，妄之尽，彼则自休也。又曰：姁之妪之，春夏所以生育也。霜之雪之，秋冬所以成熟也。吾欲无言可乎！

水庵一和尚曰：《易》言：君子思患而预防之。是故古之人，思生死大患，防之以道，遂能经大传远。今之人谓求道迂阔，不若求利之切当。由是竞习浮华，计较毫末，希目前之事，怀苟且之计，所以莫肯为周岁之规者，况生死之虑乎！所以学者日鄙，丛林日废，纪纲日坠，以至陵夷颠沛，殆不可救。嗟乎！可不鉴哉！

（七）禅宗与中国文学

中国文化，从魏、晋以后，随着时代的衰乱而渐至颓唐之际，却在此时，从西域源源传入佛教文化，乃使中国的学术思想，突然加入新的血轮，因此而开展南北朝到隋、唐以后，佛学的勃然兴起，而形成儒、释、道三家为主流的中国文运。尤其在中国生根兴盛的禅宗，自初唐开始，犹如黄河之水天上来的洪流，奔腾澎湃，普遍深入中国文化的每一部分，在有形无形之间，或正或反，随时随处，都曾受到它的滋润灌溉，确有"到江送客棹，出岳润民田"的功用，我们就其显而易见，举出简单概略的实例，试加说明，供给研究禅宗与中国文化演变关系的参考：

1. 隋唐以后文学意境的转变与禅宗

从文学的立场而言中国文学，以时代做背景，以特殊成就的作品为代表，简单扼要而归纳它的类别，便有汉文、唐诗、宋词、元曲、明小说、清代的韵联与戏剧等演变程序。中国的文学，自汉末、魏、晋、南北朝到隋、唐之间，所有文章、辞、赋、诗、歌的传统内容与意境，大抵不外渊源于五经，出入孔、孟的义理，涵泳诸子的芬华，形成辞章的中心意境，间有飘逸出群的作品，都是兼取老、庄及道家神仙闲适的意境，做为辞章的境界，如求简而易见的，只须试读《昭明文选》所收集的文章辞赋，便可窥见当时的风尚。在南北朝到隋、唐之间，唯一的特点，也就是历来讲中国文学史者所忽略的，便是佛教学术思想的输入，引起翻译经典事业的盛行，由名僧慧远、道安、鸠摩罗什、僧肇等人的创作，构成别成一格的中国佛教文学，后来的影响，历经千余年而不变，诚为难得稀有之事，只因后世一般普通文人，不熟悉佛学的义理与典故，遂强不知以为知，就其所不知的为不合格，诸般挑剔，列之于文学的门墙以外，遂使中国文学的这一朵巨葩，又被淹埋于落落无闻之乡，正如禅师们所说："我眼本明，因师故瞎"，甚为可惜。

（1）诗：现在只就唐代代表性的作品，如唐诗风格的转变来说：由初唐开始,从上官体(上官仪)到王(勃)杨(炯)卢(照邻)骆(宾王)四杰,经武后时代的沈佺期、杜审言、宋之问等,所谓"景龙文学",还有隋文学的余波荡漾,与初唐新开的质朴风气。后来一变为开元、天宝的文学,如李(白)、杜(甫)、王(维)、孟(浩然)、高(适)、岑(参),到韦应物、刘长卿,与大历十才子等人,便很明显的加入佛与禅道的成分。再变为元和、长庆间的诗体,足为代表一代风格,领导风尚的,如浅近的白居易、风流靡艳的元稹,以及孟郊、贾岛、张籍、姚合。乃至晚唐文学如杜牧、温庭筠、李商隐等,无一不出入于佛、道之间,而且都沾上禅味,才能开创出唐诗文学特有芬芳的气息,与隽永无穷的韵味。至于方外高僧的作品,在唐诗的文学传统中,虽然算是例外,大体不被正统诗家所追认,但的确自有它独立价值的存在。现在略举少数偏于禅宗性质的诗律,做为说明唐代文学与禅学思想影响的体例,诗人如王维(摩诘)的作品,有通篇禅语,如:

《梵体诗》:一兴微尘念,横有朝露身。如是睹阴界,何方置我人。碍有固为主,趣空宁舍宾。洗心讵悬解,悟道正迷津。因爱果生病,从贪始觉贫。色声非彼妄,浮幻即吾真。四达竟何遣,方殊安可尘。胡生但高枕,寂寞谁与怜。战胜不谋食,理齐甘负薪。子若未始异,讵论疏与亲。浮空徒漫漫,泛有定悠悠。无乘及乘者,所谓智人舟。讵舍贫病域,不疲生死流。无烦君喻马,任以我为牛。植福祠迦叶,求仁笑孔丘。何津不鼓棹,何路不摧辀。念此闻思者,胡为多阻脩。空虚花聚散,烦恼树稀稠。灭想成无记,生心坐有求。降吴复归蜀,不到莫相尤。

又如白居易:

《自解》:房传往世为禅客(世传房太尉前生为禅僧,与娄师德友善,慕其为人,故今生有娄之遗风云),王道前生应画师(王右丞诗:宿世是词客,前身应画师)。我亦定中观宿命,多生债负是歌诗。不然何故狂吟咏,病后多于未病时。

《读禅经》：须知诸相皆非相，若住无余却有余。言下忘言一时了，梦中说梦两重虚。空花岂得兼求果，阳焰如何更觅鱼。摄动是禅禅是动，不禅不动即如如。

《感兴二首》：吉凶祸福有来由，但要深知不要忧。只见火光烧润屋，不闻风浪覆虚舟。名为公器无多取，利是身灾合少求。虽异鲍瓜谁不食，大都食足早宜休。

鱼能深入宁忧钓，鸟解高飞空触罗。热处先争炙手去，悔时其奈噬脐何。尊前诱得猩猩血，幕上偷安燕燕窠。我有一言君记取，世间自取苦人多。

唐代方外高僧如寒山子的诗，他的意境的高处，进入不可思议的禅境，但平易近人的优点，比之香山居士白居易，更有甚者，他完全含有平民化的趣味。对于寒山子的诗，大概大家都耳熟能详，所以想在下面少提一首，其他如唐代诗僧们的诗，确有许多很好的作品，如诗僧灵一：

《雨后欲寻天目山，问元骆二公溪路》：昨夜云生天井东，春山一雨一回风。林花解逐溪流下，欲上龙池通不通。

《题僧院》：虎溪闲月引相过，带雪松枝挂薜萝。无限青山行欲尽，白云深处老僧多。

《归岑山过惟审上人别业》：禅客无心忆薜萝，自然行径向山多。知君欲问人间事，始与浮云共一过。

又：诗僧灵澈：

《东林寺酬韦丹刺史》：年老心闲无外事，麻衣草履亦容身。相逢尽道休官好，林下何曾见一人。

《闻李处士亡》：时时闻说故人死，日日自悲随老身。白发不生应不得，青山长在属何人。

此外如唐代的诗僧贯休、皎然等人的作品，都有很多不朽的名作，恕繁不举。

受禅宗意境影响的诗文学,到了宋代,更为明显,宋初著名的诗僧九人,世称九僧的风格(如剑南希昼、金华保暹、南越文兆、天台行肇、汝州简长、青城惟凤、江东宇昭、峨嵋怀古、淮南惠崇)。影响所及,便使醉心禅学的诗人,如杨大年(亿)等人,形成有名的西昆体。名士如苏东坡、王荆公、黄山谷等人,无一不受禅宗思想的熏陶,乃有清华绝俗的作品。南渡以后,陆(放翁)范(成大)杨(万里)尤(袤)四大家,都与佛禅思想结有不解之缘,可是这都偏于文学方面的性质较多,不能太过超出本题来特别讨论它,所以暂不多讲,现在只择其在宋、明之间,禅宗高僧的诗,比较为通俗所接触到的,略作介绍,如道济(俗称济颠和尚)的诗:

几度西湖独上船,篙师识我不论钱。一声啼鸟破幽寂,正是山横落照边。

湖上春光已破悭,湖边杨柳拂雕栏。算来不用一文买,输与山僧闲往还。

山岸桃花红锦英,夹堤杨柳绿丝轻。遥看白鹭窥鱼处,冲破平湖一点青。

五月西湖凉似秋,新荷吐蕊暗香浮。明年花落人何在,把酒问花花点头。

以及他的绝笔之作,如:"六十年来狼藉,东壁打倒西壁。如今收拾归来,依旧水连天碧。"若以诗境而论诗格,他与宋代四大家的范成大、陆放翁相较,并无逊色。如以禅学的境界论诗,几乎无一句、无一字而非禅境,假使对于禅宗的见地与工夫,没有几十年的深刻造诣,实在不容易分别出它的所指。

如王安石的诗：

《无动》：无动行善行，无明流有流。种种生住灭，念念闻思修。终不与法缚，亦不著僧裘。

《梦》：知世如梦无所求，无所求心普空寂。还似梦中随梦境，成就河沙梦功德。

《赠长宁僧首》：秀骨庞眉倦往还，自然清誉落人间。闲中用意归诗笔，静外安身比大山。欲倩野云朝送客，更邀江月夜临关。嗟予踪迹飘尘土，一对孤峰几厚颜。

《次韵舍弟赏心亭即事》：霸气消磨不复存，旧朝台殿只空村。孤城倚薄青天近，细雨侵凌白日昏。稍觉野云乘晚霁，却疑山月是朝暾。此时江海无穷兴，醒客忘言醉客喧。

《怀钟山》：投老归来供奉班，尘埃无复见锺山。何须更待黄粱熟，始觉人间是梦间。

《江宁夹口》：月堕浮云水卷空，沧州夜泝五更风。北山草木何由见，梦尽青灯辗转中。

又：落帆江口月黄昏，小店无灯欲闭门。半出岸沙枫欲死，系船犹有去年痕。

《寄碧岩道光法师》：万事悠悠心自知，强颜于世转参差。移床独向秋风里，卧看蜘蛛结网丝。

又：大梁春雪满城泥，一马常瞻落日归。身世自知还自笑，悠悠三十九年非。

如范成大的诗：

《请息斋书事》：覆雨翻云转手成，纷纷轻薄可怜生！天无寒暑无时令，人不炎凉不世情，栩栩算来俱蝶梦，喈喈能有几鸡鸣？冰山侧畔红尘涨，不隔瑶台月露清。

《赠寿老》：农圃规模昔共论，云奎卜筑又逢君。眉庵寿老长随喜，好个抛梁祈愿文。

《偶箴》：情知万法本来空，犹复将心奉八风。逆顺境来欣戚变，咄哉谁是主人翁。

《径山倾盖亭》：万杉离立翠云幢，嫋嫋移闻晚吹香。山下行人尘扑面，谁知世界有清凉。

余且再举几首唐、宋之间禅师们的佳作，藉此以见唐、宋诗词文学风格转变的关键。

唐代禅师：

寒山大士：吾心似秋月，碧潭清皎洁。无物堪比伦，教我如何说。

慧文禅师：五十五年梦幻身，东西南北孰为亲。白云散尽千山外，万里秋空片月新。

慧忠禅师：多年尘土自腾腾，虽著伽黎未是僧。今日归来酬本志，不妨留发候然灯。

雪窦重显禅师（与时寡合）：居士门高谒未期，且隈岩石最相宜。太湖三万六千顷，月在波心说向谁。

又《五老师子》：踞地盘空势未休，爪牙何必竞时流。天教生在千峰上，不得云擎也出头。

又《透法身句》：一叶飘空便见秋，法身须透闹啾啾。明年更有新条在，烦恼春风卒未休。

又《大功不宰》：牛头峰顶锁重云，独坐寥寥寄此身。百鸟不来春又过，不知谁是到庵人。

又《晦迹自怡》：图画当年爱湖庭，波心七十二峰青。如今高卧思前事，添得卢公倚石屏。

又《送宝用禅者之天台》：春风吹断海山云，彻夜寥寥绝四邻。月在石桥更无月，不知谁是月边人。

又《寄陈悦秀才》：水中得火旨何深，握草由来不是金。莫道庄生解齐物，几人穷极到无心。

又《渔父》：春光冉冉岸烟轻，水面无风钓艇横。千尺丝轮在方寸，不知何处得鲲鲸。

此外，明代禅宗诗僧的作品，诗律最精，而禅境与诗境最佳的，无如郁堂禅师的《山居诗》，如：

千丈岩前倚杖藜，有为须极到无为。言如悖出青天滓，行不中修白璧疵。马喻岂能穷万物，羊亡徒自泣多歧。霞西道者眉如雪，月下敲门送紫芝。

乱流尽处卜幽栖，独树为桥过小溪。春雨桃开忆刘阮，晚山薇长梦夷齐。寻僧因到石梁北，待月忽思天柱西。借问昔贤成底事，十年走马听朝鸡。

人间红日易西斜，万巧施为总莫夸。剖出无瑕方是玉，画成有足已非蛇。拳伸夜雨青林蕨，心吐春风碧树花。世念一毫融不尽，功名捷径在烟霞。

寥寥此道语何人，独掩柴扉日又曛。六凿未分谁扰扰，一爻才动自纭纭。空林雨歇鸠呼妇，阴壑风寒虎啸群。毁桀誉尧情未尽，有身赢得卧深云。

即今休去便休去，何事却求身后名。世乱孙吴谋略展，才高屈贾是非生。沟中断木千年恨，海上乘槎万里情。谁识枯禅凉夜月，松根一片石床平。

至于明代诗僧如苍雪，不但在当时的僧俗词坛上执其牛耳，而且还是地道的民族诗人，也可称为出家爱国的诗人。他又是明末遗老，逃禅避世，暗中活动复国工作的庇护者。他的名诗很多，举不胜举，现在简择他诗境禅境最高的几首作品为代表，如：

松下无人一局残，空山松子落棋盘。神仙更有神仙著，千古输赢下不完。

几回立雪与披云，费尽勤劳学懒人。曳断鼻绳犹不起，水烟深处一闲身。

举头天外看无云，谁似人间吾辈人。荆棘丛中行放脚，月明帘下暗藏身。

又《寄询钱虞山（谦益）绛云楼火后专意内典》：好将世事较樗蒲，林下高眠任老夫。天意未容成小草，河清终欲见遗珠。面非北向安知汉，望到东山只有虞。不尽奇书探海藏，人间文字可烧无。

我们读了苍雪大师送钱谦益的这首诗，如果对历史有修养，了解钱谦益如何做贰臣，如何搜罗明末遗老阴私事迹的资料，要著《明史》来要挟遗老们的后裔，以及他的藏书楼（绛云楼）起火的情形，才专心转而研究佛学的经过，那么，对于苍雪大师这首用禅语警策的诗，便觉得他匠心独运，句句字字，语含玄机了。

以上的举例，我们是为了时间的限制，所以一说到唐代文学的诗境，是受到禅宗影响而演变的动机，就赶快急转直下，便一路讲到宋、明以下，而且信口而说，只就其大要的提到一些，这都是为了说明中国文学从隋、唐以后，接受融会禅宗的禅境，才有唐、宋以后的成就，是为引起研究禅宗与中国文学关系者的注意。至于唐、宋以来佛教文学与中国文章辞境的关系，更多更大，也来不及多说了，青年同学们，须要注意的，例如大家都读过苏东坡的"赤壁"前后赋等，他与禅宗与老、庄的思想，有极其密切而明显的关系，所以才有这种千古绝调的文章意境。

（2）词曲：中国文学时代的特性，从唐诗的风格的形成与蜕变，到了晚唐、五代之间，便有词的文学产生。在晚唐开始，历五代而宋、元、明、清之间，禅宗宗师们，以词来说禅，而且词境与禅境都很好，也到处可见，只是被人忽略而已。我们现在简单的举出历来被人所推崇公认的词人作品，以供参考，如辛稼轩的词：

《鹧鸪天（石门道中）》：山上飞泉万斛珠，悬崖千丈落鼪鼯，已通樵径行还碍，似有人声听却无。闲略彴，远浮屠，溪南修竹有茅庐，莫嫌杖屦频来往，此地偏宜著老夫。

又《睡起即事》：水荇参差动绿波，一池蛇影照群蛙，因风野鹤饥犹舞，积雨山栀病不花。名利处，战争多，门前蛮触日干戈，不知更有槐安国，梦觉南柯日未斜。

又《有感》：出处从来自不齐，后车方载太公归，谁知寂寞空山里，却有高人赋采薇。黄菊嫩，晚香枝，一般同是采花时，蜂儿辛苦多官府，蝴蝶花间自在飞。

又《戊午拜退职奉祠之命》：老退何曾说著官，今朝放罪上恩宽，便支香火真祠奉，更缀文书旧殿班。扶病脚，洗颓颜，快从老病僭衣冠，此身忘世浑容易，使世相忘却自难。

又《登一丘一壑偶成》：莫滞春光花下游，便须准备落花愁，百年雨打风吹却，万事三平二满休。将扰扰，付悠悠，此生于世自无忧。新愁次第相抛舍，要伴春归天尽头。

《瑞鹧鸪（京口病中起登连沧观偶成）》：声名少日畏人知，老去行藏与愿违，山草旧曾呼远志，故人今有寄当归。何人可觅安心法，有客来观杜德机，却笑使君那得似，清江万顷白鸥飞。

又：胶胶扰扰几时休，一出山来不自由。秋水观中秋月夜，停云堂下菊花秋。随缘道理应须会，过分功名莫强求。先自一身愁不了，那堪愁上更添愁。

元曲如刘秉忠的：

《干荷叶》：干荷叶，色苍苍，老柄风摇荡。减清香，越添黄，都因昨夜一场霜，寂寞在秋江上。

又：干荷叶，色无多，不耐风霜剉。贴秋波，倒枝柯，宫娃齐唱采莲歌，梦里繁华过。

又如盍西村的：

《小桃红（杂咏）》：市朝名利少相关，成败经未惯，莫道无人识真赝，这其间，急流涌进谁能辨，一双俊眼，一条好汉，不见富春山。

古今荣辱转头空，都是相搬弄，我道虚名不中用，劝英雄，眼前祸患休多种，秦宫汉冢，乌江云梦，依旧起秋风。

杏花开后不曾晴，败尽游人兴，红雪飞来满芳径，问春莺，春莺无语风定定，小蛮有情，夜凉人静，唱彻醉翁亭。

又如鲜于去矜的：

《寨儿令》：汉子陵，晋渊明，二人到今香汗青。钓叟谁称，农父谁名，去就一般轻。五柳庄月朗风清，七里滩浪稳潮平，折腰时心已愧，伸脚处梦先惊，听，千万古圣贤评。

清初有名的少年词人，也便是清朝贵族才子的纳兰性德的词：

《浣纱溪》：败叶填溪水已冰，夕阳犹照短长亭，行来废寺失题名；驻马客临碑上字，闻鸡人拂佛前灯，劳劳尘世几时醒。

又：燕垒空梁画壁寒，诸天花雨散幽关，篆香清梵有无间。蛱蝶乍从帘影度，樱桃半是鸟衔残，此时相对一忘言。

又：抛却无端恨转长，慈云稽首返生香，妙莲花说试推详；但是有情皆满愿，更从何处著思量，篆烟残烛并回肠。

（3）小说：讲到中国文学中的小说，它与唐代的戏剧与词曲，也是不可分离的连体，而且它犹如中国的戏剧一样有趣，将近一两千年来，始终与佛、道两家的思想与情感，没有脱离关系，所以便形成后世民间,对于戏剧的编导,流传着两句俗话说:"戏不够,仙佛凑"的戏言了。现在,为了贴切本题来讲,我们姑且把中国小说写作的演变,分为两大阶段:第一阶段,便是由上古传说中的神话,到周、秦之际,诸子书中的寓言与譬喻,以及汉、魏以后,道家神仙的传记等,如《穆天子传》、《汉武帝外纪》、《西王母传》等等,大多是属于传统文化思想,参加道家情感,神仙幻想成分的作品。第二阶段,是由唐人笔记小说与佛经变文开始,到了宋、元之间的戏曲,以及明、清时代的说部与散记等等,大多是含有佛、道思想的感情,而且融化其中的,往往是佛家思想的感情,多于道家。值得特别注意的,无论是小说与戏剧,它的终场结尾,或为喜剧,或为悲剧,或是轻松散漫的滑稽剧,甚之,是现代所谓黄色的作品,它必然循着一个作家固有的道德规律去布局与收煞;那便是佛家与道家思想综合的观念、人生世事的因果报应的定律。旧式言情的小说与戏剧,我们用讽刺式的口吻来说,大都是"小姐赠金后花园,落难公子中状元"的结局,然而,这也就是说明一个人生,因果历然不爽的道理。唐人笔记小说中,因为他的时代思想,受到禅宗与佛学的影响,固然已经开其先河,而真正汇成这种一成不变的规律,嵌进每一部小说的内容中去,当然是到了元、明之间,才集其汇流,成为不成文的小说写作的规范。

　　元、明之间,历史小说的创作者如罗贯中,他写作《三国演义》的开端,开宗明义,便首先用一首《西江月》的词,作为他对历史因果循环的观念,与历史哲学的总评语,如"滚滚长江东逝水,浪花淘尽英雄。是非成败转头空,青山依旧在,几度夕阳红。白发渔樵江渚上,惯看秋月春风。一壶浊酒喜相逢,古今多少事,都付笑谈中。"如果依哲学的立场而讲历史哲学的观点,罗贯中的这一首词,便是《金刚般若经》上所说:"一切有为法,如梦幻泡影,如露亦如电,应作如是观。"是为文学境界的最好注释。也正如皓布裩禅师的《颂法身向上事》说:"昨夜雨滂亨,打倒葡萄棚。知事普请,行者人力。撑的撑,拄的拄,撑撑拄拄到天明,依旧可怜生。"岂不是一鼻孔出气的作品吗?因此而引起后人根据这种思想,造作一本小说中的小说——《三国因》一书,来说明三国时期的局面和事迹,便是楚、汉分争因果循环的报应律的结果。除了罗贯中以外,施耐庵的名著《水浒传》,只从表面看来,好像仅是一部描写宋、明时代社会的不平状态,官府骗上矇下,欺压老百姓,而引起不平则鸣共同心理的反应与共鸣,如果再加深入,仔细的研究,它在另一面,仍然没有离开善恶因果的中心思想,隐约显现强梁者不得其好死的观念。后来又有人怕人误解,才有《荡寇志》一书的出现,虽然用心良苦,而不免有画蛇添足,多此一举的遗憾。至于《西游记》、《封神榜》等书,全般都是佛、道思想,更不在话下。此外,如历史小说的《东周列国志》、《隋唐演义》、《说岳全传》等等,无一不含容有佛学禅宗不昧因果的中心思想。也正如天目礼禅师颂《楞严经》的"不汝还者,非汝是谁",云:"不汝还兮复是谁,残红落满钓鱼矶,日斜风动无人扫,燕子衔将水际飞。"

由此发展到了清代,以笔记文学著名的蒲松龄,所著《聊斋志异》,几乎全盘用狐鬼神人之间的故事,衬托善恶果报的关系。尤其他《醒世姻缘》一书,更是佛家三世因果观念的杰作,说明人生男女夫妇间的烦恼与痛苦,这种观念,后世已经普及民间社会,所以杭州城隍庙门口,在清末民初还挂着一副韵联:"夫妇是前缘,善缘恶缘,无缘不合。儿女原宿债,讨债还债,有债方来。"便是这个观念的引申。至于闻名世界,以长篇言情小说,反映老式文化中贵族大家庭生活的《红楼梦》一书,也是现代许多人,以一种无法加以解说的情感与心理,醉心于号称"红学"的一部名小说。它的开端,便以一僧一道出场,各自歌唱一段警醒尘世的警语与禅机,然后又以仙凡之间的一块顽石,与一株"小草剧怜唯独活,人间离恨不留行"的故事,说明许许多多、形形色色、缠绵悱恻的痴情恩怨，都记在一本似真如幻的太虚幻境的账簿上，隔着茫茫苦海，放在彼岸的那边，极力衬托出梦幻空花，回头是岸的禅境。作者在开始的自白中，便说："满纸荒唐言，一把辛酸泪。都云作者痴，谁解其中味。"以及"假作真时真亦假，无为有处有还无"的警句，这岂不是《楞严经》上，"纯想即飞，纯情即堕"，以及"生因识有，灭从色除"的最好说明吗？所以有人读《红楼梦》，是把它看成一部帮助悟道的好书，有人读《红楼梦》，便会误入风月宝鉴，红粉迷人的那一面，其中得失是非，好坏美丑的问题，都只在当事人的一念之间而已，吾师盐亭老人曾有一诗颂云："色穷穷尽尽穷穷，穷到源头穷亦空，寄语迷魂痴儿女，寥天有客正屠龙。"应是最好的结语。

2. 禅与文学的重要性

以上举出有关唐诗、宋词、元曲等的例子，有些并非完全以佛学或禅语混入词章的作品，但都从禅的意境中变化出来，如果只从表面看来，也许不太容易看出佛学禅宗与中国文化演变的深切关系，事实上，我也只是随便提出这些清华淡雅，有关禅的意境的作品，作为此时此世，劳劳尘境中，扰攘人生的一副清凉解渴剂而已。禅宗本来是不立文字，更不用借重文学以鸣高，但禅宗与唐、宋以后的禅师们，与文学都结有不解之缘，几乎有不可分离的趋势，在此提出两个附带的说明，便可了解禅与文学关系的重要了。

（1）禅师与诗。孔子晚年删诗书、定礼乐，裁成缀集中国传统文化学术思想的体系，他为什么每每论诗，随时随处举出诗来，做为论断的证明？秦、汉以后的儒家，为什么一变再变，提到五经，便以《诗经》作为《书》、《易》、《礼》、《春秋》的前奏呢？因为中华民族传统文化的精神，自古至今，完全以人文文化为中心，虽然也有宗教思想的成分，但并非如西洋上古原始的文化一样，是完全渊源于神的宗教思想而来，人文文化的基础，当然离不开人的思想与感情，身心内外的作用。宗教可以安顿人的思想与感情，使它寄托在永久的遥途，与不可思议的境界里去，得到一个自我安心的功效，纯粹以人文文化为本位，对于宗教思想的信仰，有时也只属情感的作用而已。所以要安排人的喜、怒、哀、乐的情绪，必须要有一种超越现实，而介乎情感之间的文学艺术的意境，才能使人们情感与思想，升华到类同宗教的意境，可以超脱现实环境，情绪和思想另有寄托，养成独立而不倚，可以安排自我的天地。在中华民族的文化中，始终强调建立诗教价值的原因，这个特点与特性，确是耀古腾今了，古人标榜"诗礼传家"，与"诗书世泽"，大多但知其然而不知其所以然的关系，就是没有深刻研究诗词境界的价值与妙用。过去中国读书的知识分子，对于文学上基本修养的诗、词、歌、赋，以及必要深入博古通今的史学，与人生基本修养的哲学，乃至琴、棋、书、画等艺术，都是不可分离的全科知识，所以在五六十年以前，差不多成为一个文人，自然也多会作诗填词，只有程度好坏深浅的不同，并无一窍不通的情形，因此过去中国的诗人，与学者、哲学家，或政治家、军事家，很难严格区分，并不像西洋文化中的诗人，完全以诗为生，而不一定要涉及其他学识的关系。禅宗，不但不立文字，而且以无相，无门为门，换言之，禅宗也是以无境界为境界，摆脱宗教形式主义，而着重佛教修证的真正精神，升华人生的意境，而进入纯清绝点，空灵无相而无不是相的境界。我们为了言说解释上的方便，只好以本无东西而强说东西的方法，列举世间的学问，可以譬喻禅宗的境界的，便有绝妙诗词的意境，与上乘艺术作品的境界，以及最高军事艺术的意境，差可与之比拟，所以自唐、宋以后，禅宗的宗师们，随口吟哦唱道的诗、词、与文章，都是第一流有高深意境的文学作品，因此流风所及，就自然而然，慢慢形成唐、宋、元、明、清文学的意境，与中国文学过去特有的风格了。

（2）宗教与文学。它们本来就是不可分离的连理枝，任何宗教，它能普及民间社会，形成永久独特的风格，影响历史每一时代，与社会各阶层的，全靠它的教义，构成文学的最高价值，它从本有平民的俗文学中，升华到文学的最高境界，才能使宗教的生命历史，永远延续下去。佛教教义，与禅宗的慧命，能够在中国文化中生根、发芽、开花而壮大的原因，除了它教义本身，具有宗教、哲学、科学、艺术与学术思想等，各方面都有丰富的内容，与高贵而平实的价值以外，它的最大关键，还是因为佛教输入中国以后，形成独立特有的佛教文学，进而影响到中国文化全部所有中心的缘故。例如西洋文化中的新旧约全书（俗称《圣经》），它在西方每一种不同文字的民族与国度里，无论哪种译本，都是具有最高权威的文学价值，所以姑且不管教义的内容如何，就以它本身的文学价值而言，亦可谓"文章意境足千秋"了。我也时常对许多不同宗教信仰的朋友们说，要想千秋，便须多多注意你们的教义与文学；因为我认为宗教信仰尽管不同，每一宗教教义的深浅是非，尽管有问题，但是真正够得上称为宗教的基本立足点，都是劝人为善，都是想挽救世道人心的劫难，这个是几大宗教共同具有的善事，用不着因为最后与最高宗教哲学的异同，而争执到势同冰炭，那是人文文化过去的错误，与人类心理思想的弱点与耻辱，更不是中华民族，中国文化的精神，希望大家多多注意与珍重。

总之，关于禅宗与中国文学的因缘，实在有太多深切的关系，我在匆促之间，略举一些唐诗、宋词、元曲、明小说等的例子，还是不够深刻的，只是偶然兴之所至，但凭记忆所及，姑且一提，希望诸位举一而反三，便可得到其中的三昧了。若讲现代的旧文学，比较能够融会儒、释、道三家的思想，用之于发抒情感的诗文学中，便要算蠲戏斋的作品，足以代表这一代，深得禅宗文字般若的结晶了。

四、禅宗丛林制度与中国文化教育的精神

自魏、晋以后，佛教传入中国以来，信仰佛教徒中的出家僧众，独坐孤峰，或个别的隐居水边林下，过他隐居专修的生活方式，大概还保有印度当时佛教僧众的形态。在南北朝至隋、唐之间，这种不事生产，以乞食自修的生活方式，不但不受以农立国，以勤俭持家的社会风气所欢迎，甚之，引起知识分子与朝野的反感，同时，佛教徒中出家的男女僧尼，愈来愈多，势之所趋，便自然会形成团体生活的趋势。到了盛唐之际，经禅宗大师马祖道一禅师，及他的得意弟子百丈怀海禅师的创制，不顾原始印度佛教的规范与戒律，毅然决然建立中国式的禅门丛林制度，集体生产，集体从事农耕，以同修互助的团体生活方式，开创禅宗寺院的规模，致使佛教各宗派与佛学，在中国的文化与历史上，永远植下深厚的根基。宋代开国以后，宋儒理学家们，不但在学术思想上，受到禅宗的影响，而建立理学的门庭，而且在讲学的风格，书院的规范，与人格教育的规模上，无一不受丛林制度与禅宗精神思想的影响，甚之，唐、宋以来，帝王朝廷的经筵侍讲与侍读等职位的制度，也是受到佛教开堂说法制度的影响。所以禅宗丛林制度，对于中国文化与中国教育的书院制度，以及宋、明以后的教育精神，关系实在太大，而且最为密切，只要详细研究禅宗丛林制度的所有清规，以及详读《禅林宝训》与宋、元以后禅宗高僧的史传，配

合比较中国历史上，有关文化思想，与教育史实的演变，便可了然知其所以了。现在为了节省时间，只有提出足供研究的资料，以供参考，不能做更深入的研究。关于丛林制度的大略，以前我曾有过一本《禅宗丛林制度与中国特殊社会》的书，述说其大要，现在只能摘取其中的一部分，做为本题的总结。

（一）佛教原始制度的简介

禅宗，是佛教的一个宗派，它以教外别传，不立文字，直指人心，见性成佛为宗旨，因为不一定需要文字，所以传到中国以后，就成为中国文化式的佛教了。如果说它是佛教的革新派，那也并不准确，因为它既没有革个什么，也没有新兴个什么，它的宗旨和修行途径，既没有变更本来佛法的面目，也不是中国自己所创造的，只是把印度传来原有的佛教制度，确实痛快的改变一番，既可适合中国文化的民情风俗，又从此建立一个新型的中国佛教气象，而且影响后世各阶层的社会规范。可是它正如佛陀所教的寂默一样，虽然在中国社会里，作了一番伟大的事业，却仍然默默不为人知，但就中国禅宗所创立的制度来说，它对佛法，果然作了一件不平凡的事，同时对于中国的各阶层社会，也奠定了后世组织的规模。

释迦出家以前的印度，本来也有很多其他宗教信仰，和离俗出世专修的人们，这些人都叫做沙门，等于中国古代避世的高士，我们普通称他作隐士，史书上又称为隐逸的。不过我们的隐士们，不一定绝无家室之累的，至于印度的沙门，都是出家避世的人。释迦创立佛教以后，凡是正式出家，皈依佛法的弟子们都须剃除须发，身披袈裟，离情绝俗，绝无家室之累，男的就名为比丘，女的名为比丘尼；比丘这个名称，是包含有乞士、怖魔、杀贼等意义，所谓上乞法于佛、下乞食于人，便名乞士，同时含有能杀烦恼之贼，使魔众怖畏的威德之意。所以严格遵守佛制的比丘们，大都是修习苦行，立志精勤的，其中专门注重苦修的，特别又称为头陀行者。原始佛教的比丘们遵佛的戒律和制度，同时也须修习头陀的苦行，除了应当遵守心性修养，和行为上等等的戒律外，他又定下个人生活上衣食住行的各种制度：

衣。不过三衣，多的就要布施了，甚之，拣拾人们抛弃了的旧布和破布，一条一条的凑成衣服来穿，这便叫做粪扫衣。传到中国以后，便改穿中国式的大袍，也有乞化百家衣布，补破衲杂而成的，就名为破衲衣，或补衲衣。

食。日中一食，至多是早上、中午两餐，过了午时，便不再吃了，因为他把饮食，只看作为维持生命，和医治饿病的药物罢了。

住。随遇而安，屋檐、庙廊、树下、旷野、荒冢，铺上随身携带的坐具一领，或草织蒲团一个，两足跏趺（俗称为盘足），便心安理得的度此旦暮了。

行。赤足或芒鞋、光头安详而走。昔在印度，至多上面打了一把伞，晴遮太阳雨遮水，传到中国，雨伞换了箬笠，所以文学家们，便有"芒鞋斗笠一头陀"的颂词了。除此一身以外，大不了带一个净水瓶，供给饮料和盥洗之用，一个钵盂，作吃饭之用，其余可能带些经卷而已。

他们这样的刻苦精勤，尽量放弃物欲之累，过着仅延残命的人类的原始生活，就是为了专志求道，表示尽此形命，揖谢世间了。虽然，他们还存有利世济物之心，但在行为上，却是绝对的离群出世之行，所谓头陀不三宿空桑之下，就为了避免对事物的留恋，这在佛学名词上，也可以叫做舍，又可以叫做内布施，他形似杨朱的为己，又同时具有墨子的摩顶放踵，以利天下之心。但是，也有些比丘们，同居在一起修持道业的，那便名为僧伽，僧伽是僧众团体的意义，其中足为大众师范，统率僧伽的就称为大和尚，或简称和尚，以后传到中国，就把比丘们统名为僧，以讹传讹，又笼统叫做和尚，其实一个僧与和尚，便概括了这些意义。

当汉明帝时，最初佛法传入中国的和尚，是从印度来的两位高僧，摄摩腾与竺法兰，汉朝将他们安置在洛阳的白马寺，所以中国后来的佛庙和僧居，就叫做寺和院了。其实在汉代，寺，本是朝廷（中央政府）所属政府机关的名称，《汉书·元帝纪》注："凡府廷所在，皆谓之寺。"例如鸿胪寺、太常寺等。汉、魏、两晋、南北朝之间，西域传道的高僧，源源东来，虽然不一定都是修习头陀行的，但大都是严守戒律的比丘，严守戒律和遵守佛的制度，便得乞食于人，虽然也有靠信仰皈依徒众们的供养，但是日久月长，到底还是一个问题：

①印度文化，向来敬信沙门，而且在中部南部一带，气候温暖，野生果木很多，乞食不到，还可随地采而充饥，但在中国，便没有如此容易了。②中国文化的民情风俗，与印度迥然有别，除了贫而无告，沦为乞丐的，即使如隐士之流，还是靠自己躬耕畎亩而得衣食的。③中国素来以农立国，政府与社会，都很重视农耕，仅靠乞食生活，便会被视作懒汉或无用的人了。④古代传统文化的观念，认为人们的身体发肤，受之父母，不可毁伤；比丘们既已剃除鬓发，已经犯了大不敬和不孝，一般的人，已经存有歧视之心，何况还要乞食于人，那就更不容易了。

由于上述的几种原因，隋唐以前的中国僧众，大半都靠帝王大臣们的信仰供养，才得维持其生活，同时其中有一部分，还须靠自己募化，或其他的方式维持，所以便包含有许多事故，引起历史政治上几次的大反感。不过，那时候中国的僧众，因地制宜，已经不能完全遵照原来的佛制，有的已经建筑寺庙，集体同居，只有少数专志修持，一心求道，单独栖息山林岩洞之间，过他的阿兰若（清净道场）生活，其余就需要变更方式,才能适应环境。

(二)禅宗丛林制度的由来

到梁武帝的时代,达摩大师渡海东来,传佛心印的禅宗法门,便是中国初有禅宗的开始,那时信受禅宗的僧人,并不太多,据《景德传灯录》所载,正式依止达摩大师得法的,也不过三、四人,其中接受大师的衣钵,传承心印,为东土第二代祖师的,只有神光一人而已。以后历世的学人,虽然渐渐增加,但接受祖位,都是一脉单传,传到六代祖师慧能,在广东曹溪大弘禅道。四方学者辐辏,禅宗一派,可谓如日之方东,光芒万丈,衣钵就止于六祖而不再传了。从六祖得法的弟子很多,能够发扬光大的,有湖南南岳怀让禅师,江西青原行思禅师二支;青原一支,不数传就渐呈衰落,南岳一支,便单挑道脉,此后就有马祖道一禅师,大弘禅宗宗旨,因他俗家姓马,故称马祖。马祖门下出了七十二位大善知识,可为禅宗大匠的,也不过数人,其中尤以江西洪州百丈怀海禅师,称为翘楚,改变佛教东来的制度,首先创立丛林制度的,就是马祖和百丈师徒,而且正式垂作丛林规范的,尤其得力于百丈,所以相传便称百丈创立丛林,据《释门正统》载:"元和九年,百丈怀海禅师,始立天下丛林规式,谓之清规。"其实,百丈师徒,正当唐代中叶(约当西历八、九世纪之间)。佛教正式传入中国,当在汉魏两晋时期,其中已经过四五百年蜕变,它被中国文化的融合,受到中国民情社会风俗的影响,制度的渐渐改变,也是事所必致,理有固然的。在百丈以前,梁僧法云,住光孝寺,虽已奉诏创制清规,但没有像百丈一样,敢明目张胆、大刀阔斧地毅然改制,定作规范,在百丈以后,更无完美的僧众制度,能够超过丛林制度的范围,所以说者便裁定是百丈禅师创建丛林制度了。

在百丈以前，禅宗的学风，大多只在长江以南一带流传，最盛的区域，当在广东、湖南、湖北、江西、福建、浙江、江苏、四川等省，能够北入中原的还不太多，至于黄河南北，还是停留在初期东来佛教的方式。禅宗以外的其余宗派，以及专精佛教学理，讲习经论的法师，被称为义学沙门的，为数还是很盛，大凡笃信研究经论学理的人们，不是过于圆通，便是过于迂执，尽管他自己本身，也翻滚不出时代的潮流，如果有人要公开改变旧制，自然就会忿然动色的。所以当百丈创建丛林之初，就被人骂作"破戒比丘"，这也是事所必致的了。马祖百丈等辈，都是气度雄伟，智慧豁达之士，具有命世的才华，担当立地成佛的心印，他毅然改制，固然由于见地定力的超群，也是适应时势机运的当然趋势。

百丈以后，晚唐五代之间，禅宗本身，又有五家宗派的门庭设立，范围僧众的制度，大体还是遵守丛林的清规，可是在教授方法，和行为仪礼之间，却因人、因地、因时的不同，就各有少许出入，这种不能算是异同，只能算是出入的仪礼和教授法，便又名为家风。所以后世各个丛林禅寺，各有家风的不同，一直流传到清末民初，严格地说，禅寺丛林所流传的规范，已经经过千余年的变易，当然不完全是百丈禅师时代之旧观了。而且江南江北，长江上游和下游，各寺都有各寺不同的家风和规矩，但推溯这个演变的源流，无论它如何变更形式，穷源探本，可以得一结论：

丛林禅寺的宗风，是渊源于丛林制度的演变。禅宗的丛林制度，是脱胎于佛教戒律的演变。

佛教戒律，是由释迦牟尼佛所制定的，它为了范围僧众集体生活，修证身心性命所建立，具有中国文化《礼记》中的礼仪，以及法律、与社会法规等的精神和作用。

1. 丛林的规模

（1）住持和尚：他是职掌全寺的修持（教育）、寺务（行政）、戒律和清规（法律）、弘法（布道）、经济财务等事权，等于政府的元首、社会的领袖。他在寺内住的所在，叫做方丈，也就是佛经上说，维摩居室，仅有方丈之意，所以普通便叫一寺的住持和尚作方丈，有时也叫作住持，就是佛经上住持正法之意。《禅苑清规》称尊宿住持谓："代佛扬化，表异知事，故云传法。名处一方，续佛慧命，斯曰住持。初转法轮，名为出世。师承有据，乃号传灯。"

（2）住持和尚的产生：住持是僧众们推选出来的，必须具有几个条件：第一，是禅宗的得法弟子，要确有修持见地，足为大众师范，而且形体端正，无有残缺。第二，要德孚众望，经诸山长老和其他丛林的住持们赞助。第三，得朝廷官府（中央政府或地方政府）的同意。

他具备这些众望所归的条件，经过一次极其隆重的仪式，才得升座作住持和尚，如果以上还有老师和尚的存在，在升座的仪式中，还有付法、嗣法、入院、视篆等手续，才算完成接座的一幕，相等于现代的交替教育宗旨，和职位上的移交。

（3）退院的和尚：前任的住持和尚退位，便称为退院老和尚，他闲居养静，再不问事，或者闭关专修，大体都是功高望重，修持与德操，达到圆满的程度。他与新任接位接法的住持和尚之间，视如父子，必须极尽恭敬供养侍奉的能事，一直到了老死，务须尽到孝养，否则，会被诸山长老及僧众们所指责的，甚之，还算是犯了清规，受到责罚，但是唐宋时代的退院高僧，多半是飘然远引，从来不肯作形似恋栈的事。

（4）和尚与政府的关系：以前在中国的政治上，关于僧道制度，虽然历代都有过不大不小的争议，但因中国文化的博大优容，最后决议，都以师礼待遇僧道等人，虽然朝见帝王时，也不跪拜，只须合掌问讯，等于只有一揖了事。东汉时，僧尼隶属于鸿胪寺管理。唐以后，改变自姚秦、齐、梁以来的大僧正和大僧统，设祠部曹，主管天下僧尼道士的度牒和道箓等事。祠部与僧箓司，等于现代政府的宗教司，唐代是隶属于礼部的，《唐会要》称："则天延载元年五月十五日，敕天下僧尼隶祠部。"全国僧尼的户籍，也隶祠部专管，并置有僧籍的专案，迨唐宪宗元和二年，在帝都长安的左右街还置有僧录的职衔，相当于姚秦的僧正，后魏的沙门统，南齐京邑僧官的僧主，那是选拔聘请有道德学术修养的高僧，入都作僧官，主管天下僧尼道士等的事务。元代有一时期，还专设有行宣政院，以管理僧俗喇嘛及边情等事务。明洪武时，置僧箓司，各直省府属置僧纲司，州属置僧正司，清代因其职称。度牒，是政府给僧尼的证件，等于现代的文凭和身份证明书，唐代又称为祠部牒，它自尚书省祠部发出。道士们的度牒，又名为箓。

丛林住持的和尚，虽然由僧众推选产生，但是也须得朝廷或地方官的同意聘任，如果住持和尚有失德之处，政府也可以罢免他的职位，甚至，还可以追回度牒，勒令还俗，便变成庶民，像平常人一样接受政府法律的制裁，这种制度，一直到清代以后，才渐渐变质，不太严格。因为清代在精神上，乃异族统治，变相松弛，是另有他的政治作用。中国历代政权，虽然没有像现代人一样，有宪法规定宗教信仰的自由，可是向来都听任自由信仰宗教的，过去政府对于僧道的措施，并不是严格的管理，只是严整的监督。

（5）住持和尚执行的任务：住持在职位上，是全寺首脑的住持，由他选拔僧众，分担各种执事的职务，但是却叫作请职，并非分派。请职，等于说以礼聘请，并不以命令行为。各种执事的职位，虽然由住持所请，但一经请定了，便各自执行他的职掌，秉公办理，即使对住持，也不能徇私，因为他们有一最高的信仰，尽心尽力，一切都为常住，才是功德；常住，就是指丛林寺院的全体代名辞，也就是佛经所说佛法常住之意。所以凡关于处理或决议全寺和大众的事，住持必须请集全体执事公议以决定之，不能一意孤行，至少，也有两序执事长老，或少数重要执事参加决定才行。因此，住持在职位上，并不像专制时代政府的主官一样，他却像中国旧式教育的全体弟子们的严师一样，因为他所负的重要责任，便是指导全寺僧众们的实地修行，和品行的督导，关于这一方面，他却有无上的权威，也有无限的责任感，所以古代的丛林，有些住持，根本就不问事务，他认为执事的职掌，已经各有所司，毋须他来多管，他只须自己努力修行，随时说法，行其身教就是，要能不使学者走入歧途，这才是他应负的责任。

（6）住持和尚请两序班首执事：住持就位，就要选请全寺的执事，所谓执事，百丈旧规，称为知事。班首，旧规称为头首。他要选拔僧众中才能胜任，而且足孚众望的出任各种职司，虽然不经过选举，但是必是大众所谅解同意的。他要发表各位执事职司的手续时，先要征求本人的同意，再把各执事职司的名字职位，写在一个牌上（等于现代的公告牌），挂了出来，大家就得遵守之，须在每年正月十五、或七月十五挂牌。在请职以前，先于三五天前方丈预备了茶果，就命侍者去请某某师等同来吃茶，经过住持向他们当面请托，得到了同意，才一一由书记写好名字职位，挂牌示众，然后在就职那一天，午斋的时候，先送到斋堂，依次就座用膳。饭后再绕佛经行，送到大殿上，依次排列位置，再礼佛就位。晚课以后，各请新的执事，便到方丈礼座就职，住持便当面加以训勉，告诫尽心职务，遵守清规。退而再至各老职事房中，一一拜候，便叫作巡寮（巡寮这个名词，在戒律上又作别论）。这样便是简单的请职程序。请职的时候，也有请二人同任一职，互为副助，或数人同任一职的，偶也有之。但各职执事职司，虽由住持请出，却不像上下级官吏的组织，他是平行的，可以说：只有圆的关系，既不是上下，也不是纵横的隶属，他们有弟子对老师的尊敬，却没有下级对上级的班行观念。

2. 丛林的风规

（1）身份平等，集团生活：唐、宋时代，正当禅宗鼎盛的时候，大凡出家为僧的，不外四种情形：①部分研究佛学经论的称为义学比丘们，有的是因政府实行佛经的考试既经录取，便由朝廷赐给度牒出家的。②自动发心，离群求道，请求大德高僧剃度的。③朝廷恩赐，颁令天下士庶，自由出家的。唐时，政府有几次为了财政的收入，还有鬻卖度牒，听任自由出家的。④老弱鳏寡，无所归养而出家的。在这四种情形当中，如有未届成年想求出家者，依佛的戒律，还须得父母家族的同意，才能允许出家。

既经出家受戒，取得度牒以后，就可往丛林讨褡长住，讨褡大约分作两种，各有不同的手续：①普通少住数日或一短时期的，便叫做挂褡（俗作挂单或挂搭）。挂褡的僧众，为慕某一丛林住持和尚的道望，远来参学，或是游方行脚经过此处，但都须先到客堂，依一定的仪式，作礼招呼，依一定的仪式放置行李，然后由知客师或照客师依礼接待，并依一定的禅门术语，询问经过，既知道了他挂褡的来意，便送进客房，招呼沐浴饮食。普通僧众住的客房，术名叫寮房。接待游方行脚僧的，又叫做云水寮，唐宋时代，旧称通叫做江湖寮。最普通的过路挂褡也要招待一宿三餐，等于归家稳坐，绝无歧视之处。如遇参学游方的，有些比较大的丛林，在他临行时，还要送些路费，叫做草鞋钱。倘要久住些的，便要随大众上殿念经，参加作事，虽然居在客位，劳逸平均，仍然不能特别。②要想长住的，便叫作讨褡。要住进禅堂内修学的，便叫作讨海褡。讨了海褡，就算本寺的正式清众了，这必须要先挂褡，住些时日，经过知客师及各执事们的考查，认为可以，才能讨得海褡长住，旧制称为安褡。常住的僧众，每年春秋两次，各发一次衣布，或衣单钱，以备缝制衣服之用。除了施主的布施以外，常住每季，还发一次零用钱，也叫做衬钱。

凡是已经受戒，持有度牒，而且是常住的大众，身份与生活，便一律平等，上至住持和尚，下至执劳役的僧众，都是一样。对于衣、食、住、行方面，都要严守佛家的戒律，和丛林的清规。如果犯了戒律和清规，轻则罚跪香或执苦役，重则依律处罚或摈弃，便是俗称赶出山门了。

衣。普通都穿唐、宋时代遗制的长袍，习禅打坐也是如此，作劳役时便穿短褂，这些就是留传到现在的僧衣。遇有礼貌上的必要时，便穿大袍，现在僧众们叫它为海青。上殿念经，礼佛，或听经，说法的时候，便披上袈裟。中国僧众们的袈裟，都已经过唐、宋时代的改制并非印度原来的样式，到了现在，只有在僧众的长袍大褂上，可以看到中国传统文化，雍容博大的气息，窥见上国衣冠的风度。僧众们的穿衣，折叠，都有一定的规矩，都是训练修养有素，就是千人行路，也难得听到衣角飘忽的风声。

食。依照佛教的戒律，每日只有早晨、中午两餐，为了种种正确的理由，过午便不食了。食时是用钵盂，以匙挑饭，并不像印度人的用手抓饭来吃，但到了中国，已经改用碗筷，和普通人一样。不过，完全实行大乘佛教，一律终生素食，而且是过午不食的，除了少数担任劳役的苦役僧，因恐体力不济，晚上一餐，还只是作医治饿病之想，才敢取食。凡吃饭的时候，一律都在斋堂（食堂），又叫作观堂，是取佛经上在饭食时，作治病观想，勿贪口腹而恣欲之意，这个规矩，大家必须一致遵守，虽上至住持和尚，也不能例外设食，这就名为过堂。如有外客，便由知客陪同在客堂吃饭，住持和尚于不得已时，也可以陪同客人饭食。大众食时都有一定的规矩，虽有千僧或更多的人，一听云板报响,便知已经到了食时,大家穿上大袍,顺序排列,鱼贯无声的走入膳堂,一一依次坐好。碗筷菜盘,都有一定次序放置,各人端容正坐,不可随便俯伏棹上。左手端碗、右手持筷,不得有饮啜嚼吃之声,添饭上菜,都有一定的规矩,另有执役僧众侍候,不得说话呼喊。斋堂中间上首,便是住持和尚的座位,住持开始取碗举筷,大家便也同时开始吃食了,等到全体饭毕,又同时寂然鱼贯回寮。住持和尚如有事情向大众讲话,正当大众饭食之时,他先停止吃饭,向大众讲说,这便名为表堂。每逢月之初一、十五便加菜劳众,或遇信众施主斋僧布施,也要加菜的。

住。在禅堂专志修习禅定的僧众,便名为清众,旦暮起居,都在禅堂,其余各人都有寮房,有一人一间,或数人一间的。依照佛教戒律和丛林规矩,除早晚上殿念经作功课,以及听经听法以外,无事寮房静坐,不得趱寮闲谈,不得闲游各处,无故不得三人聚论及大声喊叫。如遇住持和尚或班首执事,以及年长有德者经过,就必肃然合掌起立,表示问讯起居。

行。各人行走,或随众排列,必须依照戒律规矩,两手当胸平放,安详徐步,垂脸缄默,不得左顾右盼,不得高视阔步。如要有事外出,必须到客堂向知客师告假,回寺时又须到客堂销假,不得随便出外。即使住持方丈,或班首执事出寺入寺,也须在客堂说明,告假几天,同时还须向佛像前告假和销假。其余生活各事,如沐浴、洗衣,各有规定。病时大丛林中,自有药局处方,告假居房养息,不必随众上殿过堂。倘若病重,进住如意堂,便有自甘执役护病的僧众来侍奉,如意堂,也就是旧制的安乐堂。死了,便移入涅槃堂,举行荼毗(俗名迁化),然后收拾骨灰,装进灵骨塔(即俗称骨灰塔)。

总之,真正的丛林集团生活,绝对是做到处处平等,事事有规矩,由一日而到千百年,由管理自己的身心开始,并及大众,都是循规蹈矩,至于详细细则,还不止此。所以宋代大儒程伊川,看了丛林的僧众生活,便叹说:"三代礼乐,尽在是矣。"

（2）劳役平等,福利经济:百丈创制丛林,最要紧的,便是改变比丘,不自生产,专靠乞食为生的制度。原始的佛教戒律,比丘不可以耕田种植,恐怕伤生害命,那在印度某些地方,可以行得通,到了中国,素来重视农耕,这是万万行不通,而且更不能维持久远的。所以百丈不顾别人的责难,毅然建立丛林制度,开垦山林农田,以自耕自食为主,以募化所得为副。耕种收获,也如普通平民一样,依照政府法令规定,还要完粮纳税,既不是特殊阶级,也不是化外之民。平日于专心一志修行求证佛法以外,每有农作或劳动的事情,便由僧值师（发号司仪者）宣布,无论上下,就须一致参加劳动,遇到这种事情,丛林术语,便名为出坡,旧制叫作普请。出坡的时候,住持和尚,还须躬先领头,为人表率,百丈禅师到了晚年,还自己操作不休,他的弟子们,过意不去,就偷偷地把他的农作工具藏了起来,他找不到工具,一天没有出去工作,就一天不吃饭,所以禅门传诵百丈高风,便有："一日不作,一日不食"之语,并且以此勉励后世,由此可见他人格伟大的感召了,现代的虚云和尚年届一百二十岁,还是身体力行,终生奉此不变的。

丛林的经济,一切收入与支出,要绝对公开,术名便称为公众。收入项目,悉数都为全寺大众的生活,尽量为大众谋求福利,还有盈余,便添购田地财产,希望供养更多的天下僧众。一班执事等人,多半公私分明,绝对不敢私自动用常住一草一木,因为僧众们在制度以外,更是绝对信仰因果报应的,平时经常传为宝训的,便有:"佛门一粒米,大如须弥山。今生不了道,披毛带角还。"因此,他们对于在禅堂里真实修持的僧众,都是极力爱护,不肯使他们受到丝毫惊扰,希望他们成道,以报天下、国家、社会上和施主们的恩德。从前有一位宝寿禅师，在五祖寺库房执事，那时的住持和尚戒公偶然因病服药，需用生姜，侍者就到库房里取用，宝寿便叱之使去，戒公知之，令拿钱去回买，宝寿才付给他。后来洞山缺人住持，郡守来信，托戒公找人住持，戒公便说：那个卖生姜的汉子去得，他便去作洞山的住持，所以后世有"宝寿生姜辣万年"的句子，相传为禅门的佳话。一九四一年，笔者在成都的时候，见过一位新都宝光寺的退院老和尚，其人如苍松古柏，道貌岸然可敬，住持大寺数十年，来时只带一个衣裳包袱，退位的时候，仍然只带这个破包袱，对于常住物事从来不敢私用分毫，自称德行不足以风众，背不起因果，相对数言，便令人起思古之幽怀，这便是丛林大和尚的风格。

（3）信仰平等，言行守律：所谓丛林，顾名思义，是取志在山林之意，其实，它具有此中明道修行者，有如麻似粟、丛集如林的意思。他们都坚定地信仰佛教的佛法，尤其信仰禅宗心地成佛的法门，要住丛林，便是为了专心一志的修证心地成佛法门，所以他们除了恪守丛林的清规以外，在寺内更笃守佛教的戒律。相传过去天台国清寺有一得道高僧，已经有了神通，有一天晚上，在禅堂里坐禅，下座的时候，他偷偷问隔座的僧众说：你的肚子饿了吗？大家不敢答话，有一僧说：饿了怎么办，规定大家过午不食，谁又敢去犯戒？即使要吃，厨房里都没有东西，哪里有吃的呢？他说：不要紧，你要吃，我替你弄来，厨房里还有锅巴呢！他说了，便伸右手入左手的袖子里，一会儿，就拿出一大把锅巴来请这僧吃。这时，那个住持和尚也有神通的，他严守戒律，决不肯轻现神通，到了次日清晨，住持和尚便向大众宣布，昨天夜里，禅堂里有两位僧人犯戒，依律摈斥出院，那个有神通的僧人便伸手拿起包袱，向住持拜倒，自己承认犯戒，由此就被赶出山门了。南宋时，大慧宗杲禅师，他未经得法时，依止湛堂禅师，有一天，湛堂看了他的指甲一眼，便说：近来东司头的筹子，不是你洗的吧！

他便知道师父是责他好逸恶劳，立即剪去养长了的指甲，去替黄龙忠道者作净头（清除厕所）九个月，由于这些列举的一二操行，就可知他们的规矩和戒律，言行和身教，是多么的自然和严整啊！

（4）众生平等，天下为家：佛教的宗旨，不但视人人为平等，它确要做到民胞物与，视一切众生，都是性相平等的，为了适合时代和国情，他创立了丛林制度，从表面上看，丛林的清规与佛的戒律，似乎不同。实际上，清规是以佛的戒律作骨子的，所以他的内部，仍以严守戒律为主，既如举足动步，也不敢足踏蝼虫蚂蚁，何况杀生害命。因为他的信仰和宗旨，是慈悲平等的，所以丛林便有天下一家的作风，僧众行脚遍宇内，不论州县乡村，只要有丛林，你能懂得规矩，都可挂褡安居。此风普及，及至乡镇小庙，或是子孙私产也都可以挂褡。从前的僧众们，行脚遍天下，身边就不需带一分钱，即使无寺庙可住，大不了，树下安禅也可过了一日。元、明以后，佛道两家好像各有宗教信仰的不同，在某些方面，又如一家，例如道士，到了没有道观的地方，可以跑到和尚寺里去挂褡，和尚也是如此，必要时可以跑到道观里去挂褡。每遇上殿念经的时候，也须随众照例上殿，不过各念各的经，只要守规矩，便不会对他歧视的。僧尼之间，事实上，也可以互相挂褡，不过，其中戒律和规矩更要严些，例如男众到女众处挂褡，清规严格的寺院，就只能在大殿上打坐一宵。稍稍通融的，也只能在客房一宿，决定不可久居。女众到男众处，也是如此的。俗人求宿寺院，便不叫做挂褡，佛门以慈悲为本，有时斟酌情形，也可以收留的。唐、宋时代，许多出身贫寒的读书人，大都是寄居僧寺读书，例如邺侯李泌等辈，为数确也不少。至于唐代王播微时，寄读扬州僧寺，被主僧轻视，故意在饭后敲钟，使他不得一餐，便题壁写诗云："上堂已了各西东，惭愧阇黎饭后钟。"后来他功名成就，复出镇是邦，再过此处，看到昔日的题句，已被寺僧用碧纱笼罩起来，他便继续写道：

"二十年来尘扑面，如今始得碧纱笼。"这些事情总有例外的，也不能以偏概全，便视僧众都是势利的了。最低限度，也可以说：有了丛林制度以后，确实已经替中国的社会，做到收养鳏寡孤独的社会福利工作，使幼有所养，老有所归，这是不能否认的事实。宋仁宗看见丛林的生活，不胜羡慕它的清闲，便亲自作有《赞僧赋》。相传清代顺治皇帝，看了丛林的规模，便兴出家之想，他作了一篇《赞僧诗》，内有："天下丛林饭如山，钵盂到处任君餐。朕本西方一衲子，如何落在帝王家。只因当初一念差，黄袍换却紫袈裟"等句，也有人说，这是康熙作的，真实如何，很难考证，但由此可见禅门丛林，是何等气象了。

3. 丛林以修持为中心的禅堂

（1）禅堂的规模：百丈创立丛林，最重要的，他是为了真正建立了禅宗的规范，由于这种制度的影响所及，后世佛教的寺院，不论宗于何种宗派，大多数都有加上禅寺名称的匾额，而且因为禅僧们的简朴，一肩行脚，背上一个蒲团，芒鞋斗笠，就可走遍天下名山大川，大家景仰他们的苦行，所以青山绿水之间，不断地建筑起禅寺了。但真正的禅门丛林，它的主要目的，不止在于创建寺院，都在于有一座好的禅堂，可以供养天下僧众，有个安身立命、专志修行的所在。唐、宋、元、明、清以来，国内有的丛林里的禅堂，可以容纳数百人到千余人的坐卧之处，每人一个铺位，可以安禅打坐，又可以放身倒卧，各个铺位之间，又互相连接，所以古人又叫它作长连床。但每一座位间，必须各记自己的姓名，张贴于坐席之间。全寺的僧人，常住经常也备有登记簿，俗名叫作草单，术名叫作戒腊簿，也等于现代的户口簿。整个禅堂光线明淡，调节适中，符合简单的生活起居，适应方便。只是古代的建筑，不太注重通风设备，对于空气的对流，比较差些。禅堂四面，都做成铺位，中间完全是个大空庭，需要作大众集团踱步行走之用,这种踱步,便是佛经所说修禅定者的适当活动,叫作经行,丛林里便改作行香与跑香了。所以禅堂中心的空间,便要能够容纳内部数百或千余人的跑步之用,行香与跑香,都照圆形活动,不过必要时,还有分成两个圈子或三个圈子来跑,老年体弱的,不可以走外圈。少壮健康的,就走外面的大圈子。

(2)禅堂里的和尚:禅堂既然为禅宗丛林的中心,等于现代语所说的,是个教育的中心了,那么,应该是最富于佛教色彩的所在,事实上,并不如此,它却正正真真表示出佛法的真精神,不但完全解脱神秘和迷信,而且赤裸裸的表出达摩大师传佛心印的宗旨。原来禅堂里,不供佛像,因为禅宗的宗旨,"心即是佛"。又是"心、佛、众生,三无差别"的,又"不是心,不是佛,也不是物"的,那它究竟是个什么呢?可以说:它是教人们明白觉悟自己的身心性命之体用,所谓本来面目,道在目前,就在寻常日用之间,并不是向外求得的。后世渐有在禅堂中间,供奉一尊迦叶尊者的像,或达摩祖师的像。禅堂的上位(与大门正对的),安放一个大座位,便是住持和尚的位置,和尚应该随时领导大家修行禅坐,间或早晚说法指导修持,所以住持和尚一定要选任曾经悟道得法的过来人,确能指导大家修证的大善知识了。心即是佛,和尚便是今佛,住持也便是中心,所以有时称他作堂头和尚。如住持和尚因故不能到禅堂参加指导,辅助住持的督导修持,就是禅堂的堂主,与后堂西堂等,这几个位置排在进门之首。此外,还有手执香板,负责督察修持的,叫做监香,他和禅堂里的悦众,都是负责监督修持用功之责的。悦众和监香,也有数人任之的。香板,古代乃是竹杖,一端包了棉花和布,作为警策之用,这是佛的旧制,称谓禅杖,后世改用为木版,作成剑形,叫做香板。其余,还有几位专门供给茶水的执役僧,有时或由新出家的沙弥们任之。

(3)禅堂的生活:顾名思义,所谓禅堂,就是供给僧众们专门修持坐禅的地方，他们为了追求实现心地成佛的最高境界，一面离尘弃欲，决心绝累，一面又须苦志精勤，节操如冰雪，甚之毕生埋首禅堂，一心参究，纵然到死无成，仍然以身殉道而不悔者，比比皆有。凡是住在禅堂里的人，饮食起居生活，一律都须严守清规的纪律，清晨三四点钟就要起床、盥漱方便以后，就要上座坐禅。因为古代没有时钟，每次坐禅，就以长香一炷为标准，大约等于现在时钟的一点半钟左右。下座以后，就须行香，大家依次排列，绕着禅堂中间来回行走，身体虽然松散，心神却不放逸，这样又要走完一炷香，就再上座。饮食、睡眠、大小便，都有划一的规定。如此行居坐卧，都在习禅，每日总以十支以上长香为度。如逢冬日农事已了，天寒地冻，更无其他杂条，便又举行克期取证的方法，以每七日为一周，叫做打禅七或静七。在禅七期中，比平常更要努力用功参究，往往每日以十三四支长香，作为用功的标准，大约睡眠休息时间，昼夜合计，也不过三四小时而已，后世各宗，鉴于这种苦修方法的完美，也就兴起各种七会，如念佛七等。他们有这样苦志劳形，精勤求道的精神，日久月长，无疑地，必能造就出一二超格的人才。每逢举行禅七的时期，和尚要请职担任禅堂里的监香职位时，也和请丛林班首执事一样的过程，茶聚商托以后，挂牌送位，都如请执事一样的仪式，不过送位只是送禅堂里的坐香位子，因为重心在于禅堂。监香也有同时请七八位，轮流担任，以免过于疲劳。禅宗虽然只重见性明心，立地成佛的顿法，并不重禅定解脱的修行法门。但是远自印度的释迦牟尼，以及传来中国以后，从古至今，没有哪一位祖师和禅师，不从精勤禅定，专志用功中得成正果的。每年初夏，便依律禁足安居三月，又谓之结夏，到了旧历七月十五日圆满，或称谓解夏。所以从前问出家为僧的年龄若干，便请问他夏腊多少。所以丛林禅堂，制立如此风规，恰是佛法的真实正途，俗话说："久坐必有禅"，这也不是绝无道理的。到了两宋以后，许多大儒,都向往禅堂规模和教育方法,偷梁换柱,便成儒家理学家们的静坐、讲学、笃行、实践等风气了。禅堂的门口,帘幕深垂,一阵阵的飘出嬝娜的炉香,当大家上座坐禅的时候,普通叫作收单,门口便挂上一面止静的牌子,这时,外面经过的人,轻足轻步,谁也不敢高声谈论,恐怕有扰他们的清修。到了休息的时候,门口换挂一面放参的牌子,才可以比较随便一点,普通又名为开静。

(4)禅堂内外的教育方法:丛林既以禅堂为教育的中心,那就天天必有常课了?诚然,他们的常课,便是真参实证,老实修行本分下事,却不是天天在讲学说法的,因为在禅宗门下,认为讲习经论,那是属于义学法师们的事,他们重在老实修行。遇到晚上放参的时候,住持和尚莅临禅堂,说些用功参禅的法门,或者有人遇到疑难,请求开示,便随时说法指导,这样就叫做小参。后世风规日下,有时住持和尚偷懒,便请堂主升座说法,这也叫作小参。倘有正式说法,在禅堂以外,另外还有一座说法堂,简称法堂,依照一定的仪式,礼请住持和尚升座说法,这时大都是鸣钟击鼓,依照一定的隆重仪式,通知全寺的僧众,临场听法的。仪式的庄重,和大众的肃然起敬,恰恰形成一种绝对庄严肃穆的宗教气氛。可是禅宗住持和尚说的法,却不如讲经法师们,一定要依照佛经术语的法则来,也不是只作宗教式的布道,他是随时随地,把握机会教育的方针,因事设教,并无定法的。弟子和书记们,老实记载他的说法讲话,便成为后世的语录一类的书了。如果有时讲解经论,又须另在讲堂中举行,对于专门讲解经论的法师,便称为座主。丛林的修行教育,固然以禅堂为中心,但作为导师的住持和尚,对于全体笃志修行的僧众们,却要随时随地注意他们修持的过程和进度,偶或在某一件事物,某一表示之下,可以启发他智慧的时候,便须把握时机,施予机会教育,这种风趣而轻松的教育法,在高明的禅师们用来,有时会收到很大的效果,可能对于某一个人，便由此翻然证悟的。即或不能达到目的，有时也变成很幽默的韵事了，后世把这种事实记载下来，便叫作公案。理学家们便取其风格，变称学案。那些奇言妙语，见之于后世的语录记载里的，便叫做机锋和转语。由此可见作一位住持丛林的大和尚，他所负的教育责任，是何等的重要，佛经所谓荷担如来正法，正是大和尚们的责任所在，所谓荷担，也就是说继往开来，住持正法眼藏，以继续慧命的事，唐、宋之间，有些得道高僧，自忖福德与智慧、才能和教导，不足以化众的，便往往谦抑自牧，避就其位了。

（5）禅堂的演变：元明以后，所谓禅寺的丛林，渐渐已走了样，同时其他各宗各派，也都照禅宗丛林的规矩兴起丛林来了。在其他宗派的丛林中，禅堂也有变成念佛堂，或观堂等，所谓真实的禅堂和禅师们，已如凤毛麟角，间或一见而已，令人遥想高风，实在有不胜仰止之叹。民国以来，研究佛学的风气，应运而兴，所以禅门丛林，也多有佛学院的成立，禅宗一变再变，已经变成了禅学，或是振衰革弊，或是重创新规，唯有翘首伫候于将来的贤哲了。

4. 丛林与中国文教

丛林的制度，显然是中国文化的产品，如果认为佛教传来中国，便受到中国文化的融化，产生了佛教革新派的禅宗，这事已略如前论，不必重说。严格地说来，佛教经过中国文化的交流，却有两件大事，足以影响佛法后来的命运，而且增强它慧命的光辉。第一，在佛学学理方面的整理，有天台、华严两宗严整批判的佛学，天台宗以五时八教，贤首宗以五教十宗等，概括它的体系，这便是有名的分科判教。第二，在行为仪式方面，就是丛林制度的建立，它融合了传统文化的精神，包括儒家以礼乐为主的制度，适合道家乐于自然的思想。而且早在千余年前，便实行了中国化的真正民主自由的规模。它的制度，显然不相同于君主制度的宗教独裁,只是建立一个学术自由,民主生活的师道尊严的模范。

除了中国以外,接受南传原始佛教文化的,如泰国、高棉、寮国、锡兰和缅甸,传续到了现在,虽然已非旧时面目,但多少总还存有一些原来方式。可是它所仅存的生命,不过是依赖政府与民间信仰的残余,与丛林制度比较起来,有识之士,便不待言而可知了。和这相反的,就如北传佛教在我国西藏,它以神秘色彩,衬托出宗教的姿态,千余年来,却赢得一个政教合一的特权区域,虽略有类同西洋教会和教皇的威权,而无西洋教会一样具有国际和世界性的组织,讲政治,没有博大悠久思想作基础,讲宗教,仍被封固在文化落后的地区。如果深切了解释迦牟尼的全部教义,对于南传佛教,和北传佛教的两种方式,便会知道不是他原来的初衷。只有中国的丛林制度,确能与他的本意不相违背,由此可见无论南传北传的佛教,都没有像东来中土的伟大成就,这是什么原因呢?我们可以了解,凡是自己没有悠久博大的文化之民族,纵然佛光普照,它的本身,仍然无力可以滋茂长大,所以说:当达摩大师在印度的时候,遥观东土有大乘气象,不辞艰苦,远涉重洋,便放下衣钵,把佛法心印传留在中国了。

一个文化悠久的国家,历史剩遗在山川名胜的背景,已经足以表示整个文化的光辉,何况它的精神,还是永远常存宇宙,正在不断地继往开来呢!仅以丛林创建的制度来说,它给全国的山光水色,已经增加了不少诗情画意,表现出中国文化的风格,唐代诗人杜牧有诗云:"南朝四百八十寺,多少楼台烟雨中。"这还只是描写南北朝以来的江南佛教事迹,到了唐朝以后,因为丛林寺院的兴盛,可以说:率土之滨,莫不有寺,名山之顶,何处无僧,所以后人便有"天下名山僧占多"之咏了。加上以唐人气度的雄浑,宋人气度的宽阔,二者融会在寺院建筑之中,我们在全国各地,到处都可见到美轮美奂,壮丽雄伟的塔庙,只要你翻开各省的省志,各州、府、县的地方志,要查名胜古迹,僧道寺院,便已占去一半。缅怀先哲,追思两三千年的留传至今的事物,岂能不令人痛恨这些一知半解,妄自蔑视中国文化的人们!须知一个根深蒂固的文化,建设起来,是经过多少时间,和多少哲人的心血所完成。要想改变,以适应世界的趋势而争取生存,那也要学而有术,谋定而后动,岂是浅薄狂妄,轻举妄动所能做得到的吗?

结　论

中国传统文化,素来是以儒家为主流,儒家高悬大同天下的目的,是以礼乐为主道政治的中心,由于礼乐的至治,就可以实现《礼运·大同篇》的天下为公的目的,但是经过数千年的传习,一直到了唐代,才只有在佛教禅宗的丛林制度里,实现了一个天下为公的社会。它在形式上,固然是一种佛教僧众的集团,然在精神上,它是融合礼乐的真义,和佛教戒律的典型,"礼失而求诸野",如果讲到一个真善美的社会风规,恐怕只有求之于丛林制度了;但是也还不能作为治国平天下的规模,因为国事天下事,与丛林社会相比,其艰难复杂,又何止百千万倍。人是一个有情感和理性的生物,无论性和情,只要偏重在那一面,就不能两得其平,结果都不会安定人生的。丛林制度它能普及流传,不外四个原因:第一,因为出家了的僧众,已经发自内心的,抑弃了世事人欲的情感牵扰,虽然住在丛林里,过的是集团生活,又是绝对自由追求自我理想的境界。第二,宗教的信仰,和发自因果分明的观念,已经不需要外加的法律管制。第三,各人由内心的自净其意,发为规矩,便是最高自治的原理。第四,维持生命生活的经济制度,早已做到福利的要求,所以他们只要管自己的身心修养,其余的一切就都可以放下了。因此他们可以做到,像儒家礼乐最高目的,和墨家摩顶放踵,以利天下的要求,如果是普通人的社会呢?男女饮食和物欲的权利,只有日益向外扩充和发展,人事和世事的推排,相互间便有争执,许多在学理和教育上决定是正确的道理,一到人情和人欲的要求上,便完全不是那样一回事了,即如完美的丛林制度,他在教导以外,再没有刑责可行,假使没有最高道德作为依持,要想求其安然垂范达千余年之久,绝对是不可能的事。南宋时代,杭州径山大慧宗杲禅师,与温州龙翔竹庵大珪禅师,恐怕后来丛林衰落,便合力记述历史丛林住持的嘉言善行,留作后世的准绳,作了一部《禅林宝训》的书,其中高风亮节,以及敦品厉行的典型,足以与《宋儒学案》,比美千秋,如果去掉它僧服的外层,作为为人处世的修养范本来看,一定别有无穷受用,可以启发无限天机。

  百丈禅师创建丛林以来,他的初衷本意,只是为了便利出家僧众,不为生活所障碍,能够无牵无挂,好好地老实修行,安心求道,他并不想建立一个什么社会,而且更没有宗教组织的野心存在,所谓"君子爱人以德"则有之,如果认为他是予志自雄,绝对无此用心,尤其是他没有用世之心,所以他的一切措施,自然而然的,便合于儒佛两家慈悲仁义的宗旨了。如果他有世务上的希求,那便会如佛经所说:"因地不真,果遭纡曲",岂能成为千古宗师。在他当时,一般人之所以责骂他是破戒比丘,只因大家抵死执著印度原始佛教的戒律,认为出家为僧,便不应该耕种谋生。站在我们千秋后世的立场来看,如果他当时不毅然改制,还让僧众们保持印度原来的乞食制度,佛教岂能保存其规模,传流到达现在吗?禅宗最重人们确有见地,佛教称佛为大雄,时移世变,时代的潮流,由农业社会的生活方式,已经进到工商业科学化的今天,追怀先哲,真有不知我谁与归之叹了。

道家与道教

一、道家学术思想与黄老、老庄的渊源

（一）道家与黄老

道教，完全是以道家的学术思想做内容的宗教，道家学术思想的内容，也就是中国文化的原始宗教思想、哲学思想、科学理论与科学技术的总汇，笼络贯串中国文化上下古今的大成。虽然道家与道教，在宗教色彩上，有时混淆不清，但在实质上，道教与道家，却大有异同之处；可是，一般习惯，对道家与道教的分野，区别不清，随便就加它一顶迷信的帽子，把它送入海上三山，可望而不可即，列为虚无缥缈之间了。

关于道家的学术思想，纪晓岚曾经从好的方面来看，评定它是"综罗百代，广博精微"。当然，任何一种学术思想，正如天下事与物一样，都有正反、好坏的两面；道教学术思想，固然广博精微地综罗百代，但它流传久远，加上驳而不纯的结果，便变成"支离破碎，怪诞杂乱"，可是，我们不能因噎废食，就抛弃一个传统文化的无尽宝藏，那是非常荒谬的举动。

现在为了尽量简化地介绍道家与道教，首先须要提出道教与道家的渊源：

道家学术思想的形成，把它简单地归纳分类，约有四个来源所组成：（1）黄、老学术；（2）老、庄思想；（3）隐士思想；（4）方士学术。

道教宗教学术思想的形成，也简单地把它归纳分类做四个来源：

（1）渊源于道家学术思想；（2）发生于政治社会的演变；（3）促进于外来宗教的刺激；（4）基本于神秘学术的迷恋。

讲到道家的学术思想，在秦、汉以后，往往以黄、老并称，或老、庄具列，作为道家的宗祖。所谓黄，便是指黄帝；老，当然就是老子，但无论是黄、老并称，或老、庄具列，我们普遍地都知道老子的确算是道家宗祖，如果拉上黄帝作为道家的宗祖，在一般的习惯上，便有信与不信的了。凡是笃信道家的，自然毫无疑义，如果不信道家的，便訾议百出，笑他是不经之谈。其实，笃信道教的，却也未必承认黄帝为道教的创始者呢！究竟黄帝算不算道家的宗祖？而且他取得道家宗祖的资历，又有何根据呢？一般引证古书，号称为黄帝的著述，如医药书籍的黄帝《内经》，以及道家流传用于兵法或谋略学的黄帝《阴符经》等，历来学者，几乎都公认是后世的伪书。除了在历史上，承认黄帝是我们上古民族创建国家，比较有史料可稽的祖先以外，几乎无法证实他有可靠的学术思想流传下来。那么，说黄帝便是道家的宗祖，又有什么理由可以相信呢？其实，这就是我们对于文化历史的观念，向来易于忽略的问题。我们需要了解上古的学者，对于我们远古历史与文化的追寻，要想上溯黄帝以前，除了传说的资料，值得存疑考据以外，实在缺乏文献上比较可靠的证据，为了学术上的谨慎忠实，所以便断定以黄帝为始祖。因此，凡是讲到中国文化历史的渊源，便也都从黄帝讲起了。如果依照道家流传的，所谓值得存疑的资料来讲，我们的民族历史，便可高推到一百多万年前，至少也有十几万年的悠久。所以用史笔一判，便很客气地断定以黄帝为开始。道家素以黄、老并称，自认它的学术渊源，是远绍黄帝，这就是表示道家的学术思想，是根据中国上古文化正统传承的观念，并非是故作玄虚的谎言。《淮南子·修务训》中说："世俗之人，多贵古而贱今，故为道家，皆托之于神农、黄帝，而后能入说。"汉代著《史记》的司马迁，他生在淮南子以后，比淮南子更了解这个思想，所以他在写道家方士的驺衍列传中，便说："先序今而上至黄帝，学者所共术，大并世盛衰。"这就是说明黄帝，是中国学术上共同所承认的文化共祖，岂但只是道家如此而已。

（二）道家与老庄

提起老子，真是一个千古绝妙的人物，我们首先提出司马迁在《史记》上，关于孔子见了老子以后，孔子对于老子所加的评语，也就是后来号称为正统儒家所不肯承认的话，那便是孔子说老子"其犹龙乎"，赞叹他是见其首不见其尾的妙人。

老子，是中国自古以来，隐士思想的总代表，他是一个博古通今，具有十分渊博的学问，而且富于超越尘俗的修养，不求名利的隐君子。所以到了司马迁为他写传记的时候，也是捉摸不定，只好把那些有关于老子的传说异闻，一概记载上去，做了一篇忠实的报道。至于老子，是否便是李耳、老聃，或老莱子，一概不加肯定。老子其人的妙处莫名，不但司马迁在笔下，已经把他写成神龙见首而不见尾，后来又被人推崇为道家的宗祖，再被道教扯上做教主，登上太上老君的宝座，那就更是神乎其神了。

我们不要忘记，在中国文化史上，把道家学术思想，判归老子的管领范围，那统统是秦、汉以后学者笔下玩的把戏，我们只要留心历史，便知在汉初有名的，用道家思想做政治领导的文、景时代，凡是讲到道家的学术，都是用黄、老并称的。到了司马迁著《史记》，举出他父亲司马谈《论六家要旨》以后，跟着便有刘歆《七略》，班固《汉书·艺文志》等的著述，不但把周、秦之际的学术分家，使其门庭对立，壁垒分明，而且把道家投怀送抱，确定归在老子的户籍之内，于是后世学者讲道家，便有以老、庄具列的趋向。魏晋以后的道家者流，讲传承的系统，便有谓老子传关尹子与庚桑子，庚桑子传壶子，壶子传列子，列子传庄子等一系列的学术世谱出现了。

其实，无论后世的道家与道教之徒，首先都接受了太史公司马迁父子的说法，先入为主，轻轻地蒙混过去，如果起司马迁于九泉来对话，一定非常可笑。司马迁著《史记》，及其自序之中，都说自己父子的思想，是宗奉道家的思想，而且也很推崇老子。后来班固父子刻意求工来著《汉书》，站在西汉以来儒家的观念，也说司马迁父子是道家的思想，推崇老子，而且有不以为然的按语。殊不知他已忽略了司马迁笔下微言大义的用意，他所说的道家，正是抬出来自上古，中国文化传承"学者所共术"的道统，他只是拿老子来做正面的衬托而已；如果他认为老子就是道家的宗祖，他为什么不专工罗织老子的事迹，为他好好写一篇伟大的传记呢？他能够空前地破格创例，为当世无赫赫之功，而素位而行的孔子写世家，而且写得那么伟大精到，难道就不为他父子所崇拜的老子也写一篇类似世家的传记吗？结果呢？在他著的《史记》里，他很公平的，只把老子归并在《老庄申韩列传》里去，就此一笔带过罢了；这就是司马迁用他习惯的史笔，要人在他全部的著述里，寻出他当时的处世环境；他既不同意于西汉以来，实际是阳儒暗道，却自号称为正统儒家的人物，同时也不同意自秦、汉以后，实际是方士变神仙的假道家的作风。可惜我们后来的学者，既栽在司马迁的笔阵里，又受刘歆、班固等人一再暗示的影响，加上被魏、晋玄谈的陪衬，便把道家的学术思想，扼杀在老、庄的户籍之内，忽略了道家真正的"综罗百代，广博精微"的内容。因此，我们提到道家，便会以老、庄做为中心代表的观念，就此因袭联想而成了。

二、隐士思想与道家

隐士思想,历来占据传统文化精神最崇高、最重要的地位,只是它如隐士的形态一样,一向采取"遁世不见知而无闷"的隐逸方式,所以被大家轻易忽略,而容易忘记。如果强调一点来说,隐士思想,与历史上的隐士们,实际上,便是操持中国文化的幕后主要角色。至于讲到道家的学术思想,更与隐士思想,不可分离。与其说:道家渊源于黄、老,或老、庄,毋宁说:道家渊源于隐士思想,演变为老、庄,或黄、老,更为恰当。为什么我们提出隐士思想的重要至于如此呢?简单地举出三个理由,加以说明,便可易于明了其中的道理了。

(一)上古历史传说上的反证

我们的历史,自上古以至秦、汉,可称为正史的,除了孔子著的《春秋》,以及春秋的三传(《左传》、《公羊》、《穀梁》)与《国语》以外,便是孔子和孔门弟子参加修整过的五经(《易》、《礼》、《诗》、《书》、《春秋》)。后人有所谓"六经皆史"的说法,那便是说,我们所保留的五经资料,都是具有充分价值的史料,但是,这些都是属于正史的题材;此外,如自古流传,散见于民间及诸子百家的传说当中,所记述有关的史料,是属于历史背景上反证的部分,也不能说毫无采信的价值。相传历史上的隐士,在三代之际,便有许由、巢父、卞随、务光等人,这些人物,大多都是"视富贵如浮云",所谓"敝屣功名,薄视帝王而不为"的角色；同时，又说他们的学问、道德、人品，都是有超人的成就。正因为他们浮云富贵，敝屣功名，所谓"天子不能臣，诸侯不能友"，因此使我们历史上所推崇的圣帝明王，如尧、舜、禹、汤等人，都为之礼敬景仰有加；换言之，凡是上古的圣君名王，无论为政为人，最顾忌的，便是隐士们的清议与轻视。尤其在野的知识分子，和民间的心理，对于隐士们态度的向背，非常重视，到了秦、汉以后，司马迁作《史记》，特别点出隐士一环的重要，把他和谦让的高风合在一起，指出中国文化，与中国文化人高尚其志的另一面目。因此他写世家，便以《吴太伯世家》做点题；他写列传，便以《伯夷列传》做点题，尤其他在《伯夷列传》中，借题发挥，大发其历史哲学与人生、世事哲学的议论，比他的自序，还要进一层，深刻透露出文化哲学的观点，强调隐士思想的背景，与其崇高的价值。

（二）孔子与隐士的思想

其次，如众所公认我们大成至圣先师的孔子，大家都知道他是一个心存君国的救世主义者，他要面对现实，反对逃避责任，但在他的一生里，却极力赞叹伯夷、叔齐和吴太伯等人的让位逃隐，推崇他们的人格。他也讲到"邦有道，危言危行，邦无道，危行言逊"的处世方法，同时提出"宁武子，邦有道则知，邦无道则愚，其知可及也，其愚不可及也"的观感等等。这是说明孔子尽管自己具有入世救世的愿望，但对于隐士思想"贤者避世，其次避地"的作法，仍然非常赞同，甚至他有的处世方法，也不得不取与隐士思想雷同的态度。所以在他周游列国的时期，遭到晨门者、荷蒉者的讥刺；碰到长沮、桀溺的批评；领会楚狂接舆的讽劝，他只有会心的叹息，明知其不可为而为之。只有在桀溺对他批评说："滔滔者天下皆是也，而谁以易之，且而与其从辟人之士也，岂若从辟世之士哉！"他曾莫可如何地加以按语，才有"鸟兽不可与同群，天下有道，丘不与易也"的感叹。后来大家便引用他说"鸟兽不可与同群"的一句话，认为是孔子骂隐士们逃世消极的丑陋判语，其实，他说这句话，并非如后世人所想象的那样丑陋与恶毒，他只是说出人各有志，彼此各行其是的感慨而已。因为鸟是飞的，兽是走的，所谓远走高飞的消极者，与积极入世者，彼此都可各行其是；表明他自己，决心走的是入世救世的路线。我们只要一读司马迁写《老庄申韩列传》中，由孔子对于老子的按语："鸟吾知其能飞，鱼吾知其能游，兽吾知其能走。走者可以为罔，游者可以为纶，飞者可以为矰。至于龙吾不能知，其乘风云而上天。吾今日见老子，其犹龙耶？"一段话，便可了解孔子所说"鸟兽不可与同群"的语意何在了。并且由此也可以明白他对于隐士思想的估价，和推崇老子为高隐代表者的表示。因此司马迁写在捉摸不定的老子传里，也就有了"老子，隐君子也"的结论。总之，孔子的思想，与秦、汉前后所号称的儒、道两家思想，他们在原始的本质上，对于"君子乘时则驾，不得其时，则蓬蔂以行"的立身处世的态度，是完全一致的，尤其对于"蓬蔂以行"的隐士们，和隐士思想，是具有"心向往之"的潜在情感的。

（三）隐士与历史政治的关系

讲到历史政治与隐士的关系，这在我们整个的历史系统里，是一个非常有趣味的问题，只是大家都相沿因袭惯了，谈到历史，不是用一本正经的严肃面孔来读，便抱着疑信参半的态度来研究；可是无论属于哪种方式，对于历史政治上幕后隐士们的价值，都被忽略过去了。我在前面曾经强调说，隐士思想与隐士们，是操持中国文化的幕后主角，但是自古以来，真正彻底的隐士，已经无法确实得知他们的事迹，只有被道家的人们，搜罗一部分，假托一部分，归入若隐若现的神仙传记里去了。我们现在提出与历史政治有关的人物，也只能算是"半隐士"的一样；所谓"半隐士"，就是说他们的生平，或者在前，或者在后，过的是隐士的生活，其余半截的生活，就出山入世，参与现实社会，和实际的政治有了牵连。关于"半隐士"与"隐士"，我们引用宋代诗人陆放翁的一首诗，做为恰当的说明，放翁的诗说："志士栖山恨不深，人知已是负初心。不须更说严光辈，直自巢由错到今。"他认为真正的隐士，入山唯恐不深，避世唯恐不远；而被人知道出了名的隐士，已经辜负了自己当初逃隐的动机了，姑且不说别有用意的严子陵们，就是许由、巢父他们，被人发现了踪迹，有了"高尚其志"的"隐士"声名，也早就错到底了。这虽是陆放翁有所感而发的话，然而也足以代表"半隐士"们的一般感叹！至于历史政治有关的"半隐士"，例如伊尹、傅说、姜尚，以及间接有关的，鬼谷子、黄石公，与秦、汉以后的"半隐士"如张良、司马德操与诸葛亮。南北朝以后，列入道家人物的，如王猛、陶弘景，唐代的魏征，宋代的陈抟，元代的刘秉忠，明代的刘基、周颠，清代的范文程，等等，都是其中的荦荦大者，为一般比较容易熟悉的人物。这便形成中国历史政治上特有的情形：凡在拨乱反正的阶段，或建国创业的时期，身为中国文化幕后的"隐士"们道家的人物，就见危受命，挺身而出，代表一般山林在野的志士们的精神，辅翼命世之主而创造新的时代和历史。到了治平的时期，便又默默无闻，把成果与责任，付之自命为儒生们的手里了。因此，我们要了解，中国历史的演变，及其兴衰成败，与学术思想的关键，几乎有一共通不易的定例；那便是凡当拨乱反正的时期，大多是道家人物与道家学术思想的功劳；到了天下太平，坐而论道，讲究修齐治平之学的时期，就成了儒家的天下了。"隐士"的道家人物们，对于过去中国历史政治具有这样举足轻重之势，除了"通古今之变"，如司马迁等少数人以外，一般人几乎不明实况，所以把真正道家的人物，与真正道家的学术思想，就一直蒙在冤枉的档卷中了。我们姑且举出正反面一二种历史资料，以便有一新的认识，恕限于时间与篇幅，不能具体地详细讲明。

1. 历史上畏惧"隐士"思想的反面

周代："太公望（姜尚，字子牙，因功被周室尊称为太公），封于齐。齐有华士者，义不臣天子，不友诸侯，人称其贤。太公使人召之三，不至。命诛之。周公曰：此人齐之高士，奈何诛之？太公曰：夫不臣天子，不友诸侯，望犹得臣而友之乎？望不得臣而友之，是弃民也。召之三，不至，是逆民也。而旌之以为教首，使一国效之，望谁与为君乎？"

这一历史故事，便是说明姜太公得封为齐君以后，要杀齐国的"半隐士"华士。他不臣天子，不友诸侯，请他三次又不出山，这便使"半隐士"出身的姜太公动了杀心了。因为姜太公是行家，他懂得"半隐士"的利害，又加上他初到齐国，旧有的地方势力，还没有投诚，他决不容许这种不合作的作风养成。所以周公吃惊地问他，你何以随便就要处决一个"高士"呢？他就说出他的意见，认为假使像华士这种人，还要褒扬他，那么，我还要做齐国什么人的君王呢？这真是痛痛快快地说明统治者的苦经，同时，也由此可以了解上古对"隐士"思想的重要性。

其次：在战国末期，齐国派使臣到赵国去，赵国的女主赵威后，在接见齐国大使的时候，还没有谈到正题，赵威后便问了几个有关齐国政治的问题，最后，便说："于陵子仲尚存乎？是其为人也，上不臣于王，下不治其家，中不索交诸侯，此率民而出于无用者，何为至今不杀乎？"这个外交史上的故事，正和姜太公要杀华士的说法，是同样的观念，可见在春秋、战国时期，当权者对于"半隐士"的畏惧，和惧怕侠义道的情形，是同样的心理。其实，齐国的"半隐士"于陵子仲，已经大非姜太公时代的华士可比，赵威后挑拨齐国大使，也许正是惧怕这个"半隐士"于陵子仲的才能，对于齐国与赵国之间的外交政治上，是一个有暗中左右力量的可怕人物，所以她在急于去掉敌国贤人的心理意识上，便冲口说出这种政治心理作战的话来了。

2. 历史上尊重"隐士"思想的正面

帝尧想要让位于许由，周初用姜太公的建议，尊重伯夷、叔齐的志节，这些都是大家所熟悉知道的事件。秦始皇一怒而坑不听命、不合作的儒生，因此又大失人心，汉高祖要想换立太子，结果吕后用了张良的建议，把那高隐在商山的四皓，素来不理汉高祖的四个"半隐士"，死拉活扯地拖下山来，做了太子的老师。这样，便使汉高祖不能不屈服，只好变更计划，也就不敢再谈换立太子的事了。此外，如历代帝王向山中的"隐士"，动问国家大计的，也例不胜举，有名的如陶弘景，称为山中宰相。因此，在历史文化的著作上，便有上古的"隐士"，秦、汉以后的"神仙"，唐、宋时代的"高士"与"处士"等无位而得高名的称号产生。尤其在宋代，有一类的"处士"，以"半隐士"的姿态而得到一举成名的光荣，致使后人笑他们有"功名捷径在烟霞"的讥刺。以及后来两宋理学家们，讲学不仕的作风，都由于这种传统文化幕后主角的"隐士"流风所造成的。清兵入关以后，英明的康熙，屡开博学鸿辞科来网罗不称臣、不投降的汉族知识分子，也便是对付"隐士"的一个政策。

我们为了说明道家学术思想的渊源，稍微多加牵扯了有关于隐士的问题，暂且到此为止。至于"隐士"思想，在中国文化史上的价值与利弊，一时很难详细来说明，总之，姑且拿老、庄做代表的道家"隐士"思想，与孔、孟做代表的儒家思想来说，他们最高的目的，和最基本的动机，所谓救世治平的宗旨，其实并无两样。所不同的，就是采用的方法与态度，各自别有主张。儒家的孔、孟，他们的做法是积极的强行入世，冀图挽救世道人心。道家"隐士"们的主张，是因势利导，处之于无形。所以道家的方法是用"弱"、用"柔"，结果往往被用错，而致于柔弱不堪，这是它有害的一面。但在好的，有利的一面来讲，他正是《易经》乾卦上"用九"的精神，所谓"见群龙无首，吉"。"龙德而隐者也"。因为他不在任何的那一个爻位上，所以他能够绝对的冷静，绝对的客观，在幕后领导九五的变化。倘使他也入了爻位，当然便被变道所拘，自身难免不受其变，而无补于时艰了。我们研究道家的应用，必须先要了解这个精神，才能谈道家对于中国文化的利弊和价值。

三、方士的学术与道家

在这个时代来讲道家，正当一切的学术思想，都被沉埋在科学的浪潮中旋转，所以一提到"方士"，便使我们有无限的感慨。首先我要为历史上的"方士"们提出一个申辩，所谓真正的"方士"，也就是我们古代真正的科学家，后来由于被传统文化另一观念所影响，便受历来自命为儒家的学者，根据有关"方士"们不利的资料，而被造成是一个轻薄鄙视的名词。因此我们历史上的"方士"，与"方术之士"、"方技之士"等的称号，一直被读书的知识分子，视为江湖末技，与跑马卖解（做把戏、变魔术）、走江湖，混饭吃的观念，混合在一起了。其实，退一步说，假使"方士"便是走江湖、混饭吃的一流人物，虽然多少含有混骗的成分，但也不过是"众庶凭生"，为了生活，与那些欺世盗名者相比较，也无什么惭德之处。但最不幸的，正因为我们历史文化，过去对于"方士"有了这种偏见，就使我们上古发现的原始科学研究，在这种轻视的观点之下，永远被沉埋在"方外"的角落里了。

关于"方士"名称的来源，比较可靠的资料，首先见于战国时代的学者们，特别提出这个名称，但在那个时候，这个头衔，并不含有轻视的意思，只是做为学术技能的特称而已，庄子曾经提出"方术"的名称，也正是说明"方士"是一种有特长学术的人士。秦、汉以后，"方士"之名，渐已通用，尤其在司马迁的《史记》里，写到秦始皇的迷信"方士"而求神仙，汉武帝受到"方士"们的欺骗而到海上求仙，

《封禅书》中，用微言大义的笔法描述汉武帝的愚痴与迷信，以及"方士"们欺诈的丑态，于是后世对于丑陋可鄙的"方士"，就因袭观念，不屑一顾了。其实，在司马迁的笔下，对于具有价值的"方士"，只要他的学说与方术技能，足以影响人心，有利于社会的，他并不轻视，更不放过，都分别地为他们一一列传；如属于阴阳家的驺衍，属于医家的仓公与扁鹊，属于游戏人间，以滑稽见长的东方朔，属于占卜的《龟策列传》中的叙说，乃至后来与"方士"合流的游侠等等，无一不尽情描述，择要说明他们的特长与笃行。至于有关于天文、历象研究的专家，更加悉心记载，备极重视。甚之，司马迁自己，正是醉心于天文、历法的研究；换句话说，他的学问的长处，是想秉承儒家孔子的精神，与道家的宗旨，而他渊博的知识与学术的修养，却很注重天文与历法的探索。我们如果用强调一点的风趣口吻说：像庄子与司马迁一流的人物，才有资格算做中国传统文化中的正牌"方士"呢！当然啰，这只能说是偶发而借做比喻的话，不足为训。

（一）有关原始自然科学

由于前面我们简略地讲过"方士"的内情，现在再来归纳一下自周、秦以来"方士"学术所包括的内容，大概便可知道历史上所谓的"方士"，是些什么人物。上古的天文与史官，史官与占卜，本来是属于同一学识范围的职务，到了秦、汉以后，便愈分愈专，慢慢形成专家，凡是没有声名较著，或者对于这些学识还未完全博通深造的，便演变流衍为"方士"了。于是在后来的"方士"学术中，便包括天文学、历法学、星象学、占卜术，等等；关于占卜一门，后来又经分家，有数理推算的占算法，有用卦象或其他方法断事的卜法。所以秦、汉以后，便有龟与策分用的区别，同时也有龟策合一的方法。因为有关天文、历法、星象等学术，必须要以数学做基础，因此，便有数学学术的发展。同时，因为天文、历法、星象等学科，不单是属于技术性质的学识，而且必须要有理论的根据，于是高谈宇宙物理的理论学科的阴阳家们，也就勃然而兴了。这些学术，在秦、汉以后，凡有高明研究的，就显仕于朝廷，正如司马迁所谓：帝王以俳优畜之。凡是声名不彰于世，便流落民间，——归入"方士"之流了。

（二）有关阴阳家演变为人文科学

我们若要知道在上古时代，有关于天文、历象等的原始科学，何以不能发展，那便是我们自古至今，一贯传统的文化精神，一切都要偏重于人文本位与人生的修养。所以过去的读书人，对于科学的学术，向来便抱有不堪重视的陋习，大家认为那是"奇技淫巧"，不足为法的学术。虽然没有明文规定，类如天文学上的技术等，也与"奇技淫巧"有关，但因研究天文而发展为宇宙物理理论的阴阳家思想，就此断送在这种观念之下，不能在实际的技术才能上，充分加以实验与证明。我们只要明白驺衍倡宇内有九州之说，曾被学者们哄然讪笑的事实，其他也就可想而知，于是由阴阳家的理论物理之学，势必要转入有关人生的研究了。根据阴阳家理论物理的道理，认为人的生命，可以做到不受自然物理规律的支配，能够自己自由地控制生命，或自己再造新的生命；于是便慢慢发展，对于物理变化的寻求，而研究到心物一元的控制方术，因此，便有利用物理的本能，而产生"方士"修炼神仙法术，再综合物理学与化学的研究，便有医药学炼丹术的发明。我们姑且不管"长生不老"的神仙，是否真能做到？至少对于因此目的出发，而形成养生学、生理学、药物学、物理治疗学等的雏形，实在是生命科学的先进，也是为好古者所自豪的了。至于后世与现在为什么反不如其初也？那是我们不长进，不争气的中华民族子孙的责任，千万不要把罪过一齐加在古人头上。同时顺便提起注意，我们所谓的养生学，在它的命名和内容的观念上，却不尽然同于现在的卫生学，所谓卫生，还是消极的抗拒，养生，才是积极的培本；尤其现在的生理学，是根据从死人身体上的解剖和动物生理的研究而来，因此，它的流弊所及，用在对人体生命的医学观点上与医事的修养上，看待一个人，也如对待一个动物一样，甚之，把他看成一个唯物机械的死人一样，这正是因为在医药学的本身上，缺乏哲学理论修养的结果。举凡这些观念的转变，如何才能与中国文化的精神合流，都在等待着我们这一代和后代的努力，承先启后，也是义不容辞的中国文化传统精神的要点。

（三）有关理论物理科学

我们上古文化，有关于理论物理的学说，那便是五行、十天干、十二地支，乃至后来配合归纳，成为易经八卦术数一系的纳甲学说；这是先由天文、历象学识的关系发展，到了两汉、魏、晋以后，形成为专门的理论法则。无论天文、历法、星象、医药、炼丹、农业、工艺、占卜的龟策，与选拣阴阳顺逆的"日者"，以及人文科学的种种，或多或少，统统都受到阴阳家术数思想的影响。即如宋儒理学家们，如程颐、程颢兄弟、朱熹等人，尽管排斥佛老，但也始终仍在阴阳家的范围内沐浴悠游。可是，最可惜的，我们过去始终无法跳出这个传统习惯，把它扩而充之，付之于物理与人生的实际体验，用来追究宇宙物质的自然科学上去。因此，许多不懂这些学问的人，不是骂它为迷信，便是骂它为不科学，虽然科学的精神，在于实际的求证，是要把理论见证于事实之间，但如果连这些法则与理论还不懂，就轻易地遽下断言，这正是一种大大的迷信，而且不合于现代科学的求证精神。我个人对于这种观念的答复，非常简单。第一，凡是一种学识，流传几千年，还没有被完全推翻，其中必然有它存在的道理与价值，况且古人不一定都比今人愚笨，凡是研究这些有成就的古人，也都是第一流的聪明人，难道我们"强不知以为知"，遽下断语，也比古人聪明吗？第二，即使这些学识，完全是骗人的，它能骗了几千年来的聪明人，虽然确是骗术，其骗也相当可观了！你为什么不去摸摸它的谜底，便下此断语呢？求学问的态度，最重要的，是虚心学习，"知之为知之，不知为不知，是知也。"我们应当深自反省。

总之，有关于周、秦之际"方士"学术的内容，我们可区别为广义和狭义两种，如果从广义的范围来讲"方士"的学术内容，除了前面所列举的种种以外，凡是春秋、战国时期的阴阳家、农家、医家、乃至杂家，都可归纳在"方士"的学术内容里去。倘使只能从狭义的"方士"学术来讲，那便属于专以研究神仙丹药、冀求人我生命的长生不老，乃至进而做到"羽化而登仙"的一些专门学术。不过，我们不要忘记，这种专门学术，也正是世界文化史上，最早期的，对于物理与化学等自然科学，与药物学的创始者，若是妄加轻视，未免太过遗憾了。

四、关于道家方士学术思想的渊源

过去一般研究历史文化学术的习惯，一提到道家，不是想到老子与庄子，便是想到神仙与"方士"，甚之，把老庄、神仙、"方士"三位一体，构成一个"迷离扑朔"的道家形态。每当大家一提到"方士"就很自然地依循传统的观念，认为他是在战国时期，燕、齐之间，产生了一批"方士"，大谈其阴阳不经之说，与烧炼神仙丹药之术。因此，流传下来，至于秦、汉之际，对于"方士"的丹药，服之就可以成为神仙，做了神仙，便可以长生不死的观念，就普遍地深入人心了。对于这种观念的信仰，与追求神仙丹药的风气，一直或明或暗地，笼罩着中国历史社会，达两千年之久，上至帝王，下至平民，历来都很普遍地受到这种"迷信"观念的影响，大家尽管"口说无凭"，其实都是"心向往之"。在历史观念上，我们都人云亦云，既然认为"方士"是战国时期燕、齐之间的产品，可是，大家都忘记了问一问，为什么在那个时间，只有燕、齐之间，才会有"方士"的产生呢？他们学术思想的根据，难道完全没有可靠的来源，都是凭空捏造，专为欺世盗名而骗人的吗？倘使真是如此，这些所谓的"方士"欺世骗人的谎言与技术，也非常足以自豪了。因为他们不但欺骗过去历史上都属于第一流的聪明人，同时他们欺世骗人的遗风，居然能够一直维持了几千年，这岂不是一件大有可疑的怪事吗？因此，我们就需要把战国时期，燕、齐之间出来的这些"方士"的根源，反复追查一番了。

（一）上古传统文化与周代的道术

讲到上古文化与道术，自魏、晋以后直到现在，始终存在着两种观念，一是相信传统的历史，绝对崇古而信古的。一是怀疑古代历史的传说，尽量想在古人留下的文化遗迹里，寻找证据，推翻旧说的。时代愈向后来，距古愈远，疑古的观念也愈加浓厚与兴盛。文化与历史，事实上本来是不可分离的一体两面，我们自古以来，素来传说的上古历史，往往是与远古史合一的。但是对于远古史只有传说，有关远古正确的资料太缺乏，所以抱着"述而不作、信而好古"的态度如孔子，他在整理远古与上古文献的时候，十分谨慎地删定《书经》，断自唐虞开始。关于唐虞以上五帝的传说，只有散见在《大戴礼》与《春秋》的附带叙述之中了。那便是虽然好古而不疑，到底还是需要采取可以征信的资料，因此以虞、夏做为断代的开始。后人再退而求信，便以夏、商、周三代做为标准可信的史料。不过，到了近代和现代，有的采用西洋文化与史学的观点，对此也表示怀疑了，那是另一问题，在此暂且不加讨论。但从孔子开始，虽然断自唐虞为准，而在周、秦之际，诸子百家的传述著作中，仍然存疑存信，保留许多自远古与上古相传的历史资料，后来就为道家与道教的思想，全盘接受。而且自两汉以来，从事传经注释的儒家学者，在他的注经观念中，也有许多地方，是明贬暗褒地保存这种传统的思想，究竟我们的远古与上古的文化史，应该确定是如何如何的，我现在站在道家思想的观念来讲，实在很难说。

那么，我们现在再来看看自称为继孔子著《春秋》后，五百年来的第一人，而且还是极其崇拜孔子的历史文化哲学思想家司马迁，在他的著作——《史记》的思想系统中，了解一下他对于上古文化史的看法。他虽然在《伯夷列传》上提到："夫学者载籍极博，犹考信于六艺。诗书虽缺，然虞夏之文可知也。"但非常显然的，他在孔子所传述的六艺以外，仍然不能忘情于其他"极博"的古籍上的传说。所以他在写帝王的世系时，就要为五帝作本纪，而且首先提出黄帝，比起孔子保存三代可以征信文献的观念，又是另一的态度与看法。所以，他在《五帝本纪》的"赞"里说："学者多称五帝，尚矣！然《尚书》独载尧以来。而百家言黄帝，其文不雅驯，荐（与搢通）绅先生难言之。孔子所传宰予问五帝德及帝系姓，儒者或不传。余尝西至空峒，北过涿鹿，东渐于海，南浮江淮矣。至长老皆各往往称黄帝、尧、舜之处，风教固殊焉。总之不离古文者近是。予观《春秋》、《国语》，其发明五帝德、帝系姓，章矣！顾第弗深考。其所表见，皆不虚，书缺有间矣，其轶乃时时见于他说，非好学深思，心知其意，固难为浅见寡闻道也。余并论次，择其言尤雅者，故著为本纪书首。"在他的《五帝本纪》"赞"里，我们可以看出以他考察所得的结果，"长老皆往往称黄帝、尧、舜之处，风教固殊焉！"是说明民间老前辈们的传说，处处都提到黄帝，同时，尧与舜的地方，文化风俗的教化遗迹，也各有不同之处，并不完全一致。其实，不但尧、舜的风教，各自代表不同的时代与地方的背景，就是尧、舜、禹三代的风教，也各自不同，并非完全是一贯的传统的，何况夏、商、周呢！

　　司马迁在《史记》里，虽然提高了历史文化年代的观念，然而后人崇信上古传说的，还是觉得不满足，所以在唐代，便有司马贞为《史记》作补苴，根据道家传说，又写了一篇《三皇本纪》，更从黄帝以上，一再向上高推。如果再看更晚的历史学家，他们采用道家对于历史文化演进的观念来讲，从三皇以下，至伏羲画卦，再降到五帝的开始，少说一点，已经有十二万年的历程，多说一点，可以远推到一百多万年前。后来宋代的邵康节，著《皇极经世》，创立对历史演变的一种新算法，便用他自己得自道家思想的律例，裁定自三皇到唐尧甲辰年止，共该为四万五千余年。我们如要了解道家的文化思想，要了解中国文化历史旧说，请看这些所列举的少数资料，不知大家作何感想？当然啰！你也可以说它为荒谬不经之谈，这是你个人思想上的自由，谁也不能随便说一个"不"字。

好了，现在我们可以回转来采用司马迁的办法，虽然"载籍极博，犹考信于六艺"的精神，再来大体而广泛地讨论一下六艺——五经的资料，便可了解上古文化思想与道家学术的渊源了。不过，我们现在只就六艺有关的五经现成资料来讲，既不管它内容考据的真伪问题，也无法仔细讨论，只是讲其大略而已。有关五经文献的文化思想，最主要的两部书，就是《易经》与《书经》。自汉、魏以后，提到五经与文化史，大体都以《易经》做为"群经之首"。因为历来传统学者，认为中国文字与文化学术的起源，都在伏羲画八卦，为有书契的开始，《易经》就是从八卦的演变，进为文化学术思想的一部书，它与医药等术书一样幸运，在秦始皇烧书时期，被认为是属于卜筮一流的术书，所以没有把它烧毁。《易经》学术思想的发展，据历来传说，有连山、归藏、周易等三种易学的流派，然而连山易与归藏易，原始确切的陈迹已难寻，我们所流传的《易经》，只有《周易》一书，那么，没有被秦始皇所焚烧的，就是这部《周易》？或是三易统统未烧？其中又是一大疑问了。现在暂时不讲这些问题，只是根据《周易》来讲伏羲画八卦以后，上古文化演变的路线。

八卦，原是以八个符号来表示物理宇宙的图记。其中含有阴阳互变，用来归纳万事万物变化的迹象，因而产生八八六十四卦，做为分析归纳人事物理的法则。它与黄帝时代所发明天文上的天干、地支符号，与唐虞以后而历夏、商、周的五行术数一样，由上古伏羲时代而经五帝至三代，都是各自有其独立的系统，各自代表上古氏族社会的地区文化与时代文化的异同，原来并不一致。把八卦、五行、天干、地支，完全综合融会起来，加上天神与人事合一的观念与计算方法，因此演变为中国原始的物理理论科学，同时又变为神秘而类似宗教性的学术，实在都是两汉学者与道士们的杰作。复因此而成为占卜、谶纬等术的泉源，更使易学半明半晦，永远入于秘笈之林了。可是，我们根据《周易》的研究，却又另外发现一个问题，那便是由上古圣人伏羲所画八卦的易学，经过周文王的造辞，与他儿子周公的解释，把这类原始宇宙物理理论性的学术内涵，取用了它大部分的内容，变为发扬人文道德，奠定伦理标准的人文思想了。后来历经五百年左右，孔子又继文王、周公以后，研究《周易》，更加融会贯通的，用它来说明人事哲学的原则。于是，后世言《易经》，便有理、象、数的分途之学：以专讲人事道理的通义的，就归之于易理的范围，以专究天文、物理、生理等阴阳变化的，就归于象、数的范围；讲象、数，独推道家，言事理，兼及儒家，这便成为魏、晋以后道家学术思想，与修道理论的哲学根据。换言之，秦、汉以后道家学术思想，由科学而哲学的根据，实在是从《易经》学术的源流而来，也可以扩大地说，是上接伏羲、三皇、五帝的传统。但是，我们在《书经》(《尚书》)所载三代以来的文献中，除了一篇《洪范》，提到五行的思想以外，实在再找不出更多有关于《易经》的资料，这又是什么道理呢？这也就是在讨论春秋、战国时期学术思想，必须要追踪寻求周代以上文化来源的问题了。

我们都知道中华民族文化的发源地，先由西北高原开始，逐渐向黄河下游发展，到了三代以下，便形成中原文化。这一系统文化的老祖宗，大致都上推自伏羲画卦做开始，以黄帝轩辕为中心，终以文王演绎八卦的《易经》哲学，奠定自伏羲，经黄帝，至于文王一系的学术思想，发源于西北高原，展开于黄河流域中心地区的文化。我们姑且假定一个名词，叫它为《易经》学系的文化学术，或者称它为中国上古西北高原的文化思想：前者的名称，是以经学做中心，后者的名称，是以地理历史做代表，它与孔子所搜集编著三代政治历史资料的《书经》(《尚书》)文化，俨然是两个系统。因为《书经》所保留政治历史文化的资料，自唐、尧、虞、舜、夏禹，到商汤而至于周代的文化，除了经过周公的融会而集其大成，制定周代的礼、乐、文教、刑政以外，从三代以至于商汤，大致都是起自黄河中心流域东北方的文化思想，所以我们也可以叫它为《书经》学系的文化学术，或者称它为中国上古黄河中心流域东北方的文化思想。

我提出这个对于上古文化，经历三代而到周、秦之际的两大观念，也便是说明在春秋、战国时期，虽然诸侯各国的文化学术思想，是宗奉周室的周制，而因各自秉承宗族文化的传统不一，仍然有各自为政的精神存在。再由周代而远推上古，前从唐尧、虞舜更加上溯，后从夏禹一直到周代建国，显然是各有它承继的体系，因此更可了解中国文化的统一，都是秦、汉以后的事实。至于周、秦以后道家学术思想的内容所属，与燕、齐"方士"学术的根源，却与上古西北高原文化，自有息息相通的关系。如果忘了这个历史演变的陈迹，对于道家学术思想，当然就有陌生或无因而突起的感觉了。至于后世以孔子做代表的儒家学术思想，偏重于人文道德伦理的文化，实在是受周公礼、乐、文教、刑政思想的影响，渊源于《书经》的三代文化而来。这在孔子之孙子思所著的《中庸》里，也很明显地说："仲尼祖述尧舜、宪章文武，上律天时，下袭水土。"便是很好的说明。孔子的晚年学易，大体仍然纳于人文的规范，依然是循文王、周公的思想路线而发展。

讲到这里，我们顺便一说伏羲、黄帝等，有关于上古文化学术思想的资料，以供研究者注意：

根据旧史的记载，伏羲生在"华胥之渚"，后来定都于陈。所谓

"华胥"，就是陕西西安附近的蓝田县。所谓陈，就是河南开封区域。伏羲以后的神农，旧史称为炎帝的，他出生在姜水，后来便继伏羲而都于陈，再迁山东的曲阜。所谓姜水，就在陕西的岐山县西。伏羲是渔猎社会时代的领导者，神农是农业社会时代的领导者。渔猎社会的生活，是由西北高原向黄河上游流域发展的过程。农业社会，自然必须步入平原地带为适合，这便是由伏羲到神农时代，文明进化的必然情形。

至于黄帝轩辕时代，文化文明，已经进入初期集成的时期，也就是后世判断历史文物，裁定上溯始于黄帝的原因。黄帝生于"轩辕之邱，因名轩辕"。所谓轩辕，就是河南新郑县西北，后来因蚩尤的作乱，炎帝神农氏族的衰败，黄帝首先发明训练动物，如熊、虎等猛兽作战，我们借用一句现代化的术语来说：他建立一支动物的机械化部队，在（阪泉）河北保安县，先打垮了暴虐无道的"榆罔"，又在察哈尔涿鹿县东南的涿鹿之野，再打垮了蚩尤，因此便受诸侯的推尊为天子，继炎帝神农氏族而治天下。

中华民族文化共祖的黄帝，在草昧初创的时代，真有无比的伟大，他不但征服了蚩尤，平定天下之乱，在他的手里，还建立了中国原始自然科学的规范，他发现磁场的功能，做了指南车，建立中国天文、数学的规律，为古今中外自然科学史上古发明的先锋。他创造占星术、天文仪规，作盖天仪，测定风向以候气象，创建历法，以定时间与日月在天体运行的标准，同时命大挠作甲子与奇门遁甲之术，建立天文与宇宙物理理论的学术，他研究医药，作《内经》，作交通工具的舟车，制定衣服的制度，以及确立建筑、货币与划分土地，确定地方政治制度等工作。讲到自然科学，便使我们有无限的感慨，我们要知道，在科学史上，以及科学的学识上，向来便以天文学为先锋，数学为基本；而我们由老祖宗黄帝手里发明天文与数学以来，素来在科学史上，被认为是科学的先进,但到了近代和现在,不要说国内高级学府,没有一个像样的天文系,同时也没有一个真正能够赶得上时代的数学系,致使我们身为天文、数学的原始先进国家,变成完全外行而无知的落后民族,使我们面对列祖列宗,真有无地自容之处,更何况对于中国固有,而后来属于道家学术范围的天文等知识,试问真知道的能有几人?岂不令人兴叹!黄帝不但建立了中国原始科学文化的体系,他同时创造文字,发明正音乐乐律的律吕,制作度、量、衡,建立政治体制,而且首先设立"史官"的制度。总之,黄帝的功德太多,凡是上古一切文化文明的好处,根据旧史上记载的观念,统统都归之于黄帝,此所以司马迁所谓"黄帝、学者所共术"确有原因的。

我们对于黄帝,除了根据现成的史料,简单地作了上面的介绍以外,且看道家方面,对于黄帝的传说,更可了解道家的学术思想,是如何秉承上古传统文化的来源了。道家者言,除了如上述所说,对于黄帝的伟大,备加推崇以外,他们还说黄帝曾经拜过七十二位老师,遍学各种学问,最后西上甘肃的崆峒山,问道于广成子,后来又到四川峨嵋,广成子才传他的道,因此便普遍传说黄帝问道于崆峒,得道于峨嵋。但要记住,由于这个传说,黄帝的功业,是起于黄河平原的东方与北方,而他的文化学术思想,主要的,是得之于西北高原的系统。所谓广成子,是道家共奉的上古神仙?究竟有无其人,姑且不谈,然而道家人物的名号,也和佛家菩萨的名号一样,往往名号是代表一种内容的,那么广成子,便是集其中国文化大成的意思,这与"黄帝,学者所共术"的观念,就不谋而合了。

黄帝自得道以后,活到一百十一岁,共计在位的期间一百年。后来因修道有成,便在鼎湖白日飞升,上天而做神仙的共祖了。他是乘飞龙而上天的,所以有许多臣子,都攀住龙须,跟着飞升,也有少数攀不牢的,便在半空中,还坠人间了,因此,后来便有"攀龙附凤"

的术语，用之于君臣风云际会的颂称。我们听了道家传说这则神话故事式的黄帝史，当然是"碍难置信"。而且司马迁在《史记》上，又明明记载"帝崩于荆山之阳"，"葬桥山"，就是陕西"桥陵"。可是史书上又说："帝采首山之铜，铸三鼎于荆山之阳，鼎成，崩焉。其臣左彻取衣冠几杖而庙祀之。"如果照此一说，对于黄帝的死，又是一个谜了。这些我们都可不管，无论如何，道家这种传说，向来便是对于功德永垂人间者的尊崇与封号。凡是德在人心，功垂千古的，他们大多都把他列入神仙范围，因此影响后世儒家对于忠臣孝子，节妇义夫们的庙祀，乃至传统文化观念所谓"聪明正直，死而为神"的精神，透过这个观念，我们便可了解道家说黄帝是"鼎湖仙去"，作为天上神仙共祖的说法，是具有无比的崇敬与仰慕的深情，岂可一律视为谬论吗？

我们由伏羲画卦，讲到神农而至黄帝，已经大体说明上古西北高原的文化系统，那便是属于《易经》学系的学术思想，由宇宙物理的科学而到哲学的，也正是中国原始文化的这一系，后世道家学术思想渊源的系统。时代再向下来，便是尧、舜、禹三代的文化了，这个时期的学术思想属于《书经》学系，也便是黄河中心流域的东方与北方的思想系统了。

帝尧，是黄帝的曾孙，生在丹陵，后来迁移到山西太原附近的祁县。十三岁，便佐帝挚封植，有功而受封在山东的定陶。到了十五岁，复封于河北保定附近的唐县，所以后世便称唐尧。十六岁，践天子之位于山西的平阳。根据《尚书·尧典》，帝尧为政的第一政务，就是整理天文与历法，也便是形成后世文化与历史"正朔"的观念。换言之，帝尧为政的方针，在针对农业社会的基础上，仍然着重于天文、历法等属于自然科学的建设，用它与人文文化的建设，同时并进的。当时辅助帝尧行政的，便是他所选拔的虞舜。虞舜辅助帝尧，整理天文、历法，创建礼、乐、文教、刑政等许多规模与制度，同时又整理自上古以来的自然科学，与人文文化有关等要务，相似史书所载的，黄帝许多施政的方针。可是在这个时代，中国有了洪水之患，所谓"浩浩怀山襄陵"的状况，是惨不忍睹的局面，先后连续约达一二十年之久，所谓"怀山"，就是说把高山拥抱在大水的怀里；"襄陵"，是说淹没地面，至于高原的丘陵地带。这样大，而且持续多年的水灾，给予中国三代以上的灾祸，它的惨酷，不待言而可知。后来经过夏禹的努力，开山浚川，才将洪水的灾患，变成全国的河渠水利，于是夏禹的成绩，不但功在当时，而且德及万古。因为真正中国文化历史，由上古到大禹治水的成功，才算正式奠定中华民族以农业立国的坚强基础，有了原始农业经济的成就，才能完成夏、商、周三代确实建立中国文化的系统。虽然，古代历史的记载，以无上崇敬的笔调，写出尧、舜奠定文治的功勋，但详细研究尧、舜史迹，以《尚书》的《尧典》、《舜典》做为中心的史料，自然可以看到都是由于大禹治水的成功，才能完成尧、舜相承文治的大业。所以孔子说："禹，吾无间然矣！"他的确够得上如孔子所说的是无话可说的圣人了。讲到大禹治水，以及中国的水患与水利，顺便提醒一句：中国几千年来帝王时代，首要的大事，便是对于黄河水患的防治与长江水利的开发。尤其是黄河水患，在历史上，小的水灾，至少不出十余年，大的水灾，至多不外三十年，必定会造成黄河下游流域的中原地带等区域的灾害，历代真正具有救国救民之心，抱有经纶济世之志的学者，都想继续大禹治水的功业，要完成大禹未奏全功的建设中华民族的大计。宋代以后，号称儒家的理学家们，属于事功学派的，他们都想在全国的河渠水利上下工夫，做为实际治平学问的目的。然而河患与水利的开发，毕竟没有完成大禹的志业，希望我们这一代的青年同学，凡做事业，应当效法大禹的精神，真能做到为国家民族建立一番伟大的事业与功勋。

大禹，是黄帝的玄孙，因有平定全国的水灾，整治水利的大功德，便受舜的禅让，继承天子之位于战国时的韩国，就是山西平阳附近的安邑。这便是上古史上有名公天下的禅让时期，也就是尧、舜、禹三代的丰功大德。同时，也自大禹以后，便形成夏、商、周三代文明的开始。由伏羲画卦，经神农、黄帝而到尧、舜以后，大禹是中国上古建国史上划时代的人物。非常遗憾，也很不幸的，在民国初年以后，有些学者，无形中受了外国人有意造成侮辱中国历史文化的观念，否认尧、舜、禹的史迹；认为尧、舜、禹等并无其人其事；尧，是香炉的象征；舜，是蜡烛台；禹是一个大爬虫，像这样自己对祖先历史文化，自加侮辱的新观念，使我们讲起来，实在大有"亲者痛而仇者快"的感慨。殊不知中国人的点香用香炉，点烛用蜡烛台，那是汉、魏以后，随佛教传入印度习惯的转变，三代以上，香炉与蜡烛台，根本没有发明，我们所看到的香炉与蜡烛台的形式，都是唐、宋以后的形态，甚之，还要迟一点，怎么可以把尧、舜、禹三个字的象形，硬拉下到千载以后，比做宗教仪式用的工具呢！现在我们约略讲过《书经》文化系统，尧、舜、禹前后的简介，也就是说明这个时期的文化源流，都在中原地带，流布在黄河中心流域的东方与北方的情形，并且便是附带而简要地说明中国上古人文文化建立的系统。

至于大禹如何划分九州，自有《书经》所保留《禹贡篇》等历史资料，我们不去管它，现在要讲的，是道家学术思想，如何与三代以上的文化接流的问题。大家都知道，当尧、舜建国初期的大事，首先的工作，除了建设天文、历法等具有如现代所有科学建国的精神外，同时，对于人文文化的建设，也正如《易经》所谓建立一种"圣人以神道设教"，类似宗教而富于哲学的规模，后世道家、儒家的"天人合一"思想，都是由这种历史文化的资料而形成。尤其在大禹治水的阶段，除了《书经》等属于正史传记的说法，只是列述许多可征可信的史料外，对于怪诞不经的传说，早被删除，概不采纳，可是在上古的民间相传，后来成为道家与道教的传述里，便大有不然了。道家从《易经》文化系统的立场，传述大禹治水的成功，因为他接受上古仙人（隐士）的传授，还得自黄帝所传的河图易学，真正善于运用阴阳八卦、五行、干支等天文、物理的学问，才能治平了亘古以来的水患，所以认为大禹的事功成就，也便是道家正统学术精神的结晶。他们相信千古疑书的《山海经》，而且也推崇《山海经》上所记载，山林川泽的神异怪物，确是具有神圣的神秘东西，这些半类妖魔鬼怪的事物，都被大禹的道力所降伏，而且听命于他，被他所用，因此他才能奏此大功。总之，道家认为大禹的成功，"此乃天授也"。到了道家的学术，再转变而落到道教的手里，那就更不同了，道教除了全盘接受道家对于大禹的说法以外，认为他即是继承天命的圣人，同时，也是黄帝以来先圣流传下来，所有神仙法术的继承人。大禹治水的成功，是因为擅长符箓等法术，他能遣使六丁、六甲等天上神将，他能呼风唤雨，撒豆成兵，凡是一切极尽神秘、怪诞、荒谬的能事，也都一齐套在大禹的头上，因此而形成大禹与道家、道教的因缘，特别深厚。这便是说明春秋、战国以后，道家的学术思想路线，是上接伏羲、黄帝以后，《易经》文化系统与《书经》文化系统，融会有关的渊源。

其实，自大禹治水之后，使夏代后裔，延续天下的治权，达四百余年之久的文化，那便是夏代以真正农业立国的文化。因为他是秉承上古以天文、历法等原始宇宙的学术思想，用金、木、水、火、土五行变换的物理原则，配合农业社会的人文文化，因此而形成夏代的文化精神，是崇尚朴素笃实的本质，这便是历史上有名的"夏尚忠"的文化精神。到了成汤革命，灭掉夏朝末代的暴君桀以后，建立商汤六百余年的文化，一变夏代文化朴实的形态，偏向于天道的观念，走入"以神道设教"，类似宗教的精神，因此便形成殷商时期，历史上有名的"殷尚鬼",崇信鬼神意志的文化精神。这个属于《书经》文化系统,一变再变,一直到了西周文王兴于陕西,他承继西北高原传统,《易经》文化的系统,参酌古今之宜,演扬易学而成《周易》一书的基本学术思想以后;再经过他的儿子周武王的革命成功,周公旦的扩充《易经》学系思想,融会三代以来人文文化,与部分承继殷商天道鬼神等的思想,才得完成周代礼、乐、文教、刑政等人文文明的大系。换言之,到了周代,才算是综合上古以来,所有文化的大成,是后来为孔子所赞颂的"郁郁乎文哉,吾从周"的文化精神。因此,我们可以在《易经》、《书经》以外,看到《礼记》、《春秋》中许多属于《易经》学系,也就是后来儒道两家共同宗奉的学问,如《礼记·月令》等——春秋王制、月令、历法,与灾异、天象示变等的观念,有关于易经象数的学术思想。

但是,我们这里所谓的周代文化,是专指中央天子的周朝文明而言,后来在春秋、战国时期,是属于鲁国文化的系统。如果研究诸侯各国的文化学术思想,那就各有异同,并不一致,彼此之间,都自保留有他祖先氏族传承的文化精神。例如,神农的后裔,封在河南的焦城。黄帝的后裔,封在山东济南附近的祝(长清县)。帝尧的后裔,封在河北的蓟(就是清代的直隶顺天府的大兴县)。帝舜的后裔,封在河南开封附近的陈(陈州)。大禹的后裔,封在开封附近的杞。殷商后裔的贤人微子,受封在宋。另一殷商后裔的贤人箕子,因献洪范而被尊为不臣之敬,受封于朝鲜。这些诸侯的分封就国,都是上古与三代的后嗣,并非一律都是周室的功臣,而受到分封的爵赏;这是周朝文、武、周公的德政,也便是中国历史文化传统的精神,所谓"兴灭国,继绝世"伟大的文化思想。其次,周室所分封功臣,从其师尚父(太公吕望)为首,封于齐,周公封于鲁,等等,所谓"兄弟之国,十有五人,同姓者四十余人",这样便是周代分封诸侯而建国的"封建"

局面，大有不同于欧洲上古的"封建"制度，如果把东西两方"封建"不同的观念，混为一谈，必须要加甄辨。而且我们不要忘记，由周初分封建国，直到春秋战国的七八百年间，中华民族的文字、言语，并未统一，诸侯各国的文化学术，也各自保有他的传统，等于我们几千年的文化，虽然国家一统，而各地方的风俗、习惯、方言，在其同中也各有其异；所谓"书同文，车同轨"的混同局面，在秦、汉之间，才得正式完成。

因此我们读周、秦之际的诸子百家之言，凡有关于道家学术思想的典籍，大多都如司马迁所谓："其文不雅驯，荐绅先生难言之"，便是因为方言的不同，文学的格调没有统一，所以便被秦、汉以后自称为儒家的文人，一笔勾销，认为不值一顾了。其实，道家的学术思想，是偏向于自然科学理论的成分居多，不像儒家的学说，是偏向于人文思想的成分为主。凡是近于自然科学的著作，必然缺乏文学修辞优美的情调，有关人文学术的，无论如何浅薄，它与文学毕竟不可划分。道家"方士"学术思想，以及诸子百家有关于原始科学理论的学说，就在这个原因之下，被断送埋没在"异端"的学术罪状之中，达两千余年之久，我们只要留心历史文化的史料，这个问题，就会容易明白。例如比孔子还早一点的管子，在现在所流传他的著作之中，不论真假的成分有多少，即使认为十分可靠的几篇，仔细读来，仍然不同于鲁国文学的笔调。这是代表齐国人文学术思想的一部书，犹如《晏子春秋》一样，都具有齐国文学的笔调。在另一方面，司马迁说齐民"阔达多匿知"，庄子在《逍遥游》上，也提到齐国的学术思想中有一本怪书，叫做《齐谐》，他又自加一句注解说："齐谐者，志怪者也。"换言之，《齐谐》这本书，是齐国人专门集记稀奇古怪的奇谭。由此可见齐民"阔达多匿知"的地方性，是由来如此，因此后来中国文化，用来批判不经之谈的评语，便有齐东野语的名辞了。其次，例如《墨子》

一部书，因为墨翟本人，生活长大在宋国，他受宋国的学术思想影响最深，所以他有类同宗教信仰的崇尚"天志"，而同时又相信鬼神的权能，这些便是受到宋国传统，殷人尚鬼、信天、文化等思想影响的关系。至于他的苦节劳形、摩顶放踵以利天下的学说与作风，那是继承夏代大禹的精神，可能也有受到宋国的邻封，夏禹之后杞国思想的感染。当然，我说这些，都是十分可能，而且是有理路可寻的事，并非就是定案，因为生在两千余年的今天，高推古代的情形，时间、空间的环境迁变，绝对已非当时的面目，虽然大家采用书本的资料作考证，也是不免出于臆测。"尽信书，不如无书"，所以不能完全作为肯定的理由，至于曾子、子思、孟子、荀卿一系列的思想，当然是孔门以后的鲁国文化，与鲁国文学的正统。其他如老、庄，是南方楚国文化的情调。兵家著作如孙、吴兵法，是战国时期齐国的传统学术思想，与齐国文学的进步与升华。另如纵横家、法家、名家等学，大多都是秦、晋之间后起的思想，司马迁所说："三晋多权变之士，夫言纵横强秦者，大抵皆三晋之人也。"杂家的学术思想，与秦、晋、齐、楚有关，也可以说，便是秦、晋、齐、楚学术思想杂集的回旋。阴阳家言，当然就是燕、齐"方士"学术的源流。我们了解了这个春秋、战国文化学术的大势以后，对于其中如何形成为中国文化主流的儒家，姑且另作讲说。其余如阴阳、兵、农、医药、老、庄、杨朱、墨子、名、法、纵横、杂家等，综错交罗，互相为用，便成为战国到秦、汉以前，统统归入道家学术思想的范围了。

我们讲述道家的文化学术思想，不厌其烦地由周、秦以前，再向上溯，大而言之，是为了说明中国文化的传统渊源，以及追溯道家文化思想，实为源远流长的主旨；小而言之，也便是说明周、秦以前，儒、道本不分家的关系。另一方面，也就是说明道家的文化学术，乃是继承夏、商、周三代以上，中华民族发源于西北高原的《易经》文化学系。至于战国前后，变成南方楚国文化的老、庄思想，是其余波的流荡而已。自孔子一系的儒家文化学术，是传承三代以下，起于中原与东方、北方的《书经》文化学系，到了战国、秦、汉以前，便成为鲁国文化，孔、孟思想的中心，所谓继承尧、舜、禹、汤、文、武、周公的传统。总之，用于人文社会，有关礼、乐、文教、刑政的学术，儒家《书经》文化系统，犹如堂堂之阵，正正之旗的正规军。用于因应时变，藉以拨乱反正的，道家《易经》文化系统，才是出奇制胜的奇兵，这也便是中国文化历史上有名的"外示儒术，内用黄老"君师之道扼要的说明。

（二）战国时期北方齐鲁燕宋的文化背景

首先要郑重声明，凡是要研究秦、汉以上的历史文化，千万不要忘记，那个时期的历史背景。我们粗看起来，周、秦以上文化学术的形态，固然是继承三代以下的一贯传统，到了周朝，才算完成建立一个人文文化具体的成形，但是我们总要不忘历史的发展，不是空中楼阁，无因而来的。当春秋、战国时期，所谓分封建国的诸侯之邦，因为各有历史渊源的背景，与地理环境的不同，所以凡是有关构成各国文化的条件；如言语、文字、风俗习惯、政治方式、财经措施、交通形势等等，大体都是各自为政，并没有像秦、汉以后的统一。我们只要大概没有忘记历史上的记载，自从秦始皇开始，才渐使"书同文，车同轨"，才有废邦国而建郡县的统一制度，就不至于把秦、汉以上的地理文化不同的观念，随便忽略过去。而且那个时候，所谓中央政权的周天子，他为共主的帝王制度，既不是秦、汉以后帝王体制的形态，也不是三代以前的情形，只要大家研究一下三礼（《周礼》、《仪礼》、《礼记》），便自然会明白了，现在我们要讨论的，是有关燕、齐之间

"方士"学术来源的问题,因此,先从齐国说起。

凡是读过历史的,都知道齐国是太公吕望(姜尚)之后。姜太公吕望,是三代以前炎帝神农氏的后裔,到他的时候,已经算是东海上人。他与祖先的传统文化,与他的学术思想,是属于周、秦之际"隐士"思想的道家一系。他在困穷的环境中,过了几十年的苦难时间,到了八十岁左右,才遇到文王,后来以兵谋奇计辅助武王,完成周室革命事业的成功,他是周初道家学术思想的代表者。周武王为了酬谢他伟大的功勋,封他在齐建国,《史记·封禅书》说:"齐之所以为齐者,以天齐。"但是那个时候的齐国,并不是好地方,不是春秋、战国时期的齐国可比,而且还存在着原来的地方恶势力。所以太公望在受封就国的路上,也有懒得到差接事的意思,好在靠一位旅店的老板,启示他一番话,他才马上赶去,建立了齐国;当然,这个旅店老板,也应该算是隐士之流的人物。他到齐国施政的首先要务,便是开发经济财政的资源,发展滨海一带的鱼盐之利,所以我们要讲盐务财政史,姜太公吕望,应该算是一位祖师爷。至于有关太公吕望的学术思想,在此不必多讲,我们只要研究一下兵家,与谋略家所宗奉的《韬略》一类的书,与道家、兵家共同推重的《阴符经》等,大概就可以得其眉目了;不管那些典籍是否为后人假托太公之名而著的伪书,但"事出有因,查无实据",兵家思想,系出于齐,这是大概不会有问题的。齐国的文化学术,既是秉承太公吕望的道家学术思想而来,所以他与鲁国传承周公学术思想的系统,就大有异同了。司马迁说过,他曾经游历过齐国,以他观察的结果,便说:"自鲁适齐,自泰山属之琅琊,北被于海,膏壤二千里,其民阔达多匿知,其天性也。"他所谓匿知,应有两种解释,其一:等于现代语所说有深沉保留的智慧。其二:也可以说富于神秘性的知识。所以战国时期的"方士",如名动公卿、诸侯争相迎致的邹衍等人,都出在齐国,秦汉时期的"方士"神仙们,也多数出在齐国。同时因为齐国，自太公望开始，发展了渔业与盐务，所以它在春秋、战国的时期，隐然便是当时中国经济、商业的中心地区，等于唐代的扬州，清末民国的上海。

文化与财经，本来便有不可或分的关系，所以到了春秋时代，便有齐相管仲经济政治的思想出现，大讲其"仓廪实而知礼节，衣食足而知荣辱"的至理名言了。齐国因为经济的繁荣，文化学术也特别发达，因此而成为诸侯各国之间，彼此文化交流的重镇，所以战国时期的名儒学者，大多数都到过齐国，想求发展，犹如现在世界各国学者，多数都想到美国求出路，"天下熙熙，皆为利来。天下攘攘，皆为利往"，古今中外，如出一辙，这也是贤者难免的事。例如孟子、荀卿，都与齐国有过莫大的因缘，这岂是偶然的事吗？而且孟子与庄子，都是先后同一时代的人物，他们的学说理论上，都大谈其养气、炼气的道理；孟子的思想，显然与曾子、子思以后的儒家学说，大有出入，孟子在《公孙丑》与《尽心》章上的养气之谈，俨然同于"方士"炼气的口吻程序，你能说学术思想，可以完全不受历史背景，与地理环境的影响吗？因为孟子有养气之说，与"夫志，气之帅也"的立论，才引出宋儒理学家的理气二元论，如果溯本穷源，放开气度来看，那么，对于战国时期燕、齐"方士"的流风遗韵，便不能不使人为之悠然神往了。

至于鲁国，人尽皆知是周公的学术思想，是秉承他父亲文王的庭训，集成夏、商以来的人文思想，因循改革而形成周代"郁郁乎文哉"的文明。因此，形成鲁国在春秋、战国时期的文学，也是凌驾诸侯各邦之上，因为文学与人文学术，必然是同命的鸳鸯，但自然科学与文学，就会大相径庭了。鲁国的文化学术，既然是周公的直接传统，在春秋战国时期，仍以代表周代文化的，只有鲁国算是正统的中心，鲁国的诸生，保留鲁国的文化，虽然经过秦灰楚火的断灭，但是还能传到汉朝立国的初期，可见周公与周代文化的流风遗韵，它的源远流长，垂诸后世的价值，实在相当伟大。孔子生长在鲁国，他由衷地钦佩周公，全盘接受周公的人文文化思想和鲁国的文学造诣，但是他是殷人的后裔，他在潜意识中，又承受有殷人崇拜天道的成分。可是，他到底是恢弘博大的智者，他的认识，见解与兴趣，都是综罗多方面的，所以他也崇拜虞、夏的文化思想，因此他有《礼运篇》等所记的感言，提到三代以下文化的变迁迹象，和《论语》上的对话，涉及齐、鲁之间的文化关系，而有"齐一变，至于鲁，鲁一变，至于道"的几句话；不过，这里所引用孔子所说的道，可不是道家的道，他是指人文文化的儒者所宗的仁道，这是不可以牵强附会的。至于他提到当时文化思想的转变趋势，由齐一变而至于鲁、鲁一变而至于道，形成齐、鲁文化融会的结果，产生人文文化的仁道之道，那是很好的研究佐证。我们也可由此而窥见文化思想中心地区转移的趋势，甚之，对于研究《易经》、《礼记》等有关于儒、道学术思想的通途之学，都可求出它在文化历史上演变的关键。

其次，我们要讨论的，便是燕国文化思想的根源了，因为历来提到道家的"方士"，很自然的，就会联想到燕、齐之间，在战国时期，突然出现许多"方士"的问题。燕国，在周朝，是处在北方穷边的地区，古代幽燕并称，往往用来表示北方边境的称号。燕国，是周初分封诸侯而建国的，他是与周同姓召公奭之后。召公在周代的历史上，流传有名的甘棠树下听政的美德，成为历来政治上歌颂与效法的榜样，我们可以想见召公有豁达大度的胸襟，和慷慨不羁的风度，他是一个具有政治道德的大政治家。他的德化与政风，加上燕国的地理环境，因此便造成燕赵古多慷慨悲歌之士，在战国时期，就成为产生游侠、刺客的名都了。游侠是隐士的化身，任侠使气，与道家"方士"的炼气、炼剑等方术，又是不可分家的技术。又加燕国的地理形势，本来就与齐、晋交杂相错,所以他们吸收融会齐国的学术思想,那是顺理成章的必然趋势,司马迁作燕世家的结论,便说:"燕,北迫蛮貉,内措齐、晋,崎岖强国之间,最为弱小,几灭者数矣。然社稷血食者,八九百岁,于姬姓独后亡,岂非召公之烈耶。"了解了燕国历史地理的环境,那么,对于燕、齐之间多"方士",燕、赵之间多侠士的原因,也便可以了然于胸了。

再次,我们附带地一谈宋国,便可以了解战国时期阴阳与天道思想发展的成因,以及后世道家认为也是神仙的墨子和他思想的来源了。宋国,是在周初分封诸侯而建国的时候,因为周室秉承中国传统文化"存亡兴灭"的至德,为了尊崇殷商的后裔,便封殷的贤人微子在殷的故墟,宋国因此而建国,同时,也因此而保存殷商文化思想的部分陈迹。殷商的末代皇帝纣王,固然残暴而不仁,但是,殷商的文化,也是中国上古文化演进中的主流,确是源远流长,《尚书》所保留的一篇《洪范》,便是留下殷商文化思想的一部分精神。殷人的文化,具有浓厚的宗教气息,他们崇尚天道、相信鬼神,而且将阴阳、五行的学说上神秘的外衣,拿他与天道、鬼神并论,或者以阴阳、五行做为天道、鬼神的注解,那是生有自来,传统悠久,在殷人的心目中,是牢不可破的;一变再变,因此形成后来道家"方士"阴阳学说的一系。他与杞国一样,在春秋时期,都有保留他们祖先文化一部分的传统。历史所载,武王革命建国以后,将近百年间,还有殷的顽民,并不十分降顺,由此可以想见上古氏族宗法社会的精神与信仰的力量了。孔子为了研究殷商文化,曾经到过祖籍之邦的宋国,虽然他很遗憾,感叹宋国有关于殷商文化的文献资料,已经无法找到,然而他对于《易经》乾坤之理的了解,以及他对于天道与鬼神观念的思想,多少还是受了殷代文化的影响。至于墨子类同宗教观念的思想,如相信天有意志,相信鬼神有奖善罚恶的权能等等见解,那完全由于他生活长大在宋国,承受殷人崇尚鬼神的文化思想所致，同时他著作的文字章法，既不同于鲁国文学，如孔子、孟子的文章，而且也不同于齐国文学，如管子的文字，近世有人怀疑他是印度人，或来自中东的阿拉伯人，那是可资一笑的一得之见，未必可征以为训。

此外，在战国时期，秦、晋的历史文化，和地理环境，便孕育出法家、名家的学术思想，以及产生纵横家捭阖权诈，造成谋略之士的温床。郑、卫介乎大国之间，环境促使颓废、富于风流浪漫的文学情调。齐国由于太公吕望道家思想的影响，又受时代的刺激，便多产生军事哲学思想，与军事学术的兵家。凡此等等，所谓春秋战国诸子百家文化思想的根源，都是各有因缘，互为影响，并非无因而生，笼统一律的。

由于前面的简介，我们简单地分别举出春秋、战国时期，各国文化学术思想的渊源与环境，何以后来会造成这些学术思想，一变再变，融会交流，就统统入于道家？那是秦、汉时期的时代趋势，现在还来不及为它作结论。我们前面所说的，也只是列举当时的情势，由中国西北部的秦、晋以下，直到东部齐、鲁、燕、赵、宋的文化大势，归纳起来，都属于当时黄河南、北的文化区域，勉强可以叫它为春秋、战国时期，北方文化学术思想的概略。可是必须不可忘记的，这个时期的中国文字和言语，犹如诸侯邦国一样，并未统一，所以我们要读秦、汉以上，诸子百家的书，便需要留心了解当时著作的方言音辨，以及地方术语，与不同章法的文字结构的形式，才会清出眉目，大致不会至于尽信书，反被书瞒的过失。可惜后世读书的人，多半都受我们伟大的圣人，孔子的著作文章所影响，所以多以鲁国文化的文学观点，来衡量其他诸子的著述，因此便疑情大起，处处力加否定。殊不知这样读书，已经忘记了当时历史文化的背景与当时地理环境的异同了，如果一律纳入于鲁国文章与学术思想的标准，真有迷失"云月是同，溪山各异"的过错，虽然毕生力学，极尽疑猜考证的能事，而学术见解异同的争端，永无休止，实在使人有低徊惆怅，伤感这个断送一生的牛角尖之可怕了。

（三）战国时期南方楚国的文化思想

已经讲过春秋、战国时期北方文化与道家方士学术思想的大势，现在再来讨论当时南方楚国的文化思想，我们需要透过这个关键，便可了解老子、庄子所代表的道家思想的背景。同时，我们不要忘记，楚国在春秋、战国的时期，不但有它独成一格的文化系统，而且国势与力量的壮大，也是与时俱增的，到了战国末期，足以与秦国抗衡的便是楚国，后来虽然被秦灭了，而楚南公的预言："楚虽三户，亡秦必楚。"也并非是无因而发的，结果亡秦的，果然都是楚人。在那个时期，楚是一个新兴的力量，它的文化学术思想，与南方好强的民风，都是富有青春新生的气息，比之文化传统悠久而古老的杞、宋，实在不能相提并论。它与齐国有过密切的联盟，更有过文化的交流，齐国不若鲁国的保守，所以齐、楚两国在政治、外交、军事的关系上，一直都有联系，因此联带而有文化学术思想的交流，那也是必然的趋势。

楚国，在周成王时，才受封有子男之田，本来微不足道，它在春秋战国以前，因其祖先不满周室的轻视，便开始自称为南面王，他正当北方多故，中原多事之秋的夹缝中，坐以长大，由此渐渐建立而成为大国，便造成后来在战国末期，有举足轻重的势力。虽然他的立国称王，并不如齐、鲁、晋、郑那样的顺理成章，但是他祖先的来历，的确是大有来头的。他们是帝颛顼高阳之后，高阳，是黄帝之孙，昌意之子。在帝喾的时代，曾经命其祖先重黎做过火正，住在南方的祝融，后来因为命他征诛共工，没有完成使命而受到诛戮，因此，便由其弟吴回继承其后,这便是他上古家世的简历。吴回生陆终,陆终生六个儿子,因为他的夫人是难产,所以这六子都是剖腹而生的,其中的老大,叫昆吾氏,在夏代,曾经做过侯伯,地位相当崇高。老六,叫季莲,芈姓,楚国便是他的后裔。在周文王时,他的祖先鬻熊,曾经做过文王的老师,而且鬻熊的儿子,曾经跟文王作过事。司马迁说季莲一系:"其后中微,或在中国,或在蛮夷,弗能记其世。"最有趣的,是其中的老三,叫彭祖,他在殷朝,也作过侯伯。据说就是孔子、庄子他们所提过那个长寿八百岁出名的彭祖,也就是后来道家神仙们所推崇的彭铿,孔子曾经引他来自嘲说:"窃比于我老彭"。庄子说他:"以久特闻"。换言之,就是说他是活得特别长久而闻名的上古名人。我们了解了楚国的家世以后,知道它在战国时期的各国世家中,实在是极其神秘,而且是最富有传奇性的世家。

因为楚国是春秋、战国时期新兴的南方诸侯,而且不满周天子对它的微薄,早已有不臣之意。他不受约束地逐渐扩张土地,自立规模,并且随时有问鼎中原的意图。春秋时期,第一霸主齐桓公称霸的时候,有第一流的政治家管仲为辅,可是对于楚国,也只能分庭抗礼,订盟而去,还不敢轻撄其锋。正因为楚国是新兴的年轻国家,他的文化思想,没有太多的传统压力,所以他在学术思想方面,也很年轻而富于飘忽的气氛,因此而产生言语文字与北方大有异同的楚国文学,处处具有飘逸、空灵,而富于情感,于是连带他们的学术思想,也如文学一样,磅礴不羁,思想新颖。但是我们不要忘记,楚国的文化,仍然具有他祖先祝融后裔的传承,远绍五帝之首,黄帝学术思想的余风,加上南方地理环境的关系,有滚滚长江与滔滔汉水的天险,阻住了北方的势力,有无数未经开发的深山峻岭,处处富有神秘而好奇的诱惑,于是在春秋、战国期间,有老子、庄子等道家,属于南方楚国系统的文化思想,便应运而生了。老、庄的文辞格调,与后来屈原的《离骚》，都是楚国文化同一类型的文学，至于有关老、庄思想，由传统道家与南方文化思想结合的问题，就在老、庄的书本中，到处可见，在此无暇多谈。

总之，我们花了许多时间，讨论齐、鲁、楚、宋等文化的渊源和关系，都是为了解决历史上所惯称：燕齐之间方士的学术思想，并非是战国时期，无因而生，突然而来，实在是从上古传统文化的演变而成的。

五、道家与道教学术思想的内容

道家与道教，但从外表看来，好像不可分离，而在实质上，却大有不同，秦、汉以前，道与儒，本不分家，甚之诸子百家，也统统渊源于道，这个"道"的观念，只是代表上古传统文化的统称。儒、道分家，与诸子百家分门别户的情形，是由战国末年到秦、汉之间的事，尤其汉初有了司马谈论六家要旨的观念以后，相承因袭，愈来愈明显。汉、魏、南北朝以后，道教改变道家的学术思想，用与佛教抗衡，乃使道家与道教，泾渭难辨，唐、宋以后，儒者并斥佛、老，更使道家含冤不白。其实，秦、汉以前道家的学术思想，是承受三代以上，继承伏羲、黄帝的学术传统，属于《易经》原始思想的体系，也是中国原始理论科学的文化思想。汉、魏以后的道教，是以道家学术思想的内容做中心，采集《书经》系统的天道观念，加入杂家学说与民间的传说信仰，构成神秘性的宗教思想，现在为了讲述的方便，把两者混为一谈，在其紧要的界说之处，加以分别，俾使大家容易了解。

（一）道家与道教的天人宇宙说

中国文化思想，对于宇宙的定义，是由汉代道家代表性的著作——《淮南子》所提出，其实，严格地说，《淮南子》一书，也不是纯粹的道家，大半还是杂家思想的成分。《淮南子》说："上下四方曰宇，往来古今曰宙。"换言之，所谓宇，便是空间和太空的代名辞；

宙，便是时间的代名辞。在他以前，战国时期的庄子，曾经从道家和阴阳家的观念，提出"六合"的名称，所谓"六合"，便是指四方上下的空间而言，并不包含时间的观念，《易经·系传》上的"六虚"，一部分也含有"六合"的意义。

  人类对于宇宙世界与人生的来源，无论古今中外，都具有好奇、怀疑，要想寻求答案的要求，于是世界人类的文化，便有宗教、哲学的建立，对于这些疑案，各自构成一套理论的体系。然在大体上，不外有神造论，自然说，物理自然论等几个原则。再由这几个大原则，产生一元论、二元论、多元论、有神论、有因无因、唯心唯物等等许多支离差别的理论。这些属于后世所谓宗教，或哲学的学说，现在正在自然科学的祭坛上斗法，欲知后事如何，且听将来分解。我们的立场，只是说明道家原始的宇宙世间的观念和理论的基础而已。道家对于原始宇宙世界的学术思想，也便是原来中国自己的文化思想；在周、秦以前，不用宇宙的名称，只有天地的观念，便足以代表后来宇宙的含义，道家的思想，认为天地未开以前，只是一种混沌的状态，既不管有主宰无主宰的事，也不问是前因或为后果。这个混沌，既不能叫它为物，也不能叫它为精神，正如老子所说："无状之状，无名之名。"在《易经》学系，原始理论科学的阴阳家们，认为这个混沌，便是阴阳未分，混合状态的现象，后来根据八卦的法则，叫他为一画未生以前，六凿（六爻）未动之初。在儒、道未分家的理念上，叫它为天地未判之先，在老子，便叫它为"有物混成，先天地生"。老子所谓的混成，并不是纯粹的物理作用，只是说物的作用，正在孕育含混在其当中，经过相当时期，这个混沌便分开阴阳，就有天地的开始了。所以我们过去五六十年前，在旧式文学中，有少年必读的一本书《幼学琼林》，劈头一句，便说："混沌初开，乾坤始奠。"等到混沌初开，形成乾坤的天地以后，这个地与天的情形，便如鸡蛋一样而存在，地球像鸡蛋的蛋黄,地球的大气层与太虚,像鸡蛋的蛋清,天在这个地球的鸡蛋外壳以外。早在三千年以前,我们的道家思想,始终认为地球和天体一样,都是有生命的机体,正如我们生命的扩大情形是一样的,因此,便形成后世道家神仙家的学说,认为人身便是一个小宇宙。有了天地的开辟,人与万物,就自然产生了,可是我们首先要介绍道家与道教对于天地生成以后的思想理论,再来继续说明其他种种。道家与道教对于人类来源,与万物生成的观念;属于道家思想的,便是天地开辟以后,最初的人种,是由天神下降而开始的。既不属于另一力量所创造,也不是生物的进化而来,至于天神又从何来?他是到此止步,再也不加追究。后来神人之间的变化,是因天上下降的天神,忘记了来源,贪恋世间的快乐,愈来与天的距离愈远,便形成人间世的现状了。当开天辟地之初,原始的人类,是与天神之间,随时互通往来,地与天,也是随时接近在一起的,从此时代愈降,人类愈加堕落,因为人类的堕落,地与天也相隔愈远了。

此外,属于道家老、庄学派的说法,也有两种思想:依照列子所说,属于"方士"思想的观念;认为天地万物与人类,都是一气的变化,这个气,究竟是什么东西?是心?是物?以后再说。不过列子所谓天地气化的生成,是有四个程序与原因的,如说:"夫有形者生于无形,则天地安从生?故曰:有太易,有太初,有太始,有太素。太易者,未见气也。太初者,气之始也。太始者,形之始也。太素者,质之始也。气形质具而未相离也,故曰浑沦;混沦者,言万物相混沦而未相继也。"至于庄子,更妙了,他以寓言的方式,故事的口吻,对于天地开辟而有万物,人类的原始者,加以无限的讥刺与惋惜,他说:中心之帝,名字叫作混沌,因与四方之帝一商量,觉得中心之帝的混沌太好了,可惜的只是混沌不分,为了报答他的好意,便每天为他开一个窍,开了七天,便开出了七窍(七窍在人身上,便是代表五官机能的七个洞）；但是，非常可惜，七窍开而混沌死。最富于哲学幽默感的，便是庄子说的这个故事，与《易经》卦象名辞的另一趣味来讲，如出一辙；《易经》的卦象，称天地为否卦，反称地天叫泰卦，在天翻地覆的情况，叫它做泰，把天地正位的现象，却叫它做否，这与庄子的七窍开而混沌死的观念一样，都是对世界形成的紊乱，与人生妄做聪明而庸人自扰的情况，含有无限惋惜的感言，几乎同有一唱一和的趣味。

道家思想，对于开辟以后的天地，属于精神世界与物理世界理论的原理，即是上古与三代文化思想的渊源，那就是《易经》学系的阴阳，八卦学术，与《书经》洪范五行思想的集合，上接黄帝传统的天文（天干，地支）等学术。可惜我们后来，有些不明白这些原始理论科学的价值，便用一句"迷信"的口号，来为自己遮羞，并且作为扼杀传统文化的挡箭牌，实在过于轻率。现在我们先把这些构成道家学术思想的内容，大略稍作介绍，以免大家盲目地否定它的价值：

1. 关于阴阳的观念

阴阳这个名词，在上古文化学术里，出现最早，比之五行、八卦、天干、地支等名称，应该还要古老。在五经文化的系统里，是组成《易经》学术系统的中心思想，《书经》果然也有提到，但并不像在《易经》学系那样重要。阴阳是上古以来，对于天地万物，与人事物理的观察，发现万有互相对立，互相消长的法则，因此，便在现象界中，和人事物理以上，定立阴阳互变的定律，用以统率说明万有变化的原则。在《易经》的《系传》上，提到"一阴一阳之谓道"，便是用它来说明道体流行演变而成为万有规律的，都不外一阴一阳的互变作用，阴阳是个抽象的观念，用它来说明对待流行的代表符号的名称，决不可以完全把它当作实体来用；它在物理的作用上，是代表动静，在物质的作用上,是代表刚柔,在宇宙的现象上,是代表天地,在天体的运行上,是代表日月,在人类的观念上,是代表男女,在动物的世界里,是代表雌雄,在理念的领域中,是代表反正。总之,它是抽象的代表了对待的一切,可以活用到任何事物与理念上去,它是天地开辟以来,万有对待流行的总代表,所以后来的儒、道两家,根据《易经》学系的思想,便把天地未开的混沌,特别抽出《易经·系传》上所提出"太极"的名词,换作混沌的代号。于是"太极"动则生两仪(阴、阳),两仪再动又生四象(少阴、少阳、太阴、太阳),四象生八卦的观念,便从此建立。同时老子也提到"万物负阴而抱阳"的说法,后来儒道思想与他交相演变,便形成万物各有一"太极","太极"各有一负阴而抱阳的阴阳理念了。

阴阳是中国上古文化,对于自然物理理论科学的先驱,用处最多而最普通的学术名词,上古的天文学家与星象学家,他们用阴阳互变的原理,藉以说明理论物理的观点,并且用它作为使科学进入哲学理念的桥梁。战国时期的阴阳家们,也便是当年原始科学形态的理论科学家,秦、汉前后的占卜家,所谓使用龟策的术者,以及后来的卜筮术数,与选择时间的"日者",乃至魏、晋以后的堪舆家(俗名看风水,或看地理的),唐、宋以后的星命家(俗称算命的),统统都是从战国时期阴阳家的系统分化而来,然而,阴阳毕竟还是抽象的名称,比较具体说明抽象的阴阳变化法则,便是五行的观念了。

2. 关于五行的观念

五行这个名词,在"五经"的文化里,最初出现在《书经》的《大禹谟》,与《洪范》篇中提到;洪范是箕子述说殷朝人文学术思想的哲学基础,而且具体的说明,是根据物理的五行思想而来,也是夏禹承接尧、舜文化传统观念的中心思想,但在《易经》学系的学术思想里，并不多见。五行这个名称的内涵，大家都知道它是包含金、木、水、火、土的五个成分所组成，拿这五样物质的东西，加上一个行走的行字，叫它做为五行，简直如同儿戏的名词，那还有些什么意义？所以都认为它是古代迷信传统的名词而已，加以后世占卜吉凶祸福的休咎等人，如看相，算命等的口头语，动辄便称五行，使人更觉它的可笑。其实，五行是上古原始的科学思想，对于宇宙物理理论的哲学基础，所谓五行，便是同于《易经》乾卦象辞"天行健"的行字一样，都是用来说明宇宙天体，永无休止，运行不息的道理，行就是行动，运动的古义。所以"天行健"与五行的行字，便是说明中国文化，对于宇宙的观念，始终认为它是动态的宇宙，因此对于人事、物理等现象世界的观念，也始终认为它是"变动不居"的变化世界。那么，用这五个金、木、水、火、土的物质，做为代表的意义，那是因为原始的科学观念里，凡作为科学依据的，都是采用人类耳、目等感官、知觉、轻而易见的东西做代表；中国上古的文化是如此，希腊、埃及、印度上古的文化也是如此，时代环境不同，站在后世的立场，轻易讥笑前人的浅薄，也同样会被后世所笑的。

金，是代表固体的性能，凡物生长以后，必会达到凝固的状态，所以用金的坚固性做为符号，等于印度上古文化用地做为凝固的符号是一样的。木，是代表生发力量的性能，在这个物质世界中，生命延续不断的功能，最明显轻而易见的，便是草木等植物，所谓"野火烧不尽，春风吹又生"，只有草木生发的生机，可以表示宇宙万有的生命，具有生生不已的功能。水，是代表冻结含藏的性能。火是代表生发力量的升华，到达光辉而有热力的性能。土，是万有与人类立足点的基本，包括代表这个地球的符号。我们所有的文化文明，都是立足在地球上的成果，所以在后世阴阳家的思想中，便说："四象五行皆藉土"，就是这个意思。道家的阴阳家们，提出了五行的观念，又从五行的变化法则中,说明它具备有互相生长,互相克制的生克作用,都是根据阴阳消息,互相盈虚消长的对待理论,用来分析物理与人事的变化作用,详细讲解起来,太多太繁,所以到此为止。总之,五行的观念,与阴阳的学术思想一样,是道家形成阴阳家等的基本理论中心之一,用它在天文上,是说明天体太阳系统五星的代号;用它在地理上,是说明东、西、南、北、中的五个方位;用它在气象上,是说明春、夏、秋、冬四季的状况;用它在生理医药上,是说明心、肝、脾、胃、肺、肾的别名,甚之,到了秦、汉以后,许多阳儒暗道的学者,以及由道家者流与阴阳家支派相结合,便有专讲谶纬(预言)的术士们,把五行的变化理论,用在政治思想上去,做为历代帝王政权变更的理论根据,发生历史治权"五德相始终"的说法,藉以取媚于人主,可谓五行之用大矣哉吧!宋代理学家周濂溪,得自道家的太极图说,仍然没有超过道家阴阳五行思想的范围,这种阳儒暗道的作风,而又用以排斥佛、老,实在有点不合礼义的精神,未免有些遗憾。

3. 关于天干和地支的甲子观念

至于甲子的学术思想,根据散佚的上古史料所记载,创建在黄帝时代,用它来说明天体日月运行的规则;一年分四季,十二个月,一个月三十天,每天十二时辰,错综交互而成一年二十四个气节。这种天地自然的规律,与日月运转的轨则,黄帝命大挠研究观察的结果,认为由于天的五行,自分阴阳的功能,而且有直接"干扰"、"干与"地球的作用,便定天干为十位的名称,叫作"甲乙丙丁戊己庚辛壬癸",做为太阳五星与地球物理关联规律的符号,唐、宋以后的阴阳家,把天干叫"天幹",这个意义便略有不同了;同时,认为地球物理的变化,由于承受天干的功能,自身又有阴阳互变的作用,便定出十二地支的名称,叫作"子丑寅卯辰巳午未申酉戌亥",作为太阴月亮的盈亏出没，与太阳及地球关系的规律符号。至于十二地支的观念，在印度上古的天文学说，约当中国周、秦前后时代，也有同样的意思，不过，他们不是用抽象名词的观念作代表，他们是用十二个动物来表示，后来到了汉代，印度学术思想，随着佛学而传入中国，彼此互相融会，就有用十二生肖来代表十二支的作用，因此成为"鼠牛虎兔龙蛇马羊猴鸡犬猪"等十二生肖。地支这个名称，本来的意思，是说地球物理本身，既然承受了天干的关系，又互变而产生地球自身支持万物生命的功能；后来术数家们，又改称它叫"地枝"，便与"天幹"相配，因此在观念上，便把它的作用，变成像一棵树的枝干一样了。

上古对于天干地支的学术，正如五行、八卦一样，都是数理逻辑、符号逻辑的结晶，以科学的精神，对于自然现象的数理观念，然后归纳为一个理念，便创立这种抽象的逻辑符号，使人们对于错综复杂的宇宙，和万事万物变化的法则，多到大如天文数字的无限量；小到细入无间的不可知，都能够在归纳这些抽象的名词之中，求出答案，而且容易记忆，也可以普及；后来大家不知道这些学术思想的背景，就流为江湖末技的术数，所以便把它的价值，落到零度以下去了。古人把天干、地支的数理观念，综错起来，构成一套代表时间、空间、统计象数的方式，便叫做甲子，那是把天干十位，和地支十二位的单数（阳数），和双数（阴数）联合起来，由第一组"甲子"的开始，循环轮转，便有了第六十位数"癸亥"的总和。宇宙万有事物的开始，它的内涵，都具有如草木生发的力量，欣欣向荣的功能，那便是"甲子"的理念，最后的归结，犹如水性冻藏凝结的作用，那便是"癸亥"的理念，这种六十位数轮转的法则，构成一个整套的观念，便总名它为"甲子"，后世也有人把它叫做六十花甲。汉代的道家与儒者，把它和阴阳五行，八卦等术数的数理观念联合起来，统统归纳到以《易经》的卦象做代表符号，于是，便有易学象数"纳甲"的名称了；用它来解释中国历史哲学，用它来统计人事世事过去的情形，推测未来的演变，便形成两汉的谶纬（图谶）之学，后来愈演愈繁，而且各家的计算方法又不相同，所以便把它的价值，被一般躁失者，轻轻送进荒唐的档案里去了。

此外，在道教方面，取用古代传承的阴阳、五行、八卦、天干、地支的六十"甲子"，加上宗教性的天神天将、九宫数学等，便构成"奇门遁甲"的神秘术数；把六丁、六甲、六戊等数理逻辑的符号，加上天文二十八宿的观念，穿上玄女天童的法服，就形成腾云驾雾，憧憧往来于不知其所以然的幻想里，造成旁门左道，套进画符念咒的符箓，从此一人传虚，十人传实，摇身一变，便变成呼风唤雨、撒豆成兵的幻术了。然而不管道家与道教，对于原始科学而哲学的天人宇宙观，怎样的转变，它的原始本质，是从天文物理，与地球物理的研究观察而来，毫无疑义，决非向壁虚构，徒托空言而已。

汉、魏以后，由道家学术思想的内容，演变而成为道教以后，对于天人之际，与宇宙万有的法则，仍然以这几套罗织而成的"纳甲"思想做基础。但是道教对于天庭与人世间的关系，在汉、魏以后，受到印度佛教传入的影响，便自创立另一个世界的天人观念了。由东汉开始，自张道陵创建五斗米道，便把战国、秦、汉以来的"方士"学术，一变而成汉末的"道士"思想。起初他们把汉代现行政治地理的区域，指定名山洞府做中心，重新自作主张，划分天人管辖区域，隐然含有宗教政治的革命作用，这在三国时期，由张道陵的后裔，东川张鲁手里，已经普遍展开。他们把中国划分为三十六个名山，为神仙的洞天，七十二个名胜，为仙人的福地，每一个洞天福地，都划分与自古以来的隐士与方士们，也就是后来被道教所追认的神仙手里；认为那一区域中的天曹、地府所属的鬼、神，都受这一管区的神仙所管辖。例如江淮所属的句容山，便是属于汉初神仙三茅真君的管区，山有三台，又分属其兄茅盈，与其弟固与衷的所属，因此，后世道家的法派，便有茅山派的一支，大茅山有华阳洞，也就是后来梁朝有名的隐士神仙陶弘景隐居的所在地。他们把这些主管的隐士神仙们，自由地加以封号，不管他出身为平民或将相，有的称为真君，有的称为真人，由此可以了解东汉末年紊乱的局面中，在民间社会与知识分子结合的另一面，早已隐然有宗教政治革命的思想；他们由逃避现实而想超越现实，要想建立一个自由天地中的精神王国，犹如西方自罗马帝国建立前后的教廷组织差不多，如果仔细研究东西方文化演变的迹象，处处发现有东西南北共同循环的法则，好像日月的运行，在时间的影响上，略有先后的不同；也像山川风物的异样，在空间上，各自构成一副不同的画面而已，这也是题外文章，不去说它。总之，这种天人思想的背景，仍然渊源于上古文化《书经》学系中，类似宗教思想的来源，他们把上古重视"封禅"，尊敬天地鬼神，与祭祀山川神祇，以及对于自然万物崇敬的心理，扩而充之，向上提升，便变成汉、魏以后，道教天人之际的组织思想了。不过有一点须特别注意的，无论他们如何的变，如何的布置天地鬼神的局面，仍然以人道文化为本位，只是提高人道的价值功能，由修善道而上升为神为仙，由修恶道而下堕为鬼为厉。

到了魏、晋以后，由北朝北魏的寇谦之等道士开始，为了抵抗当时外来宗教，如佛教的关系，便多方设法，积极建立道教，于是，把道家原始关于天人的物理思想，变成气化天地的观念，后世所谓："气之轻清上浮者为天，气之重浊下凝者为地"，便是这种理论所形成。再加集合各方道士关于天人的信念，综合起来，便有昊天上帝、元始天尊等天庭的主宰名号出现。这种天庭的组织，是从《书经》学系与《礼记》思想而来，依照周官的体制，与古代天文学上三垣、二十八宿的观念，组成一个完整的上帝天庭。本来在兵家所用的星象学上，主属军事和战争的太白星，又变成与太白长庚星的关系，化为一个慈眉善目，白发苍苍的天上和事佬。老子与释迦牟尼所管的教务，等于天上的三公元老院（顾问），各自另有自由的区域。由《穆天子传》与《汉武外纪》等所说的西池王母（后世也有混称为"西方圣母"的），后来又变为玉皇大帝的母子关系，做为天上人间，孝道事亲的模范。南斗星君主寿主生，北斗星君主死主杀等的观念，难以尽说。

唐、宋以后，对于道教教主的太上老君（老子），又仿照佛教教主如来有三身的说法，便变为老子一气化三清，成为玉清、太清、上清的三身。总之，如果详细清理自汉、魏以后道教的天庭组织，神帝神鬼的户籍，与天上政治体制的系统，也如我们历史的帝王政治体制一样，历代都有变更，难以细说，但也很富于传奇的趣味。后来加上天有三十三天，最高的天主为玉皇大帝，地狱有十八层，而分属于十八地阎王所管理。人间世的帝王，介于天帝与地府的阎王之间，他死后的灵魂，先见阎王，由阎王陪同去觐见玉帝，再来审判他一生的善恶，受到赏罚的判决等等观念，都是由于佛教天人思想的传入而建立的，例如：阎罗王的名称，便是印度梵文的外来语。可是到了元、明之间，民间社会小说，如《封神榜》等出现以后，便拿周朝武王伐纣的历史故事做中心，编了一套姜太公（吕望）封神的剧本，玉皇大帝与山川鬼神，以及厨房、厕所，一一封了主管的神祇。因为姜太公的大公无私，最后忘记了自己，没有神位可封，结果，只好把自己封为社稷坛的坛神。我们由这个历史故事，牵上天人关系，在非常有趣的神话中，始终可以看到中国人道文化深厚的一面，即如道教建立以来的宗教学术思想，也始终没有离开人文文化的本位。

至于现在民间所流行对于鬼神的信仰，严格地说来，非常复杂，往往神佛不分，神道不分，始终在《封神榜》、《西游记》两部小说中过活，要分别中国民间的真正信仰，也正如中国文化一样，很难严加区别,即如现在民间的一般迷信,究竟要哪一个宗教来负责?他们所信仰的神,应该属于哪一宗教?都很难说。不过,在这里,我们可以了解中华民族另一面的伟大精神,因为在我们的历史观念上,过去虽然没有宪法明文规定"宗教信仰自由",事实上,已早在五千年来,便不成文地承认"信仰自由",我们不管是外来的宗教信仰,或自己的宗教,只要道理是教人为善,有益于世道人心的,一概请上座,受恭敬,从来没有因为宗教信仰的不同,而变成仇恨,只有互谅互助,相辅相成的维护人道的教化。为宗教而大动干戈,为宗教而伤及情感,决非中国文化本来的精神,希望我们后世的子孙,应该多多谅解这种伟大的胸襟。例如现在流行的某一派道门,姑且不管他的教义是否准确,但是他是把孔子、老子、释迦、耶稣、穆罕默德,统统供奉在上,扩充唐、宋以后三教同源的口号,成为五教同源的呼声,这种表现,只有中国文化的气度做得到,这才是真正自由民主思想的象征。事实上,这一作风,已经传到美国去了,近年以来,在美国,已有这样类同的新兴宗派出现,我认为二十一世纪的宗教,必定要走联合宗教阵线,大概不会太远了。

  同时,在这里附带地说明,中国文化,对于人伦道德善恶价值的赏罚,在民间社会,自有一套自由民主的主张,自有是非的公论,这是受道教思想的影响,例如:对于乡村社会的善人,死后值得纪念的,便自由封他为土地神,一个好官死后,便自由封他为城隍神(等于人世阳间县长,行政区域首长的职位)。例如:一生以道义义气为重的关公,后来便自由封他为神,一生以精忠报国为重的岳飞,也封他为神,做官而公正廉明的如包文正,也便封他为阎罗王,凡此等等,只要多读历史与地方志(省志、县志等),到处可以找出民间社会对于善恶赏罚封神的公论,这是中国文化,自周制以来评定帝王官吏与读书人等死后功过的判例"谥法"的另一面,是属于民间的封谥思想,非常值得重视。因此，它影响我们过去社会教育的思想，对于做人处世，伦理道德的观念，不要主管官的管理，就自动存有生死荣辱的警戒，也是由于这种天人如一的多神思想而来，其中的成败得失，是非因果的关键，与教育政治的关系，究竟价值如何，很难下一断语。

（二）道家神仙修炼的学术思想

在前面已经讲过，道家的学术，渊源于上古文化的"隐士"思想，而变为战国、秦、汉之间的"方士"，复由秦、汉、魏、晋以后的神仙，再变为道教的道士，到了唐、宋以后，便称为"炼师"；这一系列的学术思想，但从表面看来，有了几个阶段的改变，而在实质上，却是一脉相承，并无多大的变更，只有循历史文化发展的途径，吸收其他外来的学术方法，扩而充之而已。道家学术思想的中心，便建筑在这一系列修炼的方法上，道教因袭道家的内容，也就是用这一系列的学术思想做根基，现在让我们做综合性的介绍，俾可稍知举世所认为神秘难测的道家，他的葫芦里，究竟卖的是什么药？

1. 道家与道教对于人生意义的估价

我们在平常，只知道中国文化，代表儒家的孔、孟学术，尽量在阐扬人文道德的思想，提倡以人文为本位，构成五经六艺人文哲学思想的体系；但是忘记了，由上古历史文化的传统，与五经学系的关系，及诸子百家散佚保留着。我们祖先留给后代子孙的人生科学的学术思想，而且被任意随便抛散，实在非常遗憾。

大家都知道，古今中外的哲学，都在研究宇宙人生的问题，想在其中求得使人类得到永久平安的对策，然而哲学思想，正如宗教信仰一样，都是基于对人生的悲观，对世界的缺憾而发出，虽然哲学与宗教一样，也都是现实人生，与现实世界问题而努力，可是它的最终要求，与最高目的，大体都是为了研究生死问题。尤其在宗教思想上，正如一般人所说，都为死的问题做工作，鄙弃人生，而否定现实，果然他们也在尽力善化人生，美化现实，但它的目的，仍然是把现实人生努力的成果，做为死后灵魂超脱的资本，换言之，宗教与哲学，大致都站在死与灭亡的一边喊话，呼唤灵魂的升华。只有中国文化，根据《易经》学系的思想，与这种精神，大有不同之处，因为生与死，存在与灭亡，只是两种互相对待的现象，等于一根棒的两端；也犹如早晨与夜晚，如果站在日薄崦嵫，黄昏衰草的一方，看到那"白日依山尽，黄河入海流"的情景，一切只有过去，没有未来，实在充满了无限凄凉的悲感。然而站在晨朝的东方，"楼观沧海日，门对浙江潮"的一面，看到那"野火烧不尽，春风吹又生"的生命源头，永久会有明天，永远有无尽的未来，实在给予人们有无比的生气，无穷的远景。中国文化《易经》学系的思想，便是从生的一端，观看宇宙万有和人生，因此而建立"生生不已之谓易"的观念。

　　上古两大文化的主流，道家与儒家，便从这个生命无穷的哲学基础上出发，认为人本生命的价值与人类智慧的功能，对于缺憾的天地，悲苦的人生，生灭的生命，都可以弥补天地物理的缺憾，于是便确立人生的目的与价值，是有"参赞天地之化育"的功能。换言之，人、这个生物，有无穷的潜能，如果自己把它发掘出来，就可以弥补天地万有的缺憾；道家的学术思想，基于这种观念而出发，认为人的生命，本来便可与"天地同修（龄），日月同寿（命）"，而且还可以控制天地，操纵物理，可是为什么不能发挥这种潜能？为什么自己做不到呢？① 由于人类自己不能认识生命的根源，被外物所蒙蔽，被七情六欲所扰乱，随时随地自己制造麻烦，自己减灭寿命。② 由于不知道延续补充的原理，只知道减少的消耗，不知道增加的妙用。到了战国时期，因为时衰世乱的刺激，因为自由讲学风气的盛行，因为民间研究学术思想，渐为上流社会所重视，于是燕、齐之间，笃信这种思想观念的方士们，有的从天文物理、地球物理的研究，认为人身生命的规律，是与天地运行不息的规律相同的，便建立一种养生的原则和方法。在这种方法的总则之下，有的做物理、生理的研究，有的做化学药物的研究，有的做锻炼精神、颐养神气的研究，有的做祭祀、祈祷、净化思想信仰的研究，花样百出，各执一端。可是，这只是举出他们对于人生修养的方术观念而言，他们从这种方术观念出发，至于立身处身，用在对人对事的观点，也各有一套思想和理论，就构成诸子百家异同的学说了。我们姑且不管这种绝对而崇高的现实理想，是否真能做到？至少，这种对于人生价值，与生命具有伟大功能的观念和理论，实在在世界文化思想史中，是史无前例，只有中国一家——道家首倡其说；过去中国医学的理论基础，完全由道家这种学术思想而来，因此，在魏、晋以后，医家不通《易经》、《内经》、《难经》与道家学术的，便在医理学上，大有欠缺了。

2. 方士思想的影响

春秋、战国时期，这种新兴流行的"方士"思想，在只知穷经读书的学者，除了坐以论道，讨论人文的思想以外，完全缺乏科学兴趣，不加重视，甚之，笑为荒谬不经，一概鄙弃，而在通人达士的上流人士，也与愚夫愚妇一样，便多多少少受其影响。于是，当时流行的"养神"、"服气"、"饵药"、"祀祷"等风气，便逐渐普及，等于这个科学时代，不管懂不懂科学，原子冰淇淋、原子理发，也随科学的风气，随口乱喊一气，尤其如美国，科学的幻想小说，犹如《封神榜》一样流行。现在我们只把当时道家方士思想有关的著名学说，分类举例加以说明：

（1）养神论者的理论与方法：当然首推老子，例如老子所说养神论的原则，便有："谷神不死，是谓玄牝。玄牝之门，是为天地根。绵绵若存，用之不勤。"老子讲出这个谷神，后世有些旁门左道的道士与炼师们，便把它生拉活扯到医学的范围，弄到身体的生理上去，认为这个"谷"字，便是"穀"字，"穀神"，一种解说是脾胃的神（道士们称它叫中宫的部分），一种解说是穀道（大肠与肾脏的衔接处），于是便忍屁不放，紧撮穀道，认为便是合了老子的道法，修炼"谷神"的妙术。其实，老子所谓的"谷神"，只要细读老子的"致虚极，守静笃"的道理，便可知道他所说的："夫物芸芸，各归其根，归根曰静，静曰复命"的方法论，便是"谷神"的注解了。能把心神宁谧，静到如山谷的空旷虚无，便可体会到"空谷传音，虚堂习听"、"绵绵若存"的境界了。魏、晋、隋、唐以后，道家"存神养性"的方法，配合道家医学的《内经》，与道教所造的《黄庭经》，就又产生"内视返照"、"长生久视"的理论。所以"内视"与守肚脐眼的方法，都是后世道家修炼的事，并非禅宗的术语，如果有人弄错了，应当注意。

那么，道家所说的神，究竟又是什么呢？这在战国时期的子书中，存有很多同异的说法，姑且举几个例来说明：《易经·系传》："神无（无）方，而易无（无）体。"后来司马谈《论六家要旨》中说"凡人所生者神也，所托者形也。""神者，生之本也。形者，生之具也。"司马迁在《律书》中，更加发挥说："神使气，气就形。""非有圣人以乘聪明，孰能存天地之神，而成形之情哉！"司马氏父子所说的形神问题，与黄帝《内经》太素本神论篇中，岐伯所说的形神论，原则一致，如："形乎形，目冥冥，问其所痛，索之于经，慧然在前，按之不得，复不知其情，故曰形。"又："神乎神，不耳闻，目明，心开，为志先。慧然独悟，口弗能言，俱见独见，适若昏，昭然独明，若风吹云，故曰神。"这些有关道家思想所说的神，都不是宗教性质所谓的神，而且这些神的理论,是科学的,也不是纯粹哲学的,但是它不是物理的唯物思想,他是神能驭物,做为生命根源心物一元的思想。到了道教《黄庭经》的手里,这种原始道家生命的神论,便被他穿上道袍法服,绘上鬼神的脸谱,站在人身五脏六腑、四肢百骸的每一穴道里去了,于是,依照《黄庭经》思想的观念,我们这个生理的身体,简直成了一个神的神秘世界;如果用它来解释儒家思想,《大学》、《中庸》戒慎恐惧的理论,培养诚敬的心志,倒是最好的注解,倘使从纯粹道家原始科学思想的观念看来,这种贯串生理与宗教性质的学问,实在为世界宗教思想史上独一无二的境界,在此不及细说。

(2)养气与炼气论者的先声:在周穆王之后,到东周开始,至于春秋期间,道家方士们的修养方法,是偏于养神的,到了战国时期,因为医药的进步,药饵、炼丹的方术盛行,因此道家修炼的方法,从专门主张养神的阶段,便进入兼修"形神俱妙",偏重服气、炼气的阶段了。在这个时期,为道家代表者的庄子,便随处并论"形神俱妙"的方法与理论,所以同为道家宗祖的老子和庄子,他们的学术思想,虽然脉络相承,而在理论的旨趣与方法上,便有异同之处了。庄子说的养神原理,大致不外忘物忘身、视生死为一贯,齐物吾于无形;而在方法上,却特别提出"斋心"论与"坐忘"论,为养神合道的根本,使其能够到达"虚室生白,吉祥止止"的境界,然后才可以"乘天地之正,而御六气之辩,以游无穷者"。比起老子的道妙理论,已经演进得相当具体。可是他在养神以外,又同时提出养气的方法,说明:"真人之息以踵,众人之息以喉",以及"缘督以为经,可以保身,可以全生,可以养亲,可以尽年"等理论,随处说明气机存在的作用,与生命关键的道理。庄子这种学术思想的发展,显然是受到"方士"思想的影响,不但庄子是如此,与他先后同时,认为是直承孔子,行仁由义,当今天下,舍我其谁的孟子,在他的学说之中,讲到修养的方法,也显然是受到道家"方士"养生思想的影响，与孔子原来平实的学说，已经大异其趣，与曾子的"慎独"与"诚意"，子思的"诚明"和"明诚"的养神方法，也大有不同。孟子在修养方法上，干脆提出养气的言论，所谓"夫志，气之帅也"，乃至特别提出由养其夜气而至于平旦之气的气象，然后可养到至于浩然之气，而充塞于天地之间，而且更具体地说出养气进修的程序，如："可欲之谓善，有诸己之谓信，充实之谓美，充实而有光辉之谓大，大而化之之谓圣，圣而不可知之谓神"等言论，无论如何，在孔子、曾子、子思传承的修养方法理论中，实难找出类似这种线索的。

　　经历两千年来的道家炼丹学说，始终不出气的范围，一般想求"长生不老"，效法修道的人们，吞吐呼吸，熊经鹤伸，天天在吐故纳新而炼气，做为修道的张本，那么，道家所谓的气，究竟是什么东西呢？也经常有人问我，服气，应该归纳到哪里才对？或为下丹田（脐下）？或为中宫（胃腔部分）？殊不知这个身体，犹如一副内外通风的皮袋，装进许多骨骼，腑脏，全部神经系统，血液与内分泌，牵一发而动全身，到处都是流行无碍的；譬如一个皮球，当你打气进去的时候，你想把气集中停留在皮球的某一固定处所，是可能的事吗？如果不可能，那么，吐纳呼吸的炼气术，等于是通风作用，藉以做到吹扫清洁的运动而已，那里可以积气炼丹，而得"长生不老"的成果呢？印度一部分瑜伽炼气术的理论，认为空气当中，充满了日光能，以及许多不可知的物理养分，可以增加人的寿命。殊不知血气当中，固然存有许多营养人身的作用；譬如氧气，如果过分吸收得多了，它也会变成有害无益的，日光能吸收得太多了，也是会改变人体的形质，乃至可以引起不良的后果。总之，这些理论，都是似是而非的妄语，实际上，都被"依文解义"所蒙蔽，并不真能了解道家的意义，所以魏、晋以后的神仙家们，生怕大家误解气字的意义，更独创一格，把这个气字,改写成"炁"字,这样便是后世道家另一派的旁门,专以拆字方式传道的一种先趋。这个从"无"火而组合成的"炁",也就是道家,用来说明此气非空气的道理。另有一种观念,把"氣"、"气"、"炁"三个中文的字,做了三层解释,认为有米的这个氣,是指呼吸的氣,不加入米字的氣,是指空气的气,只有无火的炁字,才是道家所讲的气。什么才是道家气字的真正含义呢?那便是专指生命本有的一种潜能,并非是电,也非原子的作用,我们站在现代的观念,借用现代的知识,只能为它借用一个物理学上抽象的名词——"能",做为暂时的解释而已。由此而知,所谓吐故纳新等炼气的方法,并非说它对于健康养生没有用处,只能说道家用吐故纳新的呼吸术,不过像是借用一根火柴,靠它来点燃自身潜能的一种方法而已。

　　我们对于这些太涉专门的解释,为了节省时间,不能多说,现在继续说明战国时期的道家,由"方士"们提出"形神俱妙"的服气、炼气的修养方法以后,便由"方士"的观念,提升到"神仙"的境界,其中开始划时代的信念的,又是庄子;在传统的信念中,对于道高德妙,成为君子、大人、先生、圣人,无形中把它变为人位当中的至高标准。庄子由此标准再向上提升,便创立了"至人、神人、真人"的名号,如说:"至人无己,神人无功,圣人无名。"后世道家与道教,用以称呼得道的神仙,叫他为"真人"的,便是从庄子的观念开始。我们要知道,在庄子全部思想的观念里,如果一个人达不到这种神人的境界,便是做人没做到顶,所以不能称之为至人,因为做人既做不到人的最高境界,所以芸芸众生,统统都是假人,也就是后来道家思想所谓的"行尸走肉"而已,并非"真人"。庄子这种对于人生价值,和人格升华的标准,陈义实在太高了,在一般人而言,可以说只有可望而不可即的成分,所以大家便认为他和所有道家的思想一样,只是一种理想主义。其实,把人生生命的观念,提到和宇宙的功能一样,何尝不对，只是人类既要自尊自大，又不够伟大，所以就自卑而不敢承当而已。那么，他提出"真人"、"神人"的境界是什么呢？如说："藐姑射之山，有神人居焉，肌肤若冰雪，绰约若处子，不食五谷，吹风饮露，乘云气，御飞龙，而游乎四海之外，其神凝，使物不疵疠，而年谷熟。"庄子像这样描述"神人"的话，屡见不鲜，有的地方便说"神人"，是乘日月以游行，比乘云气还要扩大，因为他提升了人的境界与价值，所以居高临下，凭空鸟瞰，便自然而然的鄙弃世俗，卑卑不足道也，所以他说，像这一类的"神人"，只要用他的残渣废物，就可以制造出许多圣人，其他还有什么可说的呢？如云："之人也，物莫之伤，大浸稽天而不溺，大旱金石流，土山焦而不热，是其尘垢粃糠，将犹陶铸尧、舜者也，孰肯以物为事！"

（3）服饵者的理由：说到服饵者，在古代道家学术中，也有叫他为"服食"或"饵药"等等名称，总之，这是道家"方士"演变而成后世丹道派的"炼丹"，与服食丹药而成神仙，道家物理科学而哲学的正统派；也便是中国上古原始的科学知识，对于物理的观念，引用到生物生命学的理想，企图以药物改变身心生理的气质，延伸人的寿命，至于羽化而登仙的要求。他们是世界上打开化学纪元的先驱者，也是初期药物学研究的主流，这种以药物服饵为主的道家流派，才是战国时期所称为正牌的"方士"，同时也包括了医学的人士。因为在中国古代历史上，从儒家思想的观念出发，对于从事济世活人医药的人们，一概叫做"方伎"之士，向来把他与"方士"并待，他们在儒林中，并无地位，也不受重视，有时还把他们列入佛、道一样，鄙视他们为江湖末技，因此，在明、清以后，有许多学者从医的，便特别标榜自己为"儒医"的招牌，以争取学术的地位。关于服饵方士派的理论，约有两个理论、三项种类、三个程序：

所谓服饵丹药的两个理论：①他们认为人身便是一个细菌的世界，

四肢百骸，五脏六腑，都充满了细菌的生命活动，他们以原始的观念，命名这种细菌的种类，都叫它为虫。在中国古代相传的医药观念上，素来便把人的身体分为上、中、下三焦；大约由头部至肺部，为上焦；自胃部到横隔膜，为中焦；从横隔膜以下，包括肾脏系统及大小肠、膀胱等为下焦，这三焦所有的寄生虫，便统统命名它为"三尸虫"，而且还为"三尸虫"的种族，取了名字，叫做彭琚、彭质、彭矫。后来道教，比较客气点，又称它为"三尸神"。又例如说："上虫居脑中，中虫居明堂（眉眼的中间），下虫居腹胃。上尸虫伐人眼，中尸虫伐人五脏，下尸虫伐人胃命。"综合起来，便叫它为"三彭"。所以他们煅炼矿物药品，如水银（硫化汞）、砒霜、硫磺等五金八石的毒药，经过化学的提炼而凝结成丹，吞服求仙，也就是为杀死"三彭"的杀菌作用。我们姑且不论这种理论是否正确，但在两千多年前，根本还没有现代科学影子的时代，公然有了这种医学的理论出现，你能说他是绝对没有科学思想的根据吗？②除了服饵丹药，消灭"三尸虫"的观念以外，第二个思想，便是认为这个血肉骨骼系统的五脏六腑，是容易感受外界物理作用的损害而生病，如寒、温、暑、湿与传染病的侵袭，如果把这个人身生理所有的机能，换成黄金、白银一样的体质，当然就可以活得长久了。因此他们研究矿物药物的化学，把铜铁制成黄金（因为秦、汉时代，所谓黄金，大都是赤铜，真正的天然黄金很少，所以要化学制造，因此中国的炼金术，也是世界科学史上最早发明的冶炼技术，后来由阿拉伯人，辗转传到欧洲去的），再用某一种天然植物的成分，把纯净黄金化为液体，渐渐吞服下去，使它慢慢吸收，久而久之，便把所有生理的机能，整个换成黄金的体质，当然就可以长生不老了。你说这种思想，多么可笑。然而真可笑吗？不然，凡是科学的发明，都是等同儿戏的幻想而来，我们在没有证据以前，只可以取保留存疑的态度，可是，你一定会说，吃了黄金不会中毒吗？会的，黄金中毒的成分还不太严重，如果不把黄金化成液体，肠胃穿孔的情形，随时可以造成，"方士"们对于解救黄金中毒的药物，早在两千多年前，已经研究出几种，可惜有的已经失传而已。至于炼铁成金的方法，在后世还有流传，据说，现代有人试过，果然可以炼成，可是现在天然的黄金太普遍了，用这种化学炼成的黄金，成本比天然的黄金还贵，所以没有用处，这是见之于现代人研究道家修炼报道的事实资料，随便一提而已。我们听了这种道家"方士"学术的思想，看来非常可笑，同时也很有趣，当然不会使人相信，但是现代的人，想用血清等药物挽回人身寿命的理想，到今天还未正式试验成功以前，岂不是同样值得怀疑吗？科学家的精神，是由幻想、理想中寻求理论的根据，然后再拿理论来求证实验的，所以我们对于这种道家"方士"求"长生不老"的理想，姑且把它当作科学小说的观念来看，不加可否为妙。

讲到这里，我们顺便说明一个问题，那就是在我们过去的历史上，许多帝王、名人，例如汉、唐、明、清几位笃信道术，服用丹药的帝王，以及名人如韩愈、苏东坡、王阳明等人，都是服用道家"方士"的丹药而促成速死的，这是什么理由？在这里，我要忠诚告诫各位迷信现代成药，尽量服用补药，与专打补针的朋友们，应该同在这个问题上，予以相当注意。"方士"们发明煅炼五金、八石等矿物质的药品，在医药的价值上，与在人身上做物理治疗的用剂，只要用的适当，不但没有错误，而且极有价值，但是，这类从矿物质提炼出的药品，都是躁性的，而且具有强烈的挥发生理生命机能的功效，与现代某一类多种维他命等的成药，有殊途同归之妙。在真正道家"方士"们的服用方法上，第一重点，必须要在心理行为上，彻底地做到"清心寡欲"，对于男女性行为，与贪吃浓肥、富于动物肉类等食物的欲望，已经绝对不生贪恋的作用，才能开始服食。否则，这种药物，一吃下去，具有强烈的壮阳作用，必然促进性机能的冲动，这对于那些帝王，与名公巨卿们，终日沉湎在声色场中，与醇酒美人打滚的富贵生活中人，无疑地便成为催命剂了，那有什么值得大惊小怪的呢？第二重点，道家对于服用这一类丹药的条件，必须先要炼到神凝气聚，可以辟谷而不吃人间烟火食的程度，才能吸收融化，否则，或因食物相反而中毒，或因药而得病死亡了。总之，一般服用丹药的人，不能断绝"男女饮食"的欲求，相反的，还想靠丹药的功效，以达到"男女饮食"玩乐的要求，那么，"服药求神仙，反被药所误"，这是必然的结果，大可不必把这些烂账，一律记在"方士"们的名下，你说对吗？

关于服饵丹药的三种类。自战国以后，经秦、汉、魏、晋、南北朝，到隋、唐之间，丹道服饵派的种类，大体可以把它分为三类，也就是后世道家所谓的天元丹、地元丹、人元丹三种。

天元丹约有两类：一是指天然的矿物而成丹的，如五金、八石等天然化学药品。一是指不需自己的辛勤煅炼，接受已经炼丹得道者的赐予。

地元丹：是专指采用植物性的药材，研究提炼而成丹的一种，从秦、汉以后，中国药物学的发展，与讲究修炼地元丹的道家，实有不可分离的关系，例如民间相传服食成仙的灵芝草、何首乌等等故事，都是由于地元丹的思想而来。道家对于灵芝草的研究，存有专书，包括灵芝的种类，有矿物化石、动物化石的灵芝等等，大多是见所未见，闻所未闻，我们普通在台湾所采到的野生灵芝，并非神仙炼丹的一种，这是属于菌类的灵芝，有的是有毒的，即使无毒的一种，少吃只会使人起幻想，多吃会使人精神分裂，或中毒，万万不可以迷信服用，以免无故而仙逝，后悔莫及。

人元丹，约有两类：①是指离尘出俗，避世清修，专门养神服气，弃欲绝累，涵养身心，使其达到清静无为，虚极静笃的境界。利用极其寂静的作用,只求积聚,不事任何消散的成果,引发本身生命的潜能,例如普通所谓打通任督二脉与奇经八脉,然后到达神凝气聚,发挥生命具备的伟大功能,再来自由作主制造新的生命,也就是后世道家所谓的清修派,或名为单修派的一种功效。②是以古代房中术的理论做基础,研究性心理与性生理的作用,认为男女两性内分泌(荷尔蒙),具有延续生命的功能,在合理而正常的夫妇性生活中,不乱、不纵欲,而达到升华精神,延长寿命的功效,这就是后世道家所谓的男女双修派,属于房中"长生久视"、"内视炼精"的一种,他们对于内分泌的研究,应该算是世界医药史上发现得最早。但是这一派的流弊所及,百害丛生,例如普通所谓采补术(采阴补阳,或采阳补阴),以及过去旁门左道中,采取紫河车(胞衣),服食丹铅(输食童男童女的血液),闹出许多伤天害理的事,不但违反伦常道德,甚至触犯刑章,大逆不道。在中国民间社会,许多无知的人,迷信这一类旁门左道的道术,暗中相当普遍,殊不知这些知识,在现代医学上,经过科学的整理,已经有许多药物,如荷尔蒙、维他命、等等,早已超过这种原始而不切实际的理想,再也不可迷信了。

服食丹药的三个程序:战国时期道家正统的"方士",应该属于从事服饵的丹道者,他们专以煅炼五金、八石,与烧铅、炼汞(化炼硫化汞、氧化汞等)药物化学的发明者,也是成效方单医药的创始派,他们有物理科学理想上的理论,也有实验的成绩。后世道家把修炼身心的精气神,叫做炼丹,那便是取用人元丹内养方法的演变,做为主体,这是中国专有养生学上的特别成绩,以后再加说明。不过,专主修炼精气神的内丹,不懂道家医学的原理和道家药物的知识,在丹道而言丹道,是有缺憾的。

从丹道方场来说,服饵丹药,约有三个程序:第一个程序,服用地元丹,是为修炼养生做预备的工作,所谓强壮其筋骨,健全其身心,即使是一个普通人，也可以服食而求保健的，由此发展，便成为后世中国人讲究食物治疗的风俗，例如冬令进补，与膳食养生的习惯，都是渊源于地元丹的思想而来。第二个程序，就是修炼人元丹，变化气质，以达到道家凝神聚气的标准，犹如庄子所谓："登高不栗，入水不濡，入火不热"、"其寝不梦，其觉无忧，其食不甘，其息深深"的境界，到了这个程序，可以辟谷而不食，昼夜不眠而如一，正如庄子所说："不知说（悦）生，不知恶死，其出不䜣，其入不距，翛然而往，翛然而来而已矣。不忘其所始，不忘其所终，受而喜之，忘而复之，是之谓不以心捐道，不以人助天。"然后才可以服食天元丹，这便是方士丹道派修炼服饵的程序。可惜古往今来，若干不知丹道真义的人，因为不明究竟，欲求"长生不老"，反而促成短寿早夭，不能乐终天年，岂非大谬不然吗？

（4）祀祷派的修炼：关于"方士"们修炼神仙的学术思想，在前面已经做过极其简要的介绍，至于祀祷派修炼神仙的方术，向来都把它与"方士"混为一谈，这是莫大的误解。真正"方士"修炼神仙的学术思想，是由科学而哲学的理论做根据；祷祀派的学术思想，完全是基于宗教性的信仰，属于精神与灵魂学的范围，也就是汉代以后，形成道教的中心思想。讲到祀祷这件事，必须上推三代文化传统的祭祀思想而来，再向上推，应该归到黄帝前后时代，与上古民族流传下来的巫祝，在医学上，用于精神治疗"祝由科"的渊源。根据《书经》学系的文化传统，直到《礼记》中心的祭礼思想，可以了解我们的祖先，在三代以上的宗教思想与宗教情绪，也正如世界各个民族文化的起源一样，都是由于泛神思想与庶物崇拜等观念而来，然后渐渐蜕变，形成一神论的宗教权威。我们的祖先，虽然也与世界各个民族文化的来源相同，先由类似宗教的信仰开始，但是始终不走一神权威论的路线，而且最大的特点，始终把天、神、人三者，在道德善恶的立足点上，永远是平等如一的。并且以崇敬祖先的祭祀精神，与祀祷天地神祇、山川鬼神的仪式，是互相为用的，尤其在周代文化，裁成融会三代文化思想的精粹，建立各种大小祭祀的规范，统以祭祀祖先为中心。所以我们后世对于已故祖宗父母的牌位，一例都叫为神主，由此而建立以"孝道治天下"传统文化的精神，这与世界各民族的文化，都由上古宗教思想学的发源，大有不同之处，万万不可以拿其他文化的规格，随便向中国文化头上一套，那便有张冠李戴，绝对非我文化的本来面目。

由于上古的祭祀天地神祇，与山川鬼神的演变，到了唐尧、虞舜、夏禹的时期，便继承先民的思想，以"封禅"山川神祇，为国家民族治平政治象征的大典。可是大家不要忘了"封禅"的真正精神，仍然是以人文文化做本位的意义，为什么呢？因为山川神祇，虽然伟大而崇高，然而不经人间帝王，率领全民意志去崇敬它，"封禅"它，那么，它依然只是一堆山水土而已，"圣从何来，灵从何起"？大家都知道"封禅"思想，在中国上古文化思想中，等于宗教的观念和仪式，可是大家都忘了它的内在精神，却是提高人文思想的真义，唐、宋以后，儒家思想所褒扬大人君子的圣贤，与元、明之间，民间小说的《封神榜》，都由这个精神而来。到了秦始皇、汉武帝的玩弄"封禅"开始，这种由传统而来的"封禅精神"，就大加变质，完全不合古制。他们除了表现帝王权力的踌躇满志，借此巡狩四方，用以耀武扬威的意识以外，事实上，确被当时一班祀祷派的"道士"们，利用他们心理上的弱点，妄求"长生不死"，妄想登遐成仙，要做到道家传说黄帝乘龙而上天的奢望，于是便在历史上记载着，秦皇、汉武戏剧性"封禅"的一页了。这一派"道士"的方术，完全讲究精神与灵魂的作用，利用药物，配合咒语与符箓，借此而锻炼心理意志的统一，引发心灵电感的功能，演出鬼神的幻术，博取秦皇、汉武的信仰，使其做出求药寻仙,"封禅"以邀神佑的壮举。他们在这中间,便可上下其手,自饱私囊,如李少翁的招魂、栾大等人装神弄鬼的幻术,不一而足,及其祸弊所及,汉代宫廷的巫蛊大案,就是当然结果的榜样了,后来历史学家,把这一批"道士",或"术士"的滥账,一概记在"方士"名下,这对于秦、汉以来,真正的"方士"们,似乎大有不平之处。我们在这里附带地说明一句,中国文化学术思想中,对于精神学、灵魂学与心灵作用等雏形,早在春秋、战国以前,已经普遍流行,只要读过《论语》,孔子讲到"曾谓泰山不如林放乎",便可知道孔子对于"封禅"的观念,王孙贾问曰:"'与其媚于奥,宁媚于灶'何谓也?"子曰:"不然,获罪于天,无所祷也"等章句,便可知道古代对于家神、灶神崇拜的习惯,由来久矣。

秦始皇重"封禅",汉武帝在"封禅"以外,更喜欢祀拜灶神,同时又相信降神的法语,这便是后世流传到现在的扶箕、扶乩、扶鸾(这三种方法不一样)等旁门左道,相信灵魂存在的传统。我们平常随便开口批判别人为迷信,其实,真正最迷信的人,倒不是愚夫愚妇,实际上,知识愈高的人,愈是迷信,而且批评别人迷信的,在他心理上,正在迷信的臼窠之中,这是一个非常有趣、而有深度的心理问题,将来再讲。然而,为什么上至帝王,下至贩夫走卒,都很愿意听信迷信的神话,这是什么道理呢?因为人类知识,始终无法解开宇宙人生的谜底,所以祀祷派的"道士"们,就能在种种心理的空隙上兴风作浪,产生利用的价值,极尽玩人的手法了,现在我们举出司马迁在《封禅书》上所载汉武帝相信神话的迷信现象,足以显见古今中外一律的戏剧,如说:"神君所言,上使人受之,书其言,命之曰书法。其所语,世俗之所知也,无绝殊着,而天子心独喜。"于是便有神仙派的五利将军,"装治行,东入海,求其师云"。公孙卿奏言"神仙好楼居",便大兴其土木了。至于秦始皇做的诸如此类的故事更多,你能说秦皇、汉武，不是第一流的聪明人物吗？这种做法与思想，不是第一流的傻事吗？因其聪明绝顶，才会有这样的傻劲，不傻者，未必聪明，这又是一个哲学上的重要课题，在此不必细说。

然而祀祷派的思想，都是一派谎言吗？不然，真正祀祷派的渊源，除了上面讲过，实是远继三代以上的祭祀精神以外，它的内容，也自有它的学术源流，而且包藏很多学术价值，例如人尽皆知祭祀与祷祝（告），是全世界，贯古今，所有宗教共同的仪式，如果要研究全人类原始上古文化思想的渊源，那么，那于道士祀祷派渊源的追溯，便不可轻易放过，同时，也不能只把它当做人类原始的迷信而已。因为虔诚的祭祀与祷祝，有时候的确可以产生心灵的感应，对于事物的反应，达到俨然如有神助的功效，当然啰，这里所说有时候的意思，便是指精神意志，绝对统一，到达极其虔诚的情况，这种作用与功效，也便是人类对于精神的功能，心灵的玄妙，灵魂的奥秘，三种基本的学问，始终未经解开的谜底。上古的巫祝，以及黄帝时代流传下来的"祝由科"，他们便在这种奥妙的学问上，建立它的基础，后来尽管演变而成为宗教的仪式，可是在它的基本上，还是由于精神生命的心灵作用，与灵魂的关系而来，我们如果把它迷信的外衣褪去，不是用来欺人，是以科学的精神来研究，你能说它不是人类文化的一大贡献吗？假使我们真能研究发明精神的功能与奥妙，那么，对于宗教、哲学、科学的文明，也必随之而来，会有新的变化了。其次，"道士"们用以统一精神，用做祀祷的咒语，看来都是鄙俚不文，不堪卒读，然而，推开精神作用而不讲，如果要研究古代的方言，与古代民俗的俚语，那就不能不留心注意，足供发掘了。至于画符用的符箓，由东汉时期，张道陵五斗米道以后，派别更多，符箓的式样，也不统一，如元、明以后，辰州派的符咒，等等，看来真有鬼画桃符，如同儿戏的感觉，然而你要研究上古文字不同的来源，例如蝌蚪文等，以及印度梵文与中国符箓的关系，与唐、宋以后，道教自创文字的思想，就不能不慎重地注意了。总之，祀祷派"道士"们祭祀、祷祝的礼仪，以及画符书箓、念咒诵文等方法，他的主要精神，仍然要与"方士"修炼派的养神论者，与养气论者的作用合一，才有灵验，换言之，当在画符书箓，念诵咒文的时候，不能达到忘身忘我、精神统一的境界，不能炼到神凝气聚，闭气炼形的情况，那便如民间俗语所说："不会画符，为鬼所笑了！"所以晋代道家的葛洪，在他著作的《抱朴子》中，讲到修炼符箓的要点，便特别提出炼气的重要，因此祀祷派的方法，仍然属于"方士"学术的范围，其由来也久矣。

六、汉魏以后的神仙丹道派

道家与方士，方士与神仙，在这三个名称之下的类型人物，及其学术思想的内容与渊源，由战国而到秦、汉之间，实在都是互相为用。到了汉、魏开始，延续一千多年，直到现在，方士的名称，已成过去，只有道家与神仙，却成为不可分家的混合观念。其实，汉魏以后，道家神仙的学术，已经远非秦、汉以上的面目，这一千多年来道家的神仙，实际上，却是丹道派的天下，所谓丹道，便是以修炼精、气、神为主的内丹方法，以求达到解脱而成神仙为最高目的。关于神仙的种类，在宋、元以后，归纳起来，约分五种：（1）大罗金仙（神仙），（2）天仙，（3）地仙，（4）人仙，（5）鬼仙。初步修到死后的精灵不灭，在鬼道的世界中，能够长久通灵而存在的，便是鬼仙的成果。修到却病延年、无灾无患、寿登遐龄的，便是人中之仙的成果。过此以上，如果修到辟谷服气、行及奔马、具有少分神异的奇迹，可以部分不受物理世界各种现象所影响，如寒暑不侵，水火不惧的，便是地仙的成果。再由此上进，修到飞空绝迹，驻寿无疆，而具有种种神通，有如庄子、列子寓言所说的境界的，才算是天仙的成果。最高能修到形神俱妙，不受世间生死的拘束，解脱无累，随时随地可以散而为炁，聚而成形，天上人间，任意寄居的，便是大罗金仙，也即是所谓神仙的极果。凡此种种，是否确有其事？或者是否有此可能？我们现在无法证明，姑且不加讨论，但是有一点必须值得特别注意的，在中国文化中，儒家对于人伦道德，教育修养的最高标准，是把一个普通平凡人的人格，提升到迥异常人的圣贤境界，已经足够伟大。而在另一面，还有道家的学术，从宇宙物理的研究，与生理的生命功能而立论，更加提高人生的标准，认为一个人，可以由普通愚夫愚妇的地位，而修炼升华的超人，提高人的价值，可以超越现实世界的理想，把握宇宙物理的功能，超过时间空间对立的束缚；而且早于公元前一千多年，毫无十六、十七世纪以后的科学观念，便能产生他们自己独立的一套科学观点，无论它是幻想、是事实、是欺世的谎言、是有实验的经验之谈，都是值得我们瞠目相对，需要留心研究的。

（一）丹经鼻祖的作者魏伯阳

自秦、汉以来，开创修炼神仙丹道学术思想的人，比较有案可稽的，当然要首推东汉末年的魏伯阳，也就是后世道家尊称他为魏真人、或火龙真人的。关于魏伯阳的确实身世，与他生存准确的年代，始终还是文化史上一个大谜，但是，他是东汉时期的人，大概不会错，他只有比祝祷派，以符箓道术起家，开道教先河的张道陵为早，那是较为可靠的。大家都知道东汉时期的文化，是儒家思想的衰颓时期，一切学术，都已渐趋没落，可是，我们不要忘记，它在理论物理的科学，与理论天文学上，却有很大的成就，只因后世一般缺乏科学修养的人，把它统统归入无用之学"象数"案卷中去了。其实，什么是"象数"，"象数"学中的真义，究竟包含了些什么东西？恐怕一般人，除了随人转语而加批评以外，自己都没有好好下过功夫去研究，以外行人的眼光，去批评一件非常深刻的内行事，真是多么冤哉！枉也！东汉末期，在道家与道教史上，产生两个划时代的人物，一是魏伯阳，另一便是张道陵。魏伯阳是代表上古传统文化中的隐士精神——神仙。张道陵却在汉代以后，构成道术传统的世系，到了宋、元以后，一直成为江西龙虎山正乙派张天师的世家,他与山东曲阜的孔子世家,互相并陈;在中国文化历史上,能够以学术思想,造成一两千年世家的系统,只有儒家的孔子,与道家的张天师,岂不是世界文化史上的奇迹吗?这也就是说明中华民族,对于文化学术思想如何尊重的精神,他能够在文化的王国里,自由给予圣贤、神仙、高士、处士、隐逸等极其美善的封号,而且是不问今古,都受到一分尊崇的礼遇。可是魏伯阳,却是走的"隐士"路线,结果只有给人以"不知所终"的疑猜而已,他赠予后人唯一的礼物,就是他的一部千古名著《参同契》一书。他这部著作,的确绞尽脑汁,有人竭其毕生精力,从种种方面去研究摸索,还是毫无头绪,宋代理学的大儒朱熹,便自认他的一生,对于这部书的研究,是失败了,可是他爱好它,为了避免阳儒暗道的嫌疑,他曾经化名崆峒道士邹䜣,注过《参同契》。

　　魏伯阳著作这本书的目的,是为了说明修炼丹道的原理与方法,证明人与天地宇宙,有同体同功而异用的法则和原理,为了整理自古以来的传承,证明人为的修炼,可以升华而成神仙的传统学术,他以《周易》的理、象、数三部分,和周、秦到两汉,用在天文物理学上的原理与原则的五行、干支之学,以及道家老子传统的形上、形下的玄学原理,一齐融会贯通,为丹道的修炼程序,做了一套完整的说明。所谓"参同契",便是说:丹道修炼的原理,与《周易》、《老子》的科学而哲学的原则,参得透彻了,便可了解它们完全是同一功用,"如合符契"的。所以他便融会《周易》、黄老、丹道这三种学术共通的道理,著述这本《参同契》了。在这本书中,他的文辞简朴而优美,犹如《易林》的词章,也是千古绝调之笔,他把丹道修炼的原理,区分为药物、服食、御政三大纲要。然而如《老子》这本书一样,它原始的篇章次序,究竟是如何的安排,确费后人的疑猜与稽考,这又富于道家犹龙隐约的风味,可与老子其人及其书互比隐晦。如果我们要把丹经的鼻祖著作《参同契》，比之老子的书，那么，另一部丹经，是宋代张紫阳真人所著的《悟真篇》，应该比之如庄子的书了。

《参同契》所讲的丹道学术，特别注重身心精神的修炼，他所指用于"返老还童"、"长生不死"，至于最高解脱而登上仙位的丹药，主要的药物，便是人人自己所具备的精、神、炁而已。即在修炼的过程中，也可以借用，或者必须借用外物的丹药，那是为了培养补充衰竭而有病象的身心，使其恢复精、神、炁的生命本能而已。它是中国养生学的祖述宝典，也是最早研究身心生命奥秘的著作，它影响汉、魏的医学，生物物理学，乃至佛学与禅宗，后来道教的经典《黄庭经》，所谓"上药三品，神与炁精"等思想，以及《龙虎经》等的著作，都是由《参同契》的蜕变而来，不过加上一些宗教神秘的观念而已。他认为恢复精神先天原始的情况，能够自作生命的主宰，以及变化生死的功能，一切都可操之在我，才是服食丹道的效验。至于煅炼药物的精、神、炁，与服食的方法，必须有正确的心性修养，与真正智慧的认识，才能做到。所以统摄修炼药物，服食成丹等的程序，便要透彻了解御政的重心。讲到药物，他虽然指出精、神、炁为修炼丹药的主材，但是，他并非如宋、元以后的丹道，参合佛学禅宗的理论与方法，而且更不是明、清以后伍冲虚、柳华阳的丹道学派，专以性神经系统的精虫卵子等，认为便是精神的精；同时，更没有如明、清以后的丹道，动辄便以任、督等奇经八脉做为修道的主题。他的本来原文，非常清晰，只因后世道家与道教的道士们，各从不同的观点，不同的角度，自己为他作注解，于是讲究修性修命的，主张独身主义的单修清静派；主张不离家室之好，男女合藉的双修派；主张烧铅炼汞而用外丹的丹法，就众说纷纭，统以《参同契》做为原理的根据了，所以房中采炼等等左道旁门的谬论，也都一一牵强附会，援引《参同契》的文言，而言之成理，著之成文。至于《参同契》原本所说的精与神，便是魂与魄的外用，丕，只是精与神的化合物而已。它与《周易·系传》的"精气为物，游魂为变"，确是同一路线的思想。

其实，《参同契》一书，并非真正难读，也不是作者故弄玄虚，保存有无上秘密的口诀，只是受历史时代背景的影响，文章风格，各有不同，魏伯阳生当东汉时代，正当文运走向变今而仿古的变革时期，他没有像近代人的条分缕析，归纳分类得清清楚楚，但是你只要把握他的主题，是在说明修炼丹道的原理与方法，百读不厌，久久就会自然贯通，找出它的体系条理了。他引用老子的理论，是为了借重先圣古人的言辞，以证明他的道理，并非向壁虚构。他引用《易经》象数的原则，极力说明天地日月气象变化的宇宙规律，藉以证明人身生命活动的原理，是与天地宇宙变化的程序，有共通活用的轨则，并非是要你把天地日月的规范，呆呆板板地用到身心上来。清代道士朱云阳的意见，认为他是以月的盈亏，来比精神的衰旺，日的出没，来比气血的盈虚，这是非常合理的名言。现在我们举出一、二段有关修炼清静的理论与方法，是他说明老子的"致虚极，守静笃"、"万物芸芸，各归其根，归根曰静，静曰复命"的引申注解。同时，也可以在其中看到稍迟魏伯阳一二百年间的佛学与禅学等，它如何取用中国文化中，对于心性现状解释的科学观，以及首先提出以"无念"为入手的《参同契》的修法；并且也由此看出宋儒理学家们的修养"静""敬"的方法，它与佛、道两家，是如何的结有不解之缘了。

例如：

推演五行数，较约而不烦。举水以激火，奄然灭光明。日月相薄蚀，常在晦朔间。水盛坎侵阳，火衰离昼昏。阴阳相饮食，交感道自然。吾不敢虚说，仿效古人文。古记显龙虎，黄帝美金华。淮南炼秋石，玉阳加黄芽。贤者能持行，不肖毋与俱。古今道由一,对谈吐出谋。学者加勉力,留意深思惟。至要言甚露,昭昭不我欺。

名者以定情,字者缘性言。金来归性初,乃得称还丹。

耳目口三宝,闭塞勿发通。真人潜深渊,浮游守规中。旋曲以视听,开阖皆合同。为己之枢辖,动静不竭穷。离气纳荣卫,坎乃不用聪。兑合不以谈,希言顺鸿濛。三者既关键,缓体处空房。委志归虚无,"无念"以为常。证难以推移,心专不纵横。寝寐神相抱,觉悟候存亡。颜色浸以润,骨节益坚强。辟却众阴邪,然后立正阳。修之不辍休,庶气云施行。淫淫若春泽,液液像解冰。从头流达尺,究竟复上升。往来洞无极,怫怫被谷中。反者道之验,弱者德之柄。耘锄宿污秽,细微得调畅。浊者清之路,昏久则昭明。

当然,这些文简言朴的文辞,其中包含的意义与道理太多,我们来不及多加解说,总之,《参同契》的方法与宗旨,是专为锻炼精神魂魄,以到达老、庄所谓与"天地精神相往来"的真人境界,是道家正统的神仙丹道的学术,因此,魏伯阳把当时假借先圣而流传的许多旁门左道,欺世盗名,以及贻误人世社会的小术,严加驳斥。

如说:

是非历脏法,观内有所思(这是指内视五脏,如存想返观肚脐、丹田等的旁门修法)。履行步斗宿,六甲次日辰(这是指步罡拜斗,迷于符箓道术等的旁门修法)。阴道厌九一,浊乱弄元胞(这是指迷信房中九浅一深等素女经的修法,与左道采阴补阳等的旁门修法)。食气鸣肠胃,吐正吸外邪(这是指吐故纳新,专炼呼吸服气等的旁门修法)。昼夜不卧寐,晦朔未尝休(这是指搬精运气，紧撮谷道，以及长坐不卧的旁门修法）。身体日疲倦，恍惚状若痴，百脉鼎沸驰，不得证清居（这是指以上五类，专在身体以内，搬弄精气的旁门道术）。累土立坛宇，朝暮敬祭祀，鬼初见形象，梦寐感慨之（这是指专以祭祀祷告，乃至修炼驱神役鬼等的旁门修法）。心欢意喜悦，自谓必延期，遽以夭命死，腐露其形骸（这是指以上所说修炼神秘法术等旁门的结语）。举措辄有违，悖逆失枢机，诸术甚众多，千条有万余，前却违黄老，曲折戾九都，明者省厥旨，旷然知所由。

魏伯阳在《参同契》中，综合历举这些旁门左道的情形，我们拿他与晋代丹道家葛洪所著的《抱朴子》共同研究，便知迷信道术的人，随便妖言惑众，欺诳成习者，真是古今一辙，既可笑，又可叹！有什么办法，可以警醒愚顽呢？因此，他又说到上古流传下来的道术，本来实是"内圣外王"的真学问，只因后世的人没有智慧，把它弄得支离破碎，反而以伪乱真，影响社会，造成颓风，如说：

维昔圣贤，怀玄抱真。伏炼九鼎，化迹隐沦。含精养神，通德三光。精溢腠理，筋节致坚。众邪辟除，正气常存。积累长久，变形而仙。忧悯后生，好道五伦。随旁风采，指画古文。著为图籍，开示后昆。露见枝条，隐藏本根。托号诸名，覆谬众文。学者得之，韫柜终身。子继父业，孙踵祖先。传世迷惑，竟无见闻。遂使宦者不仕，农夫失耘，贾人弃货，志士家贫，吾甚伤之，定录兹文。

但是他自己又说，在他的著述中，并不照次序的说明此事，都靠读者自己的审思明辨，才能领悟到其中的程序和究竟，如说：

> 字约易思，事省不烦，披列其条，核实可观，分量有数，因而相循，故为乱辞，孔窍其门，智者审思，用意参焉。

于是，他又指出炼修的初基方法，如说：

> 内以养己，安静无虚。原本隐明，内照形躯。闭塞其兑，筑固灵株。三光陆沉，温养子珠。视之不见，近而易求。黄中渐通理，润泽达肌肤。初正则终修，干立未可持。一者以掩蔽，世人莫知之。
>
> 勤而行之，夙夜不休。伏食三载，轻举远游。跨火不焦，入水不濡。能存能忘，长乐无忧。道成德就，潜伏俟时。太乙乃召，移居中洲。功满上升，膺录受符。

总之，魏伯阳所著的《参同契》，从身心修养的实验科学精义，而说出心性的形而上道，与形而下质变的精神魂魄等问题，是综合道家科学的学术，与儒家哲学的思想，融化会聚在丹道的炉鼎之中，誉为千古丹经道书的鼻祖，实非为过，朱云阳说他是以"天地为炉鼎，身心为药物"，那是一点不错的，不过，他是注重于人元丹的修炼，是发挥人生性命功能的最高至理。

（二）方士医学与易象数合流的炼气养生术的丹道

两汉在文化史上，除了有名的儒家经学家的训诂注疏以外，在科学方面，西汉最大的成就，便是天文与历象的发展，例如才情洋溢、多艺多能的司马迁，也曾参加过修改历象的工作，自己引以为完成先人的遗志为荣。后来的扬雄，想以《易经》象数的理论，范围天文历象的法则，自己别创新说，作了一部非常抽象的天文理论的《太玄经》，想用它来概纳形上形下等问题，不管他的学问有无根据，有无科学发现上的价值，一个以文辞名家的儒家学者，对于科学而哲学的理论有兴趣，如果生在现代重视科学与哲学的国家，应该备加奖励了。到了东汉，由于两汉易学象数派理论科学的演变，便使易学的象数，更加走入抽象化的理论，例如：孟喜的卦气，京房的变通，荀爽的升降，郑玄的爻辰，虞翻的纳甲，费直以彖象系辞文言，解说上下经，因此影响而成荀氏的易学。至于乾坤消息卦的由来，开始于文王及周公的周代文化学术思想的传统，以《礼记·月令篇》为证明资料的主干，经过郑玄采用道家思想注释《月令篇》，而加以充实其内容，便构成东汉象数学术思想的大系，因此而影响形成图谶等谶纬之学，不过，谶纬之学的兴盛，又有另外学术思想的原因，不必在本题内多加讨论。现在我们不厌其烦，而又简略地说明了两汉易学象数理论的内容，实际上，都是为了说明乾坤消息卦象的学说，它所包含丹道家的卦气升降论，爻辰变通论，与纳甲的原理；它如何地影响东汉以后医学上气脉的学理，与养生家们服气炼精的修炼术，当然，这一套学问所包括牵涉的内容太多太广，我们无法一一加以专论，现在只是有限度的，介绍一些有关丹道服气修炼等少数几个理论的原则，使大家可以知其大要而已。

汉代的易学象数学家，从中国上古天文学的观念中，承接传统的思想，认为这个天地宇宙间日月的运行，以及天地日月与地球万物和人类本身的关系，实在只是一个大生命的活动，而且是有一常规可循的活动。尤其采用太阴月亮的盈亏消息，以及地球物理气象的变化，作为天地生命大气机的标准，以建立它基本理论的说明；天地宇宙是万物大生命的根源，日月与地球，便是这个大生命中分化的小生命，人与万物，更是天地间分化的小小生命而已。但是无论大小生命，他的根源是同体，生命活动的法则，也是同一规律的，所以大小生命的原动力，都是气机变化的作用。但是这个无形无状的气，虽然是看不见，摸不到，它在天地日月运行的法则上，和人身生命的延续上，是有迹象可得而知，而且可以求出它的规则的；他们以地球物理的气象，一年分四季，十二个月，三百六十天的规律，配合太阳的行度一年 $365\frac{1}{4}$ 做准则，中间取用月亮的盈亏做标准，认为天地日月的运行，与地理、物理、人生生命的活动，都是受到一个共同原力而有法则的支配；这个原力，便叫它为气（当然不能把它当空气的气来讲），于是便创立一种学说，认为太阴的月亮，自身本来没有光明，因为受到太阳的气机所感而发光，所以就发生一月当中，阴阳气机的交感，而在时间与空间的方位上，月有阴晴圆缺现象等的盈亏消息。所以又在天文法则以外，创立计算阴阳二气的交感，而形成地球气象，与物理人事变化的作用的规律化，构成天干、地支配合成甲子的学说。五天为一候，三候为一气，六候为一节，所以一年十二个月，便分成二十四个气节。再用归纳的方法，把这种气机节候的作用，统摄在十二个月当中，便构成乾坤消息的十二辟卦的现象。于是十天干、十二地支、二十八宿、十二律吕、五行、八卦等等，重重归纳，层层圈入，而形成道家一套易学的象数，与天文、地理、物理、人事关系的学问。后来发展成理论医理学上提出九九八十一个问题，有关于人身气脉的《难经》学说，配合黄帝《内经》荣（血）卫（气）的理论，认为人身十二经脉，与十五络、三焦、八脉的气血流行，与天地日月气机的运行，是属于同一的规则与原理的。

时代再向后来，修炼丹道神仙家们，根据以上所说的学理，与乾坤消息卦气升降的理论，认为人生生命的气机，自父母受胎的时间开始算起；男的以八位数为准，女的以七位数为准，还是先天的禀赋，属于乾卦为代表的范围。比较明显可征的，例如女子，在十四岁以前，月经（内经称为天癸）尚未发现，便是六爻完备乾☰卦的生命，算是一个完璞未破的童身。到了十四岁前后，有了月经开始，变成天风姤☴卦了，一直到三七二十一岁，便是乾卦的初爻已破。由此到七七四十九岁前后，也就是月经断绝的时期（现在医学所谓女人的更年期），便是先天生命的卦气将尽，也等于说，由先天禀赋带来的生命能，到此快要用完了，所剩下来的余年，自七八五十六岁前后的阶段，都是后天生命的余气而已。再下去，便由阳的乾卦，变为纯阴的坤卦，转入另一生命的阴境界了。如果在男人来说，以八位数计算，便是十六岁前后，算是童身，保有原来先天乾卦的卦气，逐渐演变到八七五十六岁前后（等于现代医学所谓男人的更年期），就是先天卦气的生命将尽的阶段，到了八八六十四岁以后，剩余的生命，便是后天余气的作用，也就是说，由纯阳的乾卦变为纯阴的坤卦，转入另一生命的阴境界了。因此产生丹道修炼"长生不死"，修命的理论，认为第一等的根基，无论男女，凡是童身入道，是为上品。其次，应在卦气未尽的阶段，回头修道，还有希望。如果等到卦气已尽，再来修命，不是绝对没有希望，便有事倍而功半的困难了。这种理论，是否具有百分之百的可靠，姑且不加评语，但是推而比于现代医学的理论与经验，除了不够精详而有新颖的证明以外，并没有什么完全不对的地方。可是大家要知道，这是公元以前，我们中国文化中的道家对于生理医学所发表的理论，现在纵使有超过他们的观念与证明，而在科学的医学史上来说，他是早在两千年以前的发明啊！后世一般修道的人，都在年龄老大，万事灰心之余，才想追求长生不死之术，如果这样真能成仙，那么，天下最便宜的事，都被聪明人占完了，恐怕没有可能！

再由这种天地的气机，与人生气脉关系的理论，缩小其范围，说明它的规则，他们便认为人的气机，在一呼一吸之间，脉自运行六寸

（一呼，脉行三寸；一吸，脉行三寸）。一个人，在一天一夜之间，共计有一万三千五百次呼吸，叫做一息，气脉运行经过五十度而周遍一身，用汉代的时计标准来说，也正是铜壶滴漏，经过了一百刻的时间。但是这种所谓的脉，是包括荣、卫来讲，所谓"荣卫行阳二十五度，行阴二十五度"，如果勉强借用现代医学观念来讲，可以说，这个生命的气机，流行阳性的中枢神经系统25度，又流行阴性自律神经系统也25度（当然，我并不是学医的人，只是随便借用一下名词来做说明而已，千万不可以此为准）。再加详细的分析，便把心、肝、肺、脾、胃、肾、胆、大肠、小肠、膀胱、三焦、胞络等十二经脉，配合气机往来呼吸的次数，各作数目分类的说明，然后加上子丑寅卯等十二地支，和二十四气节来归纳，便使这个养生、医药、生理的学说，走入神秘玄妙的圈子里去了，其实，也不是道家或古人故作神秘，只是那个时代的学识，习惯性喜欢用这些代号，做为分析以后，而并入归纳记忆的符号而已。总之，东汉以后，直到唐、宋之间，在正统丹道派魏伯阳的修养心性以锻炼精神的方法以外，最为普遍而有力量的，还有炼气、服气术等养气的理论与方法，做为神仙丹诀的主流。这种类似实验派理论的渊源，应该是远绍庄子的"天地一指，万物一马"、"野马也，尘埃也，万物之以息相吹也"、"真人之息以踵，众人之息以喉"等学说的蜕变，由此引申演绎而来。

到了宋、元以后，修炼内丹的神仙道法，接受佛家禅宗明心见性的妙理，同时又受到南北印度传入密宗修法的互相影响，便在方法和理论上，产生两个极其重要的关键：①主张性命双修，是丹道的定则，为成仙的极果。②特别注重"炼精化气，炼气化神，炼神还虚"的三个步骤，是修炼丹法不二的程序。因此，宋、元以后，所有丹经的著作，无论为正统的道家思想，或为旁门左道的小术，在理论基础上，都是依循这个原则，抄袭《参同契》，或《悟真篇》的名言，牵强附会，用作引证的根据，所以明、清以后的丹道观念，便有"修命不修性，此是修行第一病。只修祖性不修丹，万劫阴灵难入圣"的传说。而且最妙的，便是丹道所有的传统，一律都奉唐末的神仙吕纯阳为祖师，犹如佛家的思想学术，自唐以后，大多都入于禅宗之林，这实为中国文化学术思想史上，唐代文化发展的奇迹。明、清以后的丹道学术，虽分为四派，如：南宗主双修阴阳，北宗主单修清静，西派主单修，东派主双修等四大宗，但他的宗旨，仍不离于性命双修的理论基础，有时又援引宋儒理学，或《大学》《中庸》的思想，讲究"尽人之性，尽物之性"、"穷理尽性以至于命"等理论，以及变化性情，做为丹道龙虎、铅汞等的妙论。总之，神仙丹道的学术思想，从周、秦以来的养神，一变为汉、魏以后的炼气，再变为宋、元以后的炼精，已经与原始质朴的道术，大异旨趣。虽然宗奉黄老，而与老子的清静虚无之说，更是大相径庭，何况后来的丹道家，掺入房中采补等邪术，加上种种装妖捏怪的花样，一一都自尊为无上的丹法，各自号称得到正统丹道的秘传；或说自己的师承，都是已经活到几百年以上的人，可以达到"却病延年，长生不老"的妙术，尽在此矣，只要读过抱朴子所列魏、晋以来方术之士们所说的谬论，便可哑然失笑了，了知千古妄语，皆同出一辙。

明、清以后的丹道修炼的方法，距离汉、唐、宋、元以来的正统丹法愈远，所走的道路也愈仄，一般所说的丹道，大多都以伍冲虚、柳华阳一系的伍柳派丹道为主；伍冲虚著有《金仙证论》，柳华阳著有《慧命经》等书，他们参合儒、佛、道三家论证形而上妙道的学说和思想，极力证明他们的丹法为道家正宗的嫡传，但是错解佛学，臆造佛言之处，反而使人望而却步，实为虚诞可笑之至。这一派的丹道，纯粹主张"炼精化气"为初步入手的根基，尤其注意性生理与性行为的功能，为修炼的妙法，认为男女性生殖机能的冲动，而不含有性欲的成分，才是活子时的药生现象，正好从此下手修炼，或用眼神回光返照，或用调理呼吸，紧撮会阴（海底），导引阳精循督脉（中枢脊髓神经）而返还于上丹田的泥洹宫（间脑部分），所谓"还精补脑，长生不老"的作用，到此便发生效用，这也就是丹头一点的先天之炁；到了上丹田以后，化为华池神水（口腔与淋巴腺内分泌等的津液），循十二重楼（喉管部分）降至下丹田（脐下），便叫做打通任脉，如此任督二脉的循环运转，牵强配合易学象数的甲子等天干、地支的说法，便叫做运转一次小周天（也叫做转河车）的方法。然后如何由小周天转为大周天，配合青龙、白虎、铅、汞、阴、阳等等注释，玄之又玄，神之又神，遂使向往长生不老而欲作神仙者，无不奉为无上的道术丹法，勤修不辍，最后，以炼到马阴藏相（男性生殖器官收缩，女性乳房返还童身）为证验；从此再进一步，达到炼气化神的工夫，做到阳神出窍，神游身外而通灵的地步，才是炼成金仙的效果，种种说法，流传影响极大。一般修炼武术南宗（内家），北派（外家）的拳术名家，与专炼气功，或讲究静坐养生的人们，以及武侠小说家的笔下，所谓打通任督二脉，"走火入魔"等等的观念与术语，都从这一派丹法的理论名辞而来，贻害不浅。

其实，这一派丹法"炼精化气"的理论与方法，姑且不管他是否为正统，如果用得其正，用得其法，实在也有两种好处：①它可解决任何宗教，和任何宗派出家专修的独身主义者，对于性心理的烦恼问题，同时，也是真正要修炼到守住不犯淫戒的极好帮助，对于二十世纪末期疯狂追求肉欲的诱惑，以及讲究健康长寿的心理卫生的实验，在理论与一些初步的方法上，未尝不是好事。②他们也极力提倡以积善为修道做神仙的基础，如果只有道法，没有极大至多累积的善行，要想修到神仙的果位，那是绝对没有希望的，这对于社会教育与宗教教育的意义，最具有决定性的至理名言。总之，我们归纳他这两种好处以外，认为他是健康养生的一种良好的修养术，那是不可厚非的；但是，仍须注意，便是我们刚才说过的，要用之得法，还要深通道家对于医理学的理论才对，否则，它的弊端也是非常可怕的，故从相反方面，归纳它的害处，约有四种：

① 因为学习修炼的人，既不通道家医理学，有关于精、气、神的真正原理，又不了解普通医学（中医）十二经脉，与道家奇经八脉（任、督、冲"中"、带、阴跻、阳跻、阴维、阳维）的学理。更重要的，若是不了解佛、道两家关于心性之学，与性命之学的真正理论，只为了要求却病延年，长生不老的目的，就拼命地吸气提神，做收缩炼精的工夫；行之有素的，从表面看来，便有筋骨坚强，童颜鹤发，或红光满面的感觉，于是，由别人看来和自己的自信，至少都有半仙之分，其实，修到后来，十分之八九，都是脑充血而亡，或者弄得半身麻痹，通俗所谓"走火入魔"的走火，便是这种现象，求荣反辱，求寿反而不得安享天年，何苦来哉！

② 一个人无论要学仙，或学佛，研究道术或佛学，首先要有一个认识，他们的学养与方法，都富于高深的学理，他们的修养效验，都是从这种极深厚的学理而建立他方法的基础，而且因人而施，对症下药，只有活用的指导，并无呆板的妙术。尤其是道家，他与天文、地理、物理、化学、心性修养、伦理道德等自然科学与人文科学结合，走入哲学形而上的最高境界。如果对于道理没有通达，凭一点旁门小术，或练呼吸，或守窍（守眉心、丹田、中宫、海底等等），认为就是无上秘诀，那是非常可笑的事。事实上，这些方法，都是为了集中注意力，注意生理机能的一部分，使它发生本能的活力，只是一种精神的自我治疗，与自然物理作用的原理，刺激生理本能活动的方法而已，并非神仙丹诀，尽在其中矣。况且修炼的人，既未达到老子的清心寡欲，至于清静无为的境界，以世间有所得的功利思想，要求成为

长生不死之神仙的欲望，正如汲黯对汉武帝所说的话："内多欲而外施仁义"，同是心理不健全的毛病。因此，在修炼这种丹法的过程中，或因生理的变化，而引起心理的错觉与幻觉，或因心理的幻觉而引起生理的变态，至于神经失常，精神分裂，通俗所谓的入魔情形，便由此原因而来，其实，魔从心造，妖由人兴，都是庸人自扰的事；清代诗人舒位，有感于吕纯阳的诗说："由来富贵原如梦，未有神仙不读书。"正可引用为这个道理的注释。

③ 因为伍柳派的丹法，极力注重炼精的作用，而且是专以生殖器官的精虫为丹药的主要成分，于是便有捏穴撮精，类似手淫行为，或交而不泻等房术，入于此道之中。讲究男女双修，行容成素女之术的，也谓之炼精化气，种种名目，各立门户，都以伍柳派为依归，为求却病延年，长生不老而成病，炼精气而发狂的，所在都有。

④ 黄老之道，以谦抑自处与淑世为主旨，以清静虚无，无求无欲为道德。魏伯阳以下的丹法，以"洗心退藏于密"为至理，以持盈保泰，葆光养真为妙用。但是明、清以及现在以修炼伍柳派丹道入手者，大体都走入骄狂、狭仄、神秘、愚昧无知的范围，充分暴露中国文化反面的丑陋面目，实在非常可叹。

这一派流行的丹法，首先的歧途，便是妄认精虫血液的作用，错以为是道家所说精神的精，这是最基本的错误。一般人由静坐入手，固然多多少少都有些生理的反应，觉得身上气脉的流通，与部分肌肉的跳动，便当作是丹法的效验，认为自己已经打通任督，或奇经八脉的效果，事实上，这些都是在静态的心理状况中，所应有发生生理反应的现象，一点没有什么稀奇，只是证明静态修养的初步效力而已。其实，督脉，是脊髓神经、中枢神经系统的作用，任脉，是自律神经系统的作用，精，是肾脏腺与性器官部分的内分泌作用，华池神水，是脑下垂体和淋巴腺部分，内分泌作用，如果稍有现代生理医学的常识，具备心理、哲学的修养，融会了许多科学的理论与实验，便可知道这是很平常的一种健康养生方法，而且都是由于精神与心理融合的作用，并非是什么正统丹道神仙的秘密。固然在现代的医学上，也有些学派，正在研究性荷尔蒙、血清与返老还童的关系，但是，那还是医学科学上试验中的理想，等于种脑下垂体，种胞衣，注射各种荷尔蒙一样，还是停留在两千多年前，"方士"们追求生命长存的思想范围，只是所用的理论名辞，与所有药物和方法，大有不同而已，由此可见，人类的智慧，永远还很年轻，这是人类文化史上另一个重大的问题。

总之，道家所提出的精、气、神，以科学的观点，从人类生命的身心来讲，是属于形态机能的眼、耳、心的精神作用；神的表现与应用，便是目光视力的功能；气的表现与应用，便是耳的听觉的功能；精的表现与应用，便是心的运思与身的本能活力，如果从天人一体的物理功能来讲，神、气、精三种，便是光、热、力的作用。从哲学的理念来讲，道家所谓的神，便是相近于佛家所谓的性，道家所谓的精，便是相近于佛家所谓的心，所以唐代翻译佛经《楞严经》，便有"心精圆明"等词句；至于精液的精，乃是心理欲望的刺激，引发性腺内分泌与心脏血液循环的作用而已，正如道家广成子所言："情动乎中，必摇其精"，也便是这个道理。道家所谓的气，便是相近于佛家所谓的息（呼吸），是属于后天生命形身的作用而已，借用物理世界的现象做譬喻，神，比如太阳的光能，它给予世界万有生命的能量，气，比如太阳光能辐射到地球所发出的蒸气，精，比如太阳赋予万物光能，而产生化合作用物质的成果。但是要注意，这种说法，因为无法可以详细说明精、气、神的情形，所以我把它借用来做譬喻，譬喻的本身，只限于类比而已，并非就是原物的原样。在周、秦时代道家的修炼，是从养神入手，即已概括了精、气的作用。秦、汉以后道家的方法，注重养气，虽然与养神论者，略有变动，但已从形而上的作用，走入形而下的境界。宋、元以后的炼精，更等而下之，完全堕入后天形质观念的术中了。关于形与神的道理，牵涉太广，也是另一专题，暂时恕不多讲了。此外，附带地说明一下静坐，与密宗，以及瑜伽的关系；静坐，俗名叫做盘膝打坐，自汉、魏以后，从印度佛教传入修习禅定的方法，对于锻炼形态、收摄身心，使其走入静定境界的一种方便。这种盘膝静坐的方法，原始便是印度古老瑜伽术的一种姿态，并非佛法的究竟，也非就是道家修炼神仙内丹道法的究竟，只是可以通用于一切修养身心性命的姿态与方法而已，在道家而言，唐、宋以上的丹经，很少讨论到静坐的关系。但是，静坐是一种助道的法门，是普通可用的一种良好的修养术，那是毫无疑问的。如果把静坐就与神仙修道或佛学禅宗的禅，混为一谈，那是错误的。至于宋、元以后，佛教由西藏传来的密宗，也和道家一样，注重气脉的修炼，与达到乐、明、无念的证验工夫，本来也是佛家讲究修养的一种最好方法，由形而下求证形而上的实际工夫，但到了明、清以后，也和道家的丹法一样，大体已经走入注重形质功效的范围，只注重气脉的修炼，比起原始的妙密，便是由升华而变为下堕的趋势。瑜伽术的最高成就的价值，仅等于道家导引养生派的内功修炼，更不是至高无上的法门，因为一般研究丹道的人，往往把静坐，密宗，瑜伽术几种世界上类同的修养术，混杂交错而不明其究竟，在此顺便略一提及，以供研究者的注意。无论学仙学佛，讲到养生全真之道，都以清心寡欲入手，而至于寂灭无为为究竟，正如道教的《清静经》所说："人能常清静，天地悉皆归。"可是现实世界中的人生，正如孔子所说："饮食男女，人之大欲存焉。"告子也说："食色性也。"人们对于色欲与饮食的追求，与贪图富贵功名的享受并重，要想作到"离情弃欲，所以绝累"，在一般的人，是不可能的事。我记得在一本笔记上看到一则故事说：明代一位巨公，听到一位修道的人,已有九十多岁,望之只像四十岁的中年人,便请他来,问修长生不老的道术。这个道人说:"我一生不近女色。"这位巨公听了,便说:"那有什么意思,我不要学了。"这个故事,便是代表了一般人的心理,所以古今多少名士,作了许多反游仙的诗,如"姮娥应悔偷灵药,碧海青天夜夜心!"以及"妾夫真薄命,不幸做神仙",都是普通心理的反应,这与"辜负香衾事早朝",同样都是注重男女饮食,便是人生真谛的思想,如出一辙。但是,相反地说,仙佛之道,的确也非易事,丹道家对于修炼神仙方术的人选,非常注重生理上的先天禀赋,所谓:"此身无有神仙骨,纵遇真仙莫浪求。"唐代名臣李泌,生有自来,骨节珊然,但懒残禅师只许他有十年太平宰相的骨相。麻衣道者谓钱若水:"子无仙骨,但可贵为公卿耳!"杜甫诗:"自是君身有仙骨,世人哪得知其故。"这正如佛家所说:"学佛乃大丈夫事,非帝王将相之所能为。"是同样的隽语。总之,静坐,是对身心有益的修养方法,如果认为静坐便是学道,那须另当别论了。

七、道家与道教宗祖人物思想的略论

道教的学术思想，完全渊源于道家的内容蜕变而来，已如上述。所谓道家的思想，这个名称的观念和内容，是根据秦、汉以后的分类，如在周、秦之际，不但儒、道本不分家，就是诸子百家的学术思想，也都脱胎于道，不过，这个道的观念，却非秦、汉分家以后的道家之道。但无论道家或道教，根据大家熟悉的习惯，当然都离不开以老子、庄子的学说思想为宗主，其实，我们把自己遥远地退追千载以上，深切体会春秋战国时代的历史背景，与地理环境的关系，对于道家宗主的老子思想，与儒家宗奉的圣人孔子的思想，除了文辞、语言等表达方式，与主张淑世救世的方法有异同以外，实在没有多大的冲突之处。后人把他们的思想观念和人格，塑造得太过对立，形成门户之见，犹如水火的不能相容，那都是儒家与道家之徒自己制造的是非，与原本两家的思想无关。我们现在要讲的目的，偏重在秦、汉以后道家与道教的本身思想，所以对于这个专门的问题，不必多做说明，只是随手举几个例子一谈，做为讲述道家与道教思想的开端。

1. 儒道不分家的"天"字的含义

我们在孔子删订和所著述的五经学术思想里，都知道孔子哲学思想的根据，是从中国上古传统文化的天道观念而来，不过，古人著作，限于时代思想的习惯，条理的分类，定义的规定，并不严格，例如对于天字，大约归纳起来，便有五类观念，都混在天的一字的名辞之中：

（1）天字是指有形象可见的天体。（2）天字是指形而上的天，纯粹为抽象的理念。（3）天字是指类同宗教性神格的天，具有神人意志相通的作用。（4）天字是最高精神结晶的符号。（5）天字是心理升华的表示。所以读秦、汉以上的书，每逢此字，必须要贯穿上下文，甚之，要全盘了解全篇，才能沟通它用在何处，究竟是代表了什么意义？《尔雅》与《说文》等书的注释字义，是具有权威价值的参考，但是在时代思想的意义来讲，也有未必足以尽信之处，例如许慎著《说文》，明六书，已是汉代人的思想，虽说近于古代，较为可信，但也有未必尽然之处，亦须值得研究的。

2. 儒道不分家的"道"字的含义

关于道字，也有相同于天字的复杂，大概归纳周、秦之际，学术思想中所用的道字，约有五类观念，也都混在道字之内：（1）形而上的本体观念，简称为道。（2）一切有规律而不可变易的法则，也统称为道。（3）人事社会，共同遵守的伦理规范，也称为道。（4）神秘不可知，奥妙不测，凡是不可思议的事，便称为道。（5）共通行走的径路叫道。于是儒、道等学，诸子百家之言，也便各自号称为道，例如阴阳家、名家、法家、兵家等等，统统都有提到我这种所说的便是道。这些各家之言，除了在某些地方，特别讨论到形而上道以外，大多数都归于我们所举的第二类规范之道的道字范围，不可与形而上道混一而看，即如五经中的道字。有些地方，在同一观念中，便作两个不同观念的用法，或为名词，或为动词，而且在名词当中，或属于第一类，或属于第五类，变化不同。这都因为古代名词简单，词汇不够用，而且在普通的观念中，大约都很习惯而了解，只是后世的人读来，便有混淆不清的感觉了，例如《老子》一书，他所用的道字，就不可视同一例来读，所以千载以下，注释老子，各自成一家之言者，对于道字的解释和了解不同，也正如我们现在对于事物的观察，因立场不同，观点各别，就都别出心裁，自成别见了。

（一）老　子

1. 老子思想的天道无为与自然的观念

老子学说思想中的道与天，也正因为观念的混淆不清，使千载以下，百般摸索，莫衷一是，例如人尽皆知老子的名言："道可道，非常道。名可名，非常名。"以及"人法地，地法天，天法道，道法自然。"如果我们不一定信赖后来的注释，甚之，认为都是各人借题发挥的理论，那么，只要烂熟读透原文，以经注经，以本书本文的思想而了解本文本书，就可了然明白，觉得非常亲切。老子要人效法天，天是怎样值得效法呢？他在原文中，很明白地告诉你，天于"万物作焉而不辞，生而不有，为而不恃，功成而弗居"、"天地所以能长且久者，以其不自生，故能长生"等名言，这就是说，天地生长作育万物与人，它没有自私的目的，也没有对立条件的要求，更没有利害、是非等功利的作用，它只有施舍和给予，没有要求收回什么，万物从它而生、而灭，都是自然的现象。它不辞劳苦而长远的生作万物，可是它不居功，不自恃，不占为己有，所以人能效法天地大公无私仁慈的精神，才是道德的标准，也便是形而上道的境界，与形而下宇宙世界的自然法则。于是有的便认为自然才是道与天的根本，有的把老子这个自然的名称，拿它当作印度哲学中的自然，或后世科学上物理世界的自然，愈说愈乱，不知何所适从！我们要知道，距离老子两千余年之后，翻译西洋传入的哲学与科学的自然名称，都是借用中文老子的自然一辞而定，并非我们先有了哲学与科学的自然名辞，老子才来借用它的，在老子以前不见自然的名辞，在老子以后，自然的名称，被人多方套用，大多不是老子的本义。如果我们了解在老子时代中，中文单字造句的文法，那么，对于老子所说的"天法道，道法自然"的道理，就很简单而明白了，他的话，由做人的效法标准说起，层层转进，而推到形而上道。他说天又效法什么呢？没有什么，那是天道自然的法则而已，什么是自然的法则呢？自，便是天道自己的本身。然，便是天道自己本身本来当然的如此而已，更没有别的理由可说。合起来讲，自然，便是天道本身自己当然的法则是如此的。时代愈向下降，由上古用单字做为文辞语言的原始面目，逐渐演变成为名句文章，于是，大家容易忘了本来的规范，把自然定作一个名词，就自然而然，弄不清它的所以然，便变成想之当然的道理了。等于老子与孔子，他们把道与德的观念，是分开来讲，可是后来一提到老子，便把道德二字合而为一，作为一个名词来解释它了。老子有名的"无为"学说，便是根据他自己天道自然的至理，用"无为"一词来说明天道的境界和功能，"无为"与"无不为"的观念，也便是他自己解释"无为"的道理，并非是不作的意思；"无为"并非是不为，后人一提到"无为"，便把它纳入不为的观念，那真冤枉了老子。他说"无为"是天道道体的境界。"无不为"是道体虽然"无为"但即具有生生不已的功能和作用。所以便有"有无相生"、"动则愈出"等对于道体功用的说法了。他提出天道的"无为"而"无不为"，也是说明人应效法天地，行其所当行，止其所当止，做到真能无私而大公的标准，才是天理的固然。所以他说"功成，名遂，身退，天之道"的胸襟和气度，便是根据这个原则而来，我们试把他与文王、周公、孔子的学说思想，稍作一比较，以我的愚蠢与浅薄来说，只觉得他们同是上古传统文化的一贯思想，实在找不出什么大不同的地方，例如《周易》思想的"天行健，君子以自强不息"，以及孔子的"为政以德，譬如北辰，居其所，而众星共之","毋意,毋必,毋固,毋我",等等,简直如出一辙。

2. 老子对于仁义与圣人的观念

那么,老子为什么讽刺仁义,讥笑圣人呢?那是他对当时春秋时代的社会病态,矫枉过正的说辞,并非为针对孔子所说的仁义与圣人而言,后儒拿他这种说法入之以罪,未免有欠公允。当春秋时代,正在老子与孔子的时期,世风败坏,王政不纲,诸侯兼攻掠地,据权夸势,互争雄长的霸业思想已经勃兴,功利观念普遍流行,但是那些争王称霸的作为,也都是以行仁由义为号召,以圣人之道相宣传,试读春秋战国时代诸子百家的著述,动称圣人,随口仁义的理论,也屡见不鲜。那些专以学术思想来追求功名富贵的知识分子,也都是以圣人之道辅助明主相期许,于是弄得圣人遍地,仁义变为权谋的话柄,因此老子就不得不严加驳斥,形同漫骂了,所以他说"圣人不死,大盗不止"、"绝圣弃智,民利百倍,绝仁弃义,民复孝慈,绝巧弃利,盗贼无有"等理论,随口而出。但是他又举出真正圣人的道理,是应当效法天地自然的覆育万物,毫无目的与条件,如果认为天地是预先具备有一仁心,像当时有些学者的那些理论,便是不对的;他说天地生万物,不分是非,都照生不误,他对万物与刍狗,都是平等,不分轩轾的,真正的圣人,救世淑人,也是犹同天地之心一样,平等无私,更无目的与条件,行其义所当为而已,所以他便说:"天地不仁,以万物为刍狗;圣人不仁,以百姓为刍狗。"后世把他所说的这些话,解释为对圣人和天地的讽刺,那只有起老子于千古之上,或向八卦炉中去问太上老君去对质一番,才能确定。因为他认为天地自然,是无心之心而常用的,所以他认为真正圣人的用心,也是"无为"而"无不为"的,如说:"圣人无常心,以百姓之心为心,善者,吾善之,不善者,吾亦善之,德善。信者吾信之,不信者,吾亦信之,德信。圣人在天下，歙歙为天下浑其心。百姓皆注其耳目，圣人皆孩之。"这岂不是他的自注自解吗？因此"功成、名遂、身退，天之道"的意思，并非是教人非退让不可，那等于他所说："夫物芸芸，各归其根"，是同一理念的。比如《易经》的乾卦文言说："大人者，与天地合其德，与日月合其明，与四时合其序，与鬼神合其吉凶"，岂不是与老子同一典型的思想，只是表达方式的不同吗？易学所说的大人，也等于老子所谓的真圣人。"与天地合其德"，正同老子所谓天地"生而不有，为而不恃，功成而不居"，不是一样吗？与日月合其明，不是与老子的"天地不仁，以万物为刍狗"相通吗？日月照临天地，不分净秽，都一样慈祥地照着，上至清静的高峰，下而龌龊的溷厕，只要你不自私的隐蔽，它都一律照见不误，万物与刍狗，都在它的慈光普照之中，不分高下。其余"与四时合其序，与鬼神合其吉凶"，义可比类而通，不必多说了。老子如果真骂仁义与圣人，他又何必多余的在仁义以外，提出一个道和德呢？这岂不是换汤不换药，新瓶装旧酒的手法吗？如果了解他全盘的意思，他对于真正仁义道德的要求，可谓态度更加严肃呢！

3. 有关老子政治思想的误解

为了讲道家与道教的思想，难免不先牵涉出老子的学说，虽在前面尽量节要地讲过老子天与道及自然等观念，还是觉得太过啰嗦，因为老子只有五千言，我们讲得太多，正不合于他所说的俭，以及"多言数穷，不如守中"的道理。但是道家与道教，事实上，都上溯到他为宗主，所以不得不在他的环中打转。讲到老子治国的政治思想，首先要向诸位同学提出一个问题，就是读周、秦以上的书，凡是提到国家，必须注意，有十分之八的地方，不是同于现代化所谓国家的国字观念，因为中国古代的国字，到了秦、汉以后，还有很多地方，仍然作为地方政治单位名称之用，尤其在春秋、战国时代，邦国和邦家，是通用的意义，历史上所谓的诸侯就国，便是要到分封的那个地方上任的意思，过去中国历史文化上国家思想的名辞，是以"天下"一词，作为现代的国家或世界的观念。老子书中，有关政治思想的哲学，已略如上述的天与道的道理。至于他的政治主张，他是推崇"小国寡民"地方自治的理想，所以他同时也有"治大国如烹小鲜"等政治方法的论调，因为他是主张天下的人们，要道德的自觉与自治，才有像烹小鲜味一样，慢慢地用文火清蒸，用以化民成俗。他的"鸡犬相闻，老死不相往来"的思想，等于儒者所称帝尧游于康衢，听到儿童的歌曲："立我烝民，莫匪尔极。不识不知，顺帝之则。"以及击壤老人在路上的歌声："日出而作，日入而息，凿井而饮，耕田而食，帝力于我何有哉"的观念，是同样的意思。如果进而了解老子的思想，是春秋时代，南方文化思想的代表，对于南方的川泽山陵地理环境有了认识，那么，对他所说："鸡犬相闻，老死不相往来"的地方政治理想，那就并不觉得稀奇古怪了。我们退回去几十年，当年住在大陆南方山陵上的乡下人，有一生没有到过城市，一世没有离开本居，不知今世何世的老百姓，实在很多，何必早在二三千年前的老子如此云云呢！即如现代科学文明的发达，工商业的发展，位列前茅，为时代先锋的美国几大都市的市民，住在匣子式，笼子式的公寓里，经常不通往来，隔壁邻居与对面芳邻，住的是什么人？或者对面的邻人死在屋里，根本统统都不知道，岂不是法治的自由社会常有的现象吗？那么，我们回顾老子所说"鸡犬相闻，老死不相往来"的社会，就觉得他只是代表一种天下太平的理想境界，反而更加可爱，并无不对之处了。除了这些，是老子对于地方自治，道德政治与自觉政治的理想以外，他对于天下（后世国家的观念）政治的观念，是主张统一的德治，如说："天得一以清，地得一以宁，侯王得一以为天下贞。"不是他很好的自注自释吗？我们只要了解这些要点以后，再来研究老子政治思想的被人误解,被人假借的冤枉,就会替他深深的抱屈了。

4. 老子被人陷害为阴谋权术的教唆者

千古以来,在读书的知识分子中,对于一个滑头滑脑,遇事不负责任,或模棱两可,善于运用托、推、拉;或工于心计,惯用权谋,以及阴险、圆滑等等的人或事,就很容易加以一个评语,这是黄、老。在道家或道教来讲,无论对黄、老、或老、庄,都有神圣崇高的景仰,可是在一般人的黄老观念中,这个神圣崇高的偶像,却变成卑鄙龌龊的骂人作用,因此连带道家和道教,也不齿于士林了。自从唐代开始,老子被人推尊,登上教主太上老君的宝座以后,到了宋代,更惨了,宋儒理学家们,尽管暗中吸收了老子的学术思想,以充实其内容,但一提到佛、道,就两面并斥,甚之,指为阴柔、权诈之术,老子一直被钉在十字架上,背着冤枉随时浮沉,这个道理何在?冤枉何来呢?因为老子说过:"将欲歙之,必固张之。将欲弱之,必固强之。将欲废之,必固举之。将欲取之,必固与之。是谓微明。"于是自老子以后的纵横家者流,阳言道义,阴奉老子所讲的这种原则,用于权诈捭阖,做为君道政治上谋略的运用;兵家者流,更是通用如此原则,而适用于战略与战术的实施,春秋、战国以后,王道衰竭,而霸术大行,《国语》与《战国策》所记载的钩距之术,与后世所谓《长短经》的理论,都是适用这种法则,所以一般人,便在无形中,综合纵横家、兵家等权诈的坏处,一概归于老子的罪名中。其实,老子所说的这些话,是指出宇宙物理与人事必然法则的因果律,告诉人们"天道好还","反者,道之动,弱者,道之用"的原理,如果不从自然的道德去做,而只以权诈争夺为事的,最后终归失败。他所说:"将欲歙之,必固张之"的作用,是指物理世界的情形,告诉人们"柔弱胜刚强"的道德定律,譬如一花一木,如果快要凋谢的时候,就特别开得茂盛,但是那种茂盛的开张,便是衰落的前奏。"将欲弱之,必固强之"就是生物世界的定律,譬如一个人的生命,到了最强壮的阶段,便是"物壮则老,老则不道"的趋势。"将欲废之,必固举之"也是物理世界的必然定律,譬如力学的作用,当我们要把一个东西抛落到目的地以前,必定先要把它高高举起,远远地抛出去,这种高举远抛的状况,当然便是坠落的前奏。"将欲取之,必固与之"更是宇宙世界的常律,譬如天地给与万物的生命,当给你以生的时候,也就是收摄的开始,所以取予之间,在人们看来,是有得失成败的感觉,但在天地自然的道理看来,"方生方死,方死方生",只是一种生命现象的过程作用而已。因此老子所说的"微明",也就是老子要人在事物初动之时,明白它幽微的"机先",要有"知微,知著"之明,而辨别它所以然的初因,便可了解它的后果,因此他说:"天之道,其犹张弓与?高者抑之,下者举之,有余者损之,不足者补之。天之道,损有余而补不足。人之道则不然,损不足以奉有余。孰能以有余奉天下,唯有道者,是以圣人为而不恃,功成而不处,其不欲见贤。"所谓"不欲见贤",便是不要世人以贤德的美名与成绩,归到他自己的身上。

可是,老子所说的这种天道自然的因果定律,一直被后世的人,断章取义地误解,用在权术的机变上去,在中国历史上,汉代有名的文、景之治的盛世,虽说是以老子的道家思想,做为政治的方针,但除了文帝的节俭,与省减肉刑等近于道德仁义的作风以外,仍然没有真正采用道家清静无为的德化,而且,在骨子里,实在也是用的纵横家一类的权谋,为人误解,号称他为道家的学术思想而已。过去历史上所谓"内用黄老,外示儒术"的政治形态,也多是不外此例,不必多讲。总之,老子学术思想,被人误解所造成的冤诬,也就因为他对人事现象,观察得太透彻,作了一些深刻的言文,才会造成这种冤抑。好在他已经说过:"不欲见贤",那么,在他本身来讲,也就无所谓了。其实,真正以老子作代表的道家思想，也正同儒家所宗的《礼记》上《礼运篇》中的大同思想，是以德化政治为目的，甚之，更有过于此者。所以后儒有人怀疑《礼运篇》的大同思想，是后来掺杂道家思想的著作。

5. 老子政治思想的重心

《老子》一书，自从被唐朝帝王们改称为道教的《道德经》以后，后世讲到《老子》，就会把道德观念联在一起，其实，在《老子》的本文，道与德，是各自分开，并不合一，道是其体，德是其用。至于原文的篇章次序，经秦灰楚火以后，又因古籍的竹简与皮书的零乱，早已无法确定应当如何才是。但是体用各有分别，那是非常明白的事，所以有关于老子政治思想的重心，应该了解他涉及德字的思想；他以道为内圣自养之学的中心哲学，以德为处世及为政外用的重心，而且古代德字的含义，同时具有得字的作用，等于包含现代语所谓效果与成果的道理，所以他讲德字，便有"上德不德，是以有德。下德不失德，是以无德"的话，这等于是说上品的德行，即使做了功德的事，但在自己的心中，并不觉得是有德，如果是下品的德行，他作了功德，便把自己已做功德的观念，或得失的观念存在心中，这也就是他讲道字"无为"与"无不为"同义的注解。我们在前面极其简略地申辩老子思想，被人误解为阴柔权诈之术的冤狱，应该要注意他这些重点，就不会再生误解了。阴柔权诈之术，势必喜用阴谋，例如汉初辅助汉高祖的陈平，便是喜用纵横捭阖的人物，所以他自己也说："我多阴谋，是道家之所禁，吾世即废亦已矣，终不能复起，以吾多阴祸也。"司马迁写他的世家传记时，赞许他说："陈丞相平，少时本好黄、老之术。方其割肉俎上之时，其意固已远矣。倾侧扰攘楚、魏之间，卒归高帝。常出奇计救纠纷之难，振国家之患。及吕后时，事多故矣，然平竟自脱，定宗庙，以荣名终，称贤相，岂不善始善终哉！非知谋，孰能当此者乎！"如果只看太史公赞语的一面，好像他也很赞成陈平一生用智谋的成功，但要注意他笔下的微言说："少时本好黄、老之术"，及"方其割肉俎上之时，其意固已远矣"。这"本好"与"固已远矣"几个字，便是说明陈平虽然本来好学黄、老的学术，但后来一遇机会而做事的时候，因为学黄、老的修养不到家，他便变成喜用权谋，距离黄、老道德的本旨更远了。所以他在陈平的本传里，便引用他自己的话，说明这个道理。并且在最后，他又记载着陈平的孙子陈何代侯时，"坐略人妻弃市，国始除"，"其后，曾孙陈掌，以卫氏亲贵戚，愿得续封陈氏，然终不得"等话作结语。由此可见司马迁费尽心力，写出错用道家思想，作为权谋的弊害，而且运用权谋者，必须在事先有先见之明，但老子早已说过："前识者，道之华，愚之始。是以大丈夫处其厚，不居其薄。处其实，不居其华。故去彼取此。"由此可见老子的道家思想，是如何地贬斥权谋，主张以长厚自处了，这与孔子的儒家思想，何尝又有不同呢！

老子的政治思想，不但贬斥权谋，而且更不是主张退化到如原始社会的政治。但所说的"小国寡民"，是他全部学术思想中，涉及当时诸侯建国分治，地方自治政治思想之一而已。他对于天下国家（中国古人，常有用天下二字，以概全国的习惯）政治的主张，更是主张统一的。例如他说："天得一以清，地得一以宁，神得一以灵，谷得一以盈，万物得一以生，侯王得一以为天下贞。"当然，这里引用老子所谓的得一，并不足以说明老子的主张，必是统一的思想。他在这里所用的一，同时还包括了修养的成分，因此他又说："故贵以贱为本，高以下为基，是以侯王自谓孤寡不穀，此非以贱为本耶？非乎？人之所恶，唯孤寡不穀，而侯王以自称。故致誉无誉，不欲琭琭如玉，珞珞如石。"由此而知他的德化一统的政治思想，都在原文所有的著述中，已经充分表现出来。至于老子"报怨以德"的主张，更是中国文化悠远博大的传统精神,第二次世界大战以后,我国当局对于日本的"以德报怨"的主张,便是道家善德的思想。孔子是主张"以直报怨",所以他也自说:"匿怨而友其人,左丘明耻之,丘亦耻之",多少还带有侠气的成分,这种地方,较之老子,好像便有炉火纯而未青的感觉,所以孔子的"宪章文武",是理有固然。至于老子的思想,扶摇三代以上,远绍黄帝之先,用为君师之道,足可当之无愧。

6. 老子摄生养生的学术

中国文化哲学,自古传统的习惯,无论是讲超越形而上的虚无,或讲形而下世间人事物理的妙用,缩小而至于人生,必须归于修养身心性命的实用之间,扩而大之,便可见之于齐家、治国、平天下的应用,从来不"徒托空言",而不见之于行事之间,但使思想辩聪,独立为学。尤其在身心修养方面,必然反求诸我,要与伦理道德的德行相宜,才可称之为学,这便是中国文化哲学与西方文化哲学最大不同的关键。所以站在西洋哲学的角度来看中国文化,认为中国文化,根本就没有真正的哲学,只有偏于人生修养的一面,但可称为人生哲学而已。如果站在中国文化立场来讲,对于西方哲学的思想与内养工夫,并不必然要求行思一致,便会认为它是承虚接响,徒为妙密的妄想而已,固然合于逻辑,言之成理,足以启发睿思,倘使用之于人事世间,则有背道而驰,完全不合实用,所以必须甄择,善加融通方可。老子,当然是中国文化思想的大家,更是道家学术中心的代表,在周、秦之际,除了老子讲究身心性命的修养道术以外,有关"方士"们的资料,已经无法找到,所以老子讲摄生养生的方术,便是时代最早,而且较为具体的学说了。宋代真修正统丹道的张紫阳真人,在他著述的《悟真篇》中,便说:"《阴符》宝字逾三百,《道德》灵文满五千,今古上仙无限数,尽从此处达真诠","饶君聪慧过颜闵,不遇真师莫强猜,只为金丹无口诀，教君何处结灵胎。"这就是代表道家人物，对于老子《道德经》重视的价值，现在我们为了讲述的方便，简单归纳他的要点：

（1）入手立基虚极静笃的养静论：如说："致虚极，守静笃，万物并作，吾以观其复。夫物芸芸，各复归其根。归根曰静，静曰复命。复命曰常，知常曰明。不知常，妄作凶。"这便是老子所提出养静论的原理与原则，他指出生命的源头，是以静态为根基的，所以要修养恢复到生命原始的静态，才是合于常道。至于养静的方法，并没有像后世道家提出打坐（静坐）、守窍等花样，他只是说了六个字的原则，"致虚极，守静笃"，致虚要虚灵到极点，守静要清宁到静极，便是摄生养神的妙方了。

（2）由静极进于绵绵若存的养神论：如说："谷神不死，是谓玄牝。玄牝之门，是谓天地根。绵绵若存，用之不勤。"这便是说明先由养静入手，而到达虚灵不昧，至于精神合一，与天地同其绵密长存的境界，可以与天地同根往来，绵密恍惚而共其长久的妙用。他所谓的"谷神"，既不是如宗教性山谷中显赫的神灵，更不是后世道家指物传心，认为人身某一窍穴，或紧撮谷道，便是"谷神"的作用。所谓谷，是无法说明中，借用实物的形容辞；谷，便是深山幽谷，那种空洞深远寂静的状态，但幽深的空谷，因为气流静止，虽纤尘扬动，便有回流专声的作用，俨然如有神在，因此老子借它来形容虚灵寂静的神境，同时具有不昧的功能，谓之"谷神"。所谓"玄牝"，也不全是后世道家所指的丹田妙窍，"玄牝"是从《易经》学系的思想而来，玄，是与元通用，牝，是古代做雌性代号的通用辞。凡这个世界上动物的生命，都从阴性雌性的空洞根源中孕育而生，所以人要修到长存不死的成果，由养静、养神而到达"谷神"的境界，便是绵绵若存，虚灵不昧的"玄牝"之门，也是生命的根源，可与天地精神相往来了。

（3）辅助养静养神的养气论：如说："天地之间，其犹橐龠乎！虚而不屈，动而愈出"，用以说明往来生死一气的作用。橐，是两头空空而可以装东西的袋子。龠，是古代的乐器，可以吹气通风的竹管。橐、龠，本来是两件事物，用来作为比方，后来也有解释它为通风吹火所用风箱口的传送片。这是说明呼吸往来与一气作用的现象，可以辅助养静养神，使精神合一的功用，所以他又说："载营魄抱一，能无离乎！专气致柔，能如婴儿乎！涤除玄览，能无疵乎！"营、卫，是古代医学用于气血的代名词。魂、魄，也是古代道家用于精神的代名词。他所说的"载营魄抱一，能无离乎"！这便是说一个人，若能修养到精神魂魄结合为一，而不离散，心志与气机往来专一，到达柔弱如婴儿的状况，洗涤心智，而不留丝毫的垢疵，便可到达"天门开阖，能无雌乎"完全雄阳的境界，后世修炼神仙的丹道家，便称之为阳神。

（4）恍惚至精的道妙：由于养静、养神、养气的效果，最后便可以知道力与精神的真正作用，如说："孔德之容，惟道是从。道之为物，惟恍惟惚。惚兮恍兮，其中有象。恍兮惚兮，其中有物。窈兮冥兮，其中有精。其精甚真，其中有信。自古及今，其名不去，以阅众甫。吾何以知众甫之状哉？以此。"他所说的精神与道，是一切众生都可以征信得到的；众甫，便是众生的古义，后来到庄子，才改称为众生。恍惚，不是昏迷或糊涂，恍惚是形容心神灵明静照的境界。窈冥，不是暗昧，窈冥是形容深远清冥的境界。这都是说明养静、养神、养气的成果，合于道成德就，涵容万类真实的情况。一个人的修养，如果到达这种境界，对于精神的妙用，便可自有把握的见到它的信验了。

（5）摄生养生的成果：至于摄生养生的成果，他首先提出婴儿的情况来作榜样，如说："含德之厚，比于赤子，毒虫不螫，猛兽不据，攫鸟不搏。骨柔筋弱而握固。未知牝牡之合而朘作，精之至也。终日号而不嗄，和之至也。知和曰常，知常曰明。益生曰祥。心使气曰强。物壮则老，谓之不道，不道早已。"这是用以说明修养成果的身心状况，永远犹如婴儿尚未成孩的境界，也就是后世道家所谓的"返老还童"的根据，所以他又说："善摄生者，陆行不遇兕虎，入军不被甲兵，兕无所投其角，虎无所措其爪，兵无所容其刃。夫何故？以其无死地。"这便是后世道家据为"长生不死"的根据。

综之，此外，老子所论为政的德行，立身的品性，与处世的态度，都是根据这种高度修养的境界而出发，不必多述，到此为止。孔子所谓的道与仁，曾子所谓的明德与止静等工夫，子思所谓的中庸与中和，虽然都从无为静养而出发，但是程度各有不同。可是这种高深的修养，得其好的成果，便有如老子所说神妙的境界，如果流弊偏向，便会走到杨朱为己，趋向个人自私主义，所以后来论者，以墨子、杨朱，都出于道家的一脉，也是很有道理的事；杨朱为己，拔一毛而利天下不为也，便是老子俭、啬之教的偏向；墨翟摩顶放踵以利天下，便是老子仁慈之教精神的发挥。儒家重视师道，崇尚教化，也可谓等同老子"不敢为天下先"的作风。兵家阴谋奇计，源出于黄、老用柔、用弱的原理。纵横家的长短，钩距，捭阖，扰攘的作风，便是老子前知取与有无的余事。阴阳家与道家黄、老之术，本来便不分家。法家、名家的思想，都渊源于儒、道的支流，由于周代礼教文化的蜕变，进为刑名法治的学术，并非纯出道家。农家与黄、老的"道法自然"，本来就主旨相同，观念合一。至于"方士"们的思想，本来便以黄、老为宗主，更无话说。由此可知，我们要了解道家的学术，或黄、老，或专以老子为代表学术思想所涉及的内容，确是"综罗百代，广博精微"，不能只从狭义的道家观念去研究，那就会有得不偿失的遗憾了。

7. 道教《清静经》

渊源于道家老子思想，纯粹从道教立场，发挥《道德经》修养的妙义，而不同于丹道家的修炼方术，颇有相当价值的，要算道教的《清静经》为最好，但《清静经》的著作，虽然号称为太上所说，实为晚唐时代的作品，而且章制体裁，极力仿效佛教的《心经》，名辞术语，也多探纳佛学的名相。我们如果不谈考据，只论内容，放弃时间与门户观念，那么，《清静经》不但可以代表道家与道教的必读之书，如要了解晚唐以后中国文化的精神，与儒、释、道三教思想融会贯通的情形，也是必读之书。

如云：

老君曰：大道无形。生育天地。大道无情。运行日月。大道无名。长养万物。吾不知其名。强名曰道。夫道者。有清有浊。有动有静。天清地浊。天动地静。男清女浊，男动女静。降本流末。而生万物。清者浊之源。动者静之基。人能常清静。天地悉皆归。夫人神好清。而心扰之。人心好静。而欲牵之。若能常遣其欲而心自静。澄其心。而神自清。自然六欲不生。三毒消灭。所以不能者。为心未澄。欲未遣也。能遣之者。内观其心。心无其心。外观其形。形无其形。远观其物。物无其物。三者既悟。惟见于空。观空亦空。空无所空。所空既无。无无亦无。无无既无。湛然常寂。寂无所寂。欲岂能生。欲既不生。即是真静。真常应物。真常得住。常应常静。常清静矣。如此清静。渐入真道。既入真道。名为得道。虽名得道。实无所得。为化众生。名为得道。能悟之者。可传圣道。老君曰。上士无争。下士好争。上德不德。下德执德。执著之者。不名道德。众生所以不得真道者。为有妄心。既有妄心。即惊其神。既惊其神。即著万物。既著万物。即生贪求。既生贪求。即是烦恼。烦恼妄想。忧苦身心。便遭浊辱。流浪生死。常沉苦海。永失真道。真常之道。悟者自得。

得悟道者。常清静矣。

便是《清静经》全篇的原文，共计三百九十二字，其中所谓的空、六欲、三毒、苦海等名词，都是佛家的术语，我们如果借用禅宗五祖的语意为它作评价，便可以说："后世依此修行，亦可以入道矣。"

（二）庄　子

关于中国文化思想的源流演变，它如何产生道家与道教的问题？如果以人物作中心，以时代作陪衬，在春秋时期，当然以老子、孔子为代表。而在前面已经讲过有关老子思想的大略，也正是反映出孔子的一切，为了限于时间与本题范围，不必节外生枝，涉及孔子与儒家思想的论议。自老子、孔子以后，到了战国阶段，诸子学说，分门丛出，凡无关本题的需要，也都不牵涉在内，而与本题最有关系，如庄子的学术思想，便不得不稍加注意了。战国时期的学术思想，正如当时的政局一样，虽然天下宗周，实则诸侯各国，各自纷纷图强，互争霸主。当时的学术思想，也正像这种局面，尽管都由中国上古一个整体文化的来源，但各凭所得所见，互相标榜门户，各立异说。其中最为著名的，便为众所周知，道家的庄子、儒家的孟子、墨家的墨子等人的学说。我们已经讲过孔、孟是代表当时北方鲁国系统的文化思想，老、庄是代表南方楚国系统的文化思想，而与燕、齐、宋国的文化渊源，都有互相关系。尤其道家，在战国阶段，为北方道家学术思想的中坚，便是燕、齐之间的"方士"们，为南方道家学术思想的代表，据有史料文献可征的，当然要算庄子了。但是，后世虽把老、庄并称，做为道家思想宗主的总代表，事实上，庄子的学术，与老子的思想，已经大有不同了，孟子学术，不比孔子的精纯，已稍杂有霸气。

庄子的学术，也不比老子的质朴，也杂有英气的成分，现在为了讲述庄子思想的大要，又须稍费一点时间，略作引论。

1.《庄子》的寓言

庄子的著作，凡三十三篇，从首篇《逍遥游》开始到《应帝王》等七篇著作，通常都称它为内篇，其余都属于外篇和杂篇。一般研究《庄子》的，都认为比《老子》难读，因为它牵涉的知识范围较广，而且许多理论和譬喻，都是属于当时理论物理的学识，所以不只是纯粹的思想而已。此外，因为庄子善用寓言，现在一般人提到寓言，便会和《伊索寓言》联想在一起，或者认为寓言只是架空构造的幻想事实，用做譬喻而已，它的本身并无道理。其实，《庄子》的寓言，既不能作纯粹的譬喻来看，也不能作为虚构事实的幻想来读，近代西洋文化传入中国，我们翻译《伊索寓言》，这个寓言的名称，是借用《庄子》的名词，而且性质并不完全一样，并非是庄子借用寓言，才来杜撰故事。《庄子》寓言的寓字，是寄托的意思，换言之，庄子所指的寓言是把一个事实或道理，不直接地说出，只是间接地寄寓在另一个类同的故事里，要人透过这个故事的背景，再了解他所说的语意。如果把它下拉到唐、宋时代来讲，庄子语言文字的机锋，转语，实在是很高的禅境，例如第一篇的《逍遥游》，开始所用的寓言：北溟（北极）有一条很大的鲲鱼，忽然变为大鹏鸟，而飞到南溟（南极）去歇夏。第二个寓言，就说尧让天下给隐士许由，许由不受；因此引出肩吾问连叔，讨论那个称为楚国狂人接舆说的大话，他讲姑射山上的神人，"肌肤若冰雪，绰约若处子。不食五谷，吸风饮露。乘云气御飞龙，而游乎四海之外。其神凝，使物不疵疠，而年谷熟"，藉以说明高人隐士们所要追求的人生最高境界，所以像许由他们，才有薄王业而不为的风格。第三个寓言，便借用与他同时代，以智辩出名的惠子，与庄子自己谈论的话，以说明人各有志，虽然见仁见智，各有不同，但各凭所志，以求达到适性逍遥为目的。他所提出的逍遥，我们借用佛学的名辞来说，等于就是解脱的意义；不过，佛学的解脱，是纯粹出世的思想，庄子的逍遥，是道家的思想，介乎出世入世之间的大自由、大自在的境界，犹如佛教教外别传的禅宗的宗旨。

2.《庄子》的《逍遥游》与内七篇

第一个寓言鱼化鹏的故事，在一般常理说来，简直是满纸荒唐之言，但庄子却郑重其事地举出一本书，叫做《齐谐》的来作引证，表示确有其事似的，用以证明并非是他自己架空构想出来的，他说："齐谐者，志怪者也。"这本书是专门记载怪异故事的书，应该犹如《山海经》一样的奇谈，可是，我们要注意，他所说这本书，又是"其民阔达多匿知"齐国人的著作，与燕、齐之间的方士思想，势必互有关系。这个寓言故事所代表的道理，历来对于它的讲解，大概归纳起来，有两种说法：（1）是普通的：认为寓言本身，便是虚构故事，不必去追究它，庄子本意，只是用它来说明一个人的学问、知识、见解、志气，各有大小远近不同的主观成见而已。（2）道家丹道派的：认为北溟的鱼，便是指下丹田（海底会阴）元气基地的气机，它化为大鹏，起飞到南溟，便是循督脉（脊髓神经）上行，到了泥洹宫（顶门），打通任督脉的境界。其实，庄子引用这个寓言故事的本身，是极力说明天地万物，都是一息变化的气化作用，讲述这个宇宙万物的物化道理；天地万物的互变，是道家学术科学而哲学的中心思想，因为天地万物的生命，相互生灭变化而存在，如梦样的依存，只是大家都醉生梦死而不觉醒，是最可悲可笑的事实，后来五代道家的谭峭，著了一本《化书》，列举许多可靠或不可靠的资料，便是引申说明这个道理，牵涉太多，恕不一一分析讨论。总之，庄子这个寓言故事的重心，首先提出：

"野马也，尘埃也，生物之以息相吹也"三句话，便是极力说明气相与物化的功能，但要注意，当时古代所说的这个物字，决不是近代和现代物质或物理的观念，那个时候物字的意义，是很笼统地用它代表一种东西的意思，如果因为道家或老、庄思想中，经常提到物字，便作为等同近代或现代"唯物"观念的物字来看，那就会犯了削足适履的毛病。

现在为了尽量简捷地讲，《庄子》的《逍遥游》，便是代表庄子道家思想，要求适性解脱的提纲，并且以此观念来看《庄子》内七篇，又是一套整体的学术思想；第一篇《逍遥游》，是讲人生最高、最究竟的境界。第二篇《齐物论》，是说明天地万物与人生在现象界中，本来就是不齐（不平等），如要得解脱逍遥的极果，必须先要齐物（平等）；现象界中的万物万象，又如何可齐呢？只有修养达到与天地精神合一，"天地与我并生，万物与我为一"的境界，与本体并存，才能有真正的平等，成为齐天大圣了。第三篇的《养生主》，是从第一二篇的逍遥、齐物而来，如果真能物我齐一，才是懂得养生，真正懂得物吾一齐而养生适性，才可处于人间世而无闷无忧，善于用世而不被世用，而乐其天年，因此才有第四篇的《人间世》。从此到达内养的道德充沛，符合于天机的自然，才有第五篇的《德充符》；我们借用庄子的理论，这五篇联起来，这便是"内圣"之学的完成。然后第六篇的《大宗师》，是说明有"内圣"的成就，才能出为"外王"，便是真正够得上资格的大宗师。由此用行舍藏，作为帝王师而以道自处，故有第七篇《应帝王》作为总结论了。只因庄子的文学，汪洋富丽，引证论述中的物理世事，无一而不宝贵，无一而不成为专题，所以读者便被他引述陈列的种种，先迷住了眼目，忽略他内七篇的条贯系统，不把它融会贯通起来，不过，这也是我的一得之见，不足为训，只为讲述之便，略一申说，以供大家研究的注意而已。

3.《庄子》外篇的风规

至于《庄子》的外篇、杂篇等二十六篇，或真或假，或是原著，或为后人的附托，暂时不去说它，总之，它的外篇，虽然仍秉庄子介乎入世出世之间，解脱逍遥的学术思想而出发，但大体上都是讲的用世之学，而且嬉笑怒骂，或动或默，无一而不含有至理，后世的纵横家，以及政治、军事，文韬武略等谋略机权之学，与其说渊源于老子思想，毋宁说都受到庄子思想的影响为多，只是大家都不说穿，把所有的罪过，一律向老子头上一套，未免诬陷之至。自从庄子的著作，有了内外篇分类的雏形以后，后世道家的著作，也都仿照《庄子》的成例，以专言内养道术的著作为内篇，讲论其他外用的学术思想为外篇，《淮南子》是如此，《抱朴子》也是如此。而最奇妙的，凡是道家著作的思想，以及道家的人物，都是喜欢谈兵，而且也善于谈兵，等于战国时期的道家，都带有纵横家、法家（政治）的浓厚气氛，是同样有趣的问题，留待以后补充。

4.《庄子》内篇养生学与方士神仙的因缘

大凡时衰世乱的时期，社会人心，受到时代环境的刺激，必然会走向颓废，讲究现实，贪图一时的享受而找刺激；或者逃避现实，倾向神秘，自寻理想境界的出现。这两条路，是古今中外人类历史变乱中共通的趋势，前者属于现实享受主义，后者属于逃避现实主义，如果从广义来讲，乱世之中，几乎没有一个人能超过这两种范围的。春秋、战国时期，北方"方士"学术思想的勃兴，与南方老、庄摄生养生思想的开展，也当然具有这种时代背景的因素，虽不尽然，而势所难免；我们在前面已经讲过，战国时期，庄子、孟子等人，多多少少，都受到"方士"养神、养气等学说的影响，尤其以庄子为更甚，庄子所有学说的哲学基础，几乎完全由于这种精神而出发，现在归纳内七篇中，有关养生学与神人的学说，举例以作说明：

关于养神、养气的原则，他在《逍遥游》中说："若夫乘天地之正，而御六气之辩，以游无穷者，彼且恶乎待哉！"这与孟子的养浩然之气，直养而无害的观念，确有南腔北调，殊途同归之妙。他在《养生主》中，又说："缘督（督脉）以为经，可以保身，可以全生，可以养亲，可以尽年。"同"方士"修炼精气而成内丹的方法与观念，完全一致。他在《人间世》中，借用孔子与颜回的对话作寓言，又提出养心的心斋方法与原则，如说："回曰：敢问心斋？仲尼曰：一若志，无听之以耳，而听之以心。无听之以心，而听之以气。听止于耳。心止于符。气也者，虚而待物者也。唯道集虚，虚者心斋也。颜回曰：回之未始得使，实自回也。得使之也，未始有回也。可谓虚乎？夫子曰：尽矣，吾语若。若能入游其樊，而无感其名，入则鸣，不入则止，无门无毒，一宅而寓于不得已，则几矣。绝迹易，无行地难。为人使易以伪，为天地难以伪。闻以有翼飞者矣，未闻以无翼飞者也。闻以有知知者矣，未闻以无知知者也。瞻彼阕者，虚室生白，吉祥止止。夫且不止，是之谓坐驰。夫徇耳目内通，而外于心知，鬼神将来舍，而况人乎？是万物之化也，禹舜之所纽也，伏羲、几蘧之所行终，而况散焉者乎！"《庄子》这一节的心斋论，是与他"坐忘论"的方法与原则互通，与"缘督以为经"等养气之论，又是另一面目的方法。

他在《大宗师》里，又提出外生死的理论，借用南伯子葵与女偊的问答说："子之年长矣，而色若孺子，何也？曰：吾闻道矣。南伯子葵曰：道可学耶？曰：恶！恶可！子非其人也。夫卜梁倚，有圣人之才，而无圣人之道；我有圣人之道，而无圣人之才，吾欲以教之，庶几其果为圣人乎？不然，以圣人之道，告圣人之才，亦易矣，吾犹守而告之，三日，而后能外天下。已外天下矣，吾又守之七日，而后能外物。已外物矣，吾又守之九日，而后能外生。已外生矣，而后能朝彻，朝彻而后能见独。见独而后能无古今。无古今而后能入于不死不生。杀生者不死，生生者不生。其为物，无不将也，无不迎也，无不毁也，无不成也，其名为撄宁。撄宁也者，撄而后成者也。"这与他在《应帝王》中所说："游心于淡、合气于漠，顺物自然，而无容私焉。"以及列举列子之师壶子"衡气机"的养气理论，都是他对于养生方法的多种发挥。

《庄子》的全书与《老子》一样，它的主旨，在于达到人生的最高境界，完成一个人生的最高目的，老子的摄生，庄子的养生，种种理论与方法，都只是摄养的过程，并非最高的目的；他的最高目的与最终的境界，是完成超世间，超物累的神人、真人、至人的标准，老子所谓善摄生的人，与庄子所谓的藐姑射之仙人，便是他们所立的榜样，这便是道家与孔子、孟子系统以下儒家观念的不同之处。以孔、孟做代表周、秦之际的儒家思想，是为完成现实人生，建立伦常的规范，以安定现实世间为目的，超越宇宙以外的事情，便置而不论了，"六合之外，圣人存而不论"。因此，老、庄的学术思想，他所牵涉到的种种见解，无论是属于形而上道，或形而下人事物理等理论，都是他的余情逸兴，并非就是他的主题，正如庄子所说："是其尘垢粃糠，将犹陶铸尧舜者也。"但是，无论为老、庄，或孔、孟，他们在那个时代中，对于社会人群，与人间世现实的世事，都有一个共同的愿望，是想建立长治久安，达到天下太平的局面；孔、孟以仁义为教化，老、庄以道德为要求。孔、孟的仁与义，老、庄的道与德，并非是他们的发明或创造，实际上，都同是上古传统的观念，不过各人所取用的名辞和意义，别有异同的含义而已，老、庄的驳斥仁义与圣人，不是否认孔、孟所说的仁义与圣人，是骂当时一般挂羊头，卖狗肉，借仁义与圣人之道而逞私欲的人们；老、庄所谓圣人、神人、真人、至人的境界，必须要人人自觉自立，完成最高的道德标准，然后自成仁义道德，却不自居于仁义道德的名缰利锁之中，因此和光同尘，藏垢纳污以超越道德，而终其天年。尤其庄子提出的至人与真人，意义更加明显，他认为人能做到那种标准，才够得上说这个人是做到人生的极至了，这样，才算是真正的做一个人，也可以叫他为圣人，或神人，相反的意义，便不算是人了。

总之，在春秋、战国时期，自老子、孔子、庄子、孟子等以次，在道家而言道家，当时北方一带，黄河南北的学术思想，与南方一带，以楚国为代表的道家，如老、庄的思想，或多或少，都受到"方士"养生学术思想的影响，那是有凭有据，不必力求否认的事实，后世儒者，师心自用，想要建立一个师道庄严的权威，独霸儒家的天下，便有是此非彼，建立门庭道统的观念，如与孔、孟、老、庄的态度一比较，简直是"竖儒"之见，非常可笑。我们要知道，老、庄、孔、孟所走的途径，是秉承三代以上君师不分的传统精神。因时移世易，王道衰竭，所以他们都以师道而自处，讲述王者师的学问，后世儒者，虽然号称宗奉孔、孟，事实上，品德、学识、才气，都无法与孔、孟相提并论，所谓自称孔、孟之徒，宣扬圣人之道的，无非是阿世的所好尚，传经习书，口诵圣人之言，作为跻身仕途的工具；充其量，德行学识稍好的，做到王佐之能，如司马迁所说："人主以俳优畜之"，已经足以流传千古，为后学之所景仰了。所以对于道家，如老、庄之徒的出格高人，当然只好拿出孔子所谓"异端"一词，加以排除异己的心理，痛加讨伐了。至于介于老、庄之间的列子的学术思想，因为时间不够，暂且裁而不谈。但要研究道家对于理论物理的形而上的本体论，以列子的思想比较具体而有系统，后人有怀疑《列子》是伪书，是魏、晋人的假托，我觉得未必尽然，因为魏、晋时代的学者，对于学术思想，除了坐以守成，加上文学境界的渲染以外，并无如此才能。

（三）战国时期阴阳家与方士的声势

我们为了尽量紧凑扼要，除了稍加说明周、秦之际为举世所公认有关道家学术思想的大家，如老、庄以外，其他只好不加详论，但对于阴阳家与方士，必须略为提出，以供参考。我们要知道，战国时期的时代背景，无论为个人或诸侯的邦国，上上下下，都是弥漫在重利、重现实的风气之中，犹如现代的社会和世界情形，司马迁在《孟子列传》中，述说孟子的思想，便提到当时学术思想界的情形，如说："当是之时，秦用商君，富国强兵。楚、魏用吴起，战胜弱敌。齐威王、宣王，用孙子、田忌之徒，而诸侯东面朝齐。天下方务于合纵连横，以攻伐为贤，而孟轲乃述唐、虞三代之德，是以所如者不合。"由此可知，在现实环境的积习之下，上下重利，那是时代风气的当然趋势，因为世风习俗的重利，注重现实，更加造成扰攘纷争的乱世现象，这是相互因果的必然结果。孔、孟远法先王，高唱唐虞之际的政治理想，是万难做到的境界，可是效法先王，发扬光大，随时演进，保存三代以上传统文化的精神，却是必要的事情。道家人物，如老、庄、接舆等人，对于时代趋势的看法，认为是不可遏阻的，只有把握其机先，因势利导，才是上策，但是把握机先，与"有为"如"无为"的做法，也是太难太难。所以孔子、孟子在中年以后，都能了解把握时势的重要，孔子赞叹"时"的观念，在《周易》上，《论语》上，都有提到。孟子后来简明地说："虽有智慧，不如乘势，虽有镃基，不如待时。"这个感慨，正如唐人窦巩的诗所说："伤心欲问前朝事，惟见江流去不回。日暮东风春草绿，鹧鸪飞上越王台。"

但在孟子同一时代的阴阳家们，他们的学术局面，却非常热闹，司马迁述孟子传中，便说："王公大人，初见其术，惧然顾化，其后不能行之。是以驺子重于齐。适梁，梁惠王郊迎，执宾主之礼。适赵，平原君侧行撇席。如燕，昭王拥彗先驱，请列弟子之座而受业，筑碣石宫，身亲往师之。作主运。其游诸侯，见尊礼如此。岂与仲尼菜色陈蔡，孟轲困于齐、梁，同乎哉！"我们现在试读司马迁在《史记》上，记载阴阳家驺衍当时的声势，实在够得上是一个国际闻名，诸侯争相迎致的名学者，他的风光，他的声势，孟子不能与其比，就是后来佩六国相印的苏秦，也没有像他那样的光荣。但这是后世另一类道家人等，所景仰的风格，却非老、庄之徒的道家精神。可是，驺衍所到的地方，也只限于燕、齐、赵、梁的区域，并未达到秦、晋的地方，更谈不到南下于吴楚之间；这因为驺衍是阴阳家，他所注重学术思想的教化，并不像纵横家们，以利害是非说动人主，可以取到政治运用上的地位，而自鸣一时的得意的。如说："王公大人，初见其术，惧然顾化。"那便是描写他的学说，开始都受到有权势的上流社会所欢迎，而在欢迎学习当中，还是觉得不能全信的，所以又说："其后不能行之。"便是表示他们后来又不能实行，这个"不能行之"的不能，并非是说驺衍的学术思想行不通，实在是做不到的"不能"。何以见得呢？我们再看司马迁记载他学说的大要，如云："驺衍睹有国者益淫侈，不能尚德，若大雅，整之于身，施及黎庶矣。乃深观阴阳消息，而作怪迂之变，终始大圣之篇，十余万言。其语闳大不经，必先验小物，推而大之，至于无垠。先序今以上，至黄帝，学者所共术，大并世盛衰。因载其禨祥、度制，推而远之，至天地未生，窈冥不可考而原也。先列中国名山、大川、通谷、禽兽、水土所殖，物类所珍。因而推之，及海外，人之所不能睹。称引天地剖判以来，五德转移，治各有宜，而符应若兹。以为儒者所谓中国者，于天下乃八十一分居其一分耳。中国名曰赤县神州，赤县神州内自有九州，禹之序九州是也，不得为州数。中国外，如赤县神州者九，乃所谓九州也。于是，有裨海环之，人民禽兽莫能相通者，如一区中者，乃为一州。如此者九，乃有大瀛海环其外，天地之际焉。其术皆此类也。然要其归，必止乎仁义节俭，君臣、上下、六亲之施，始也滥耳。"司马迁又说："或曰：伊尹负鼎而勉汤以王。百里奚饭牛车下而缪公用霸。作先合，然后引之大道。驺衍其言，虽不轨，傥亦有牛鼎之意乎？"现在综合司马迁关于驺衍事迹的记载，再用现代语来解释它，同时也顺便对于当时阴阳家的思想，后来被纳入道家的共通学术，略作说明。

1. 驺衍阴阳学说的动机与目的

如说："驺衍看到当权有邦国的人们，愈来愈加淫佚奢侈，不能崇尚德行；犹如大雅文化的精神，可以修整自己身心，然后以德业普遍施给一般平民，乃深刻观察阴阳互变，天地、物理、人事的消息，著作中指出世事稀奇古怪，迂回变态的道理，讲明圣人大道，始终因果的关系，约有十余万言。"这一段文章的重点，在于"而作怪迂之变"六个字，我们要深切了解了司马迁写驺衍传的作用，为什么要与孟子相提并论？而且他又先说驺衍阴阳学说的目的，也是为了倡导道德为宗旨，同时他又说明驺衍面对当时现实的不满，所以便著作阴阳消长的道理，以说明历史人生应走的途径；至于"而作怪迂之变"一句，便是说明驺衍的著作，是拿当时社会变态的怪现象，用来证明阴阳互变的意义，并非是说驺衍故意创作怪诞不经的学说，用以眩众。后世一读这篇文章，断章取义，便拿"而作怪迂之变"的六个字，便断定驺衍等阴阳家学说，都是怪谈，由此一错再错，因循承袭，先已冤诬了老子的学术思想，后又活埋了阴阳家与驺衍的学术内容，致使中国原始理论科学的精神，不能好好发挥，两汉以后，这些学术思想，分门别户，各自另走一路，最后都通通归入道家，就是这个原因。

2. 阴阳学说的内容

如说："他的话夸大而无典可以根据，必须先要在小事小物上考验的有把握，再来放大推广它，到达无量无边。他先以现代的事来作证，逐渐倒推到上古黄帝的时代，都是一般学者所共信、共知、共奉的事。他的学术非常广大，而且是跟着时代世事，证明兴衰成败的道理。"这便是说明他所讲的阴阳学说，是一种理论科学的历史哲学，用以说明人事世事演变的必然趋势，汉代的阴阳家的谶纬（预言）之学，及至焦赣、京房的纳甲易学，龟策、日者的知识，宋代邵雍《皇极经世》的学术思想，以及传说自唐代以后至于明、清之际的推背图、烧饼歌等等，关于中国命运两千年的预言之学，都从这种阴阳家的学术思想系统演变而来的。所以司马迁又说："因此他记载历史上每一时代天灾、人祸的灾祥现象，推测未来历史时代的演变，遥远地上溯到天地没有开辟以前，宇宙还未形成之初，窈冥不可考证的时期，作为立说的根源。"这便是说明他的学说，以历史事实作证明，以阴阳互变的理论物理作根据，向后推测未来的历史人事，向上推究天地万物未生以前，宇宙形而上的本体论。

3. 驺衍地球物理的思想

如说："他先便列举中国的地理环境，如名山、大川等互可相通的大谷"，这便是魏、晋以后，道教所作的《五岳真形图》一书的理论根据，用以说明地球地心的洞府，全国互可相通的原始思想；例如道家相传，从甘肃崆峒山黄帝问道之处，与黄帝墓所在的桥陵，有一个洞府，可以直接通到南京附近的句容山（茅山），这便是地球生命的肺部作用一样，所以便叫这个洞府的通道为"地肺"。我们现在听来，便会觉得怪诞的非常可笑，但是你如果知道现代美国新兴的地球物理学，花了大量的金钱，正在美国的海岸，打通地道，要钻进地球中心去探险，要想观察地球物理的究竟，你便会觉得这是科学的伟大精神，为什么对于我们古人理想中所研究的地球物理学说，便会大笑而走之呢？这种怪诞心理，便是不懂科学精神的毛病，如果比之驺衍的怪诞，岂不更有甚者；科学家与哲学家一样，他都能够在任何一个问题上寻找问题，决不是人云亦云，坐待别人的发明而归我享受的。

我们再看驺衍的学说，他是否为怪诞，而且怪诞到了什么程度呢？如说：并且研究禽兽等生物的繁殖，与水土关系的重要，由此推广到海外地区，当时一般人所不能看到的情形。他说：自从开天辟地以来，金、木、水、火、土的五德，所归纳统属的地理环境与人物，关系整个历史政治的兴衰成败，都有它随时适宜的作用，犹如符契的相应一样。并且他认为当时儒者们所说的中国，只是整个世界的八十分之一而已，他说：中国叫作赤县神州，国内自己分九州，那便是大禹分别的九州，事实上，不能叫做州。因为中国以外，像赤县神州的中国一样的，还有九个州，这才是世界上真正的九大州。每州有大海围绕着，人民禽兽，都彼此不能相通；相同于同一区域的，便叫做一州。这样的九大州以外，还有最大的瀛海围绕着，一直通到天与地交界的地方。司马迁说："他的学术思想，大多都像这样的。"我们现在根据司马迁的笔下，所说驺衍学术思想关于地球地理的见解，你能说他是怪诞吗？不过，在当时战国时代学者们看来，的确是怪诞不经，大笑大骂而不信的，所以司马迁便说王公大臣们，起先都以惊惧的心理崇拜他，后来又做不到，便是当时的人，没有像现代人迷信崇拜科学家夸大的精神之故，只有司马迁，真够得上是作历史传记的人，他写到这里，自己不加按语，不说他对或不对，只说："其术皆此类也"，由你们后世的人去研究他吧！他对于驺衍的按语，自己另立一段言论，附属在驺衍的传记里，便说："不过，大要说来，总归驺衍学说的目的，还是要人们的行为，必然的，要止于仁、义、节、俭、君、臣、上下、六亲的伦常规范上，实施人生本分的道德。只是他在开始的时候，先以远大不经的理论，作为吸引大家注意的开始而已。"所以他又说："有人说：伊尹没有得志的时候，甘愿去做厨师，因此而得亲近商汤，相互勉励而成商汤的王政。百里奚没有得志的时候，为别人牧牛，在车下喂牛食，因此而得秦穆公的任用，一手使秦国称霸。他们都有一套进身先容的方法，等到君臣互相信任而结合以后，才慢慢地引归大道。驺衍的话，虽然说，不合一般思想的常轨，也许可能也有伊尹做厨师，百里奚牧牛的意义存在吧！"这一段话，是司马迁替驺衍的辩诬，不是不做疑似的言论而已。但是驺衍虽然具有自然科学的思想和理论，然而他从自然物理科学的观点出发，最后仍然归于人生伦常的道德，那是春秋、战国当时风气的事实。

4. 齐国学术的风气

在战国时期，齐国的阴阳家们，除了驺衍以外，集于稷（城名）门之下的学者，还有很多，所谓稷下先生们，其中荦荦成名者，如淳于髡、慎到、环渊、接子、田骈、驺奭等人，司马迁说："各著书言治乱之事，以干世主，可胜道哉！"慎到，赵人，著有《慎子》，后来被纳入法家之学。田骈、接子，齐人，著有《接子》二篇，《田子》二十五篇，后来被纳入道家。《驺奭》十二篇，纳入阴阳家。驺衍擅长于谈天说地，游于稷下的道家，有号称为天口者。环渊，楚人，著上下二篇。然"皆学黄、老道德之术，因发明序其指意"。这些研究综合性学术的道家之徒，当时在齐国的声势极大，备受齐王与上流社会的尊敬，享尽荣华，例如："淳于髡见梁王，一语连三日三夜无倦。惠王欲以卿相位待之，髡因谢去。于是送以安车、驾驷、束帛、加璧、黄金百镒，终身不仕。"自淳于髡以下，如驺奭等人，"皆命曰列大夫，为开第康庄之衢，高门大屋尊宠之，览天下诸侯宾客，言齐能致天下贤士也"，"齐人颂曰：谈天衍，雕龙奭，炙毂（有说即是乱讽）过髡。"荀卿少时，曾游学于齐，并与淳于髡相处的比较长久，所以荀子的思想，已有很多地方，渗入道家的成分，后来田骈等人死了，在齐襄王时，荀卿尊为老师，齐国要重整列大夫的悬缺，荀卿曾经三次做过领头的"祭酒"。

（四）秦汉之际燕齐方士与神仙的思想渊源

1. 秦始皇与封禅

关于中国道教学术思想的渊源，在我们的历史文献中，有一很可靠，又很有系统的资料，便是《礼记》与《史记》中"八书"的学术思想，如何由道家变成道教？如何由燕、齐的方士变成神仙？大体的史料，在《封禅书》中，已有颇具规模的记载，因为说来话长，现在只择其简要的，与秦、汉之间有关道家与道教的渊源，稍加说明，以供参考。

封禅，在过去中国的历史上，是类似西方宗教性质的礼仪，而且在秦、汉前后，也是历代帝王的大典；所谓封，是在泰山上筑土为坛以祭天，报天之功，就叫做封；泰山下，小山上锄地，报地之功，就叫做禅；所谓禅，便有神之的意义。在春秋时代，正当齐桓公称霸的时期，他想封禅泰山，管仲却极力的劝阻，他说："古者，封泰山，禅梁父者，七十二家，而夷吾所记者，十有二焉。"司马迁说："后百有余年，而孔子论述六艺传略，言易姓而王，封泰山，禅乎梁父者，七十余王矣。其俎豆之礼不章，盖难言之。"当孔子的时代，封禅的意义，也随周室的衰微一样，渐趋黯淡，而且周灵王用苌弘的主张，采取神鬼迷信的方法，射狸首以致诸侯的来朝，一变封禅精神，转入神鬼威灵的作用，结果苌弘被晋人所杀，诸侯更形叛乱，所以说："周人之言方怪者，自苌弘。"以后再过百余年，秦国自秦灵公开始，由封禅精神的演变，形成建立神祠的风气，就成为后世道教崇拜多神的滥觞，汉代崇尚白帝、灵宝等事，都是开始在秦时。

到了秦始皇称帝的时期，东巡郡县，祠驺峄山，颂秦功业，"于是，征从齐、鲁之儒生博士七十人，至乎泰山下。"因为，议论封禅的仪礼不合；"始皇闻此议，各乖异，难施用，由时绌儒生。"这些儒生等被绌而不用，听说秦始皇上山遇大风雨，便讥笑他，"于是，始皇遂东游海上，行礼，祠名山大川，及八神，求仙人羡门之属。八神将，自古而有之，或曰：太公以来作之，齐所以为齐，以天齐也。其祀绝，莫知起时。"所谓八神：（1）天主，祠天齐。据另一说：临淄城南郊山下，有天齐泉，五泉并出，有异于平常所讲的迷信观念，只是说它就如天的腹脐一样。（2）地主，祠泰山，梁父。因为天好阴，祠之必于高山之下，小山之上，叫做畤。地贵阳，祭之必于中圜丘等地。（3）兵主，祠蚩尤。（4）阴主，祠三山。（5）阳主，祠芝罘。（6）月主，祠之莱山。（7）日主，祠成山。（8）四时主，祠琅玡。这便成为后来道教崇拜多神的渊源，但是，秦始皇变封禅为爱好神仙，果然是基于帝王晚景，好求长生不老的心理作祟，但也是由于战国以来方士学术的流衍，与阴阳家思想的弥漫鼓荡而来，如说："自齐威宣之时，驺子之徒，论著终始五德之运，及秦帝，而齐人奏之，故始皇采用之。而宋毋忌、正伯侨、充尚、羡门子高（都是古代所称之仙人），最后皆燕人，为方仙道，形解销化，依于鬼神之事。驺衍以阴阳主运，显于诸侯。而燕齐海上之方士，传其术，不能通。然则怪迂阿谀苟合之徒，自此兴，不可胜数也。"我们读了司马迁的这一段记载，便可了解战国时期的"方士"神仙，与阴阳家的学术思想，影响秦、汉之际朝野之间的情形了。但绝不可忽略燕、齐海上的方士，虽然传授驺衍阴阳五德主运的道术，而"不能通"的一句，因为他们学不通阴阳家的学术，故有"怪迂阿谀苟合之徒"，借托而兴，藉以欺世盗名的，渐渐多到不可计算。

神仙"方士"，既不易得，纯粹的阴阳家如驺衍的学术，又如此的难通，故在秦、汉之际，一般方士，都在假借神仙的气氛中讨生活。因为人的心理，往往喜欢求假而嫌弃真实，所以那些借托神仙的假"方士"们，便可在帝王与社会之间，招摇撞骗，同时也骗住了他们自己，因此，便形成战国到秦汉之间一段人化神仙的趣史了。如说："自威宣、燕昭，使人入海求蓬莱、方丈、瀛州。此三神山者，其传在勃海中，去人不远。患且至，则船风引而去。盖尝有至者，诸仙人及不死之药，皆在焉。其物禽兽尽白，而黄金银为宫阙。未至望之如云，及到，三神山反居水下。临之，风辄引去，终莫能至云。世主莫不甘心焉。"司马迁写到这里，说了半天海上三山的神仙宫阙，都是出诸传闻而难证实，可是他用了一句最妙的话，便是"世主莫不甘心焉"，这也是说明地位愈高，富贵权势已极的人，他的心理愈加空虚的状态。人的欲望，总是有所求，而且无止境的有所求，做了皇帝要登天，也是人心难平的必然趋向，征服天下的英雄，作为世间的帝王，虽然聪明一世，但仍懵懂一事，他们却甘愿接受方士们的欺骗，因此，他又写出秦始皇求神仙的历史，如说："及至秦始皇并天下，至海上，则方士言之，不可胜数。始皇自以为至海上，而恐不及矣，使人乃赍童男女入海求之。船交海中，皆以风为解。曰：未能至，望见之焉。其明年，始皇复游海上，至琅琊，过恒山，从上党归。后三年，游碣石，考入海方士，从上郡归。后五年，始皇南至湘山，遂登会稽，并海上，冀遇海中三神山之奇药。不得，还至沙丘。崩。"这一段的文字，司马迁极力运用他的高度文学笔调，写出历史上帝王欲望的真相，最后用了一个"崩"字的微言，结束了人世间所有人生礼成而闭幕的结局。古礼，称皇帝之死叫做崩，诸侯之死叫做薨，薨也罢，崩也罢，反正是神仙见不到，长生不死之药，倾全国之力也求不到，到头还是叶落归根，就此了事。绝妙的秦皇、汉武的事业，必须要有一个绝妙的司马迁，为他写出曲折极致的《史记》，使千载之下的我们读来，觉得它是一部绝妙的哲学小说，可以发人深省。司马迁在《封禅书》中，不但尽情地讽刺秦皇、汉武，同时也尽量写出那些假"方士们"丑陋可恶的一面，但是，他也否认秦、汉之际儒生们对于迷信封禅的可笑与可鄙，如说："秦三年，而二世弑死，始皇封禅之后十二岁，秦亡。诸儒生疾秦焚诗书，诛僇文学。百姓怨其法，天下畔之。皆讹曰：始皇上泰山，为暴风雨所击，不得封禅。"他便在此作了最后一句的结论说："此岂所谓无其德而用事者邪？"这"者邪"两个代用疑问的虚字，又是司马迁笔下的花样，等于现代的话说："真是这样的吗？"是不是，他不下断语，由读者自己去想，他站在笔阵以外哈哈大笑而已。

2. 汉初的神道与神仙

因为秦始皇迷信神祠与盲目的求仙，必致造成"上有好者，下必甚焉"的现象，当秦二世的末期，朝野都笼罩着一片神鬼迷信气氛，所以首先发难的陈胜、吴广，便利用篝灯野火而作狐语，作为起义的号召。汉高祖的初兴，也是借用斩白蛇而起义，祠蚩尤而衅鼓，到了定鼎以后，便下诏制定天的五帝之祠，崇尚神道。汉文帝也一度相信赵人新垣平的望气之术，笃信鬼神而立五帝坛。汉武帝即位之初，尤其敬信鬼神之祀，他初见到秦国故地雍郊五畤的时候，便定为以后的常规，三年一次郊祀。同时，又开始求神君，舍之上林中，司马迁说："蹄氏观神君者，长陵女子。以子死，见神于先后宛若，宛若祠之其室，民多往祠。平原君往祠。其后，子孙以尊显。及今上（称汉武帝）即位，则厚礼置祠之内中，闻其言不见其人云。是时，李少君亦以祠灶谷道，却老方见上，上尊之。少君者，故深泽侯舍人，主方匿其年及其生长。常自谓七十，能使物却老。其游以方。遍诸侯。无妻子。

人闻其能使物及不死,更馈遗之。常余金钱衣食,人皆以为不治生业而饶给。又不知其何所人,愈信,争事之","少君言上曰:祠灶则致物;致物而丹沙可化为黄金;黄金成以为饮食器,则益寿;益寿而海中蓬莱仙者乃可见;见之以封禅,则不死,黄帝是也。臣常游海上,见安期生,安期生食巨枣大如瓜。安期生,仙者。通蓬莱中,合则见人,不合则隐。于是天子始亲祠灶,遣方士入海求蓬莱安期生之属,而事化丹砂诸药,齐为黄金矣。居久之,李少君病死,天子以为化去,不死。而使黄锤、史宽舒受其方,求蓬莱安期生莫能得。而海上燕齐怪迂之方士,多更来言神事矣。"我们看了司马迁的这一段记载,便可知道雄才大略的汉武帝,在他心理上有另一面的兴趣,他对于崇尚神道,与好求神仙的可笑行为,却是甘之如饴,引以为乐。后来又有齐人少翁以鬼神方见上,便拜少翁为文成将军,赏赐甚多,以客礼礼之,又为他的建议,大建宫殿以祠神,"居岁余,其方益衰,神不至。乃以帛书以饭牛,佯不知,言曰:此牛腹中有奇。杀视得书,书言甚怪。天子识其手书。问其人,果是伪书。于是诛文成将军,隐之。其后,则又作柏梁、铜柱、承露仙人掌之属矣。"

后来,汉武帝因为生了一场大病,巫与医药,都不能见效,因为求神而病愈,便幸甘泉,置酒寿宫神君,"神君所言,上使人受其书,命之曰书法。其所语,世俗之所知也,无绝殊者。而天子心独喜,其事秘,世莫知也。"后来因乐成侯的推荐,又拜栾大为五利将军,"栾大,胶东宫人,故尝与文成将军同师……天子既诛文成,后悔其蚤死,惜其方不尽。及见栾大,大说。大为人长美,言多方略而敢为大言。处之不疑。大言曰:臣常往来海中,见安期、羡门之属,顾以臣为贱,不信臣。又以为康王诸侯耳,不足与方。臣数言康王,康王又不用臣。臣之师曰:黄金可成,而河决可塞,不死之药可得,仙人可致也。然臣恐效文成,则方士皆奄口,恶敢言方哉!上曰:文成食马肝死耳，子诚能修其方，我何爱乎？大曰：臣师非有求人，人者求之。陛下必欲致之，则贵其使者，令有亲属，以客礼待之，勿卑，使各佩其信印，乃可使通言于神人。神人尚肯邪？不邪？致尊其使，然后可致也。于是，上使验小方，斗棋，棋自相触击。是时，上方忧河决而黄金不就，乃拜大为五利将军。居月余，得四印；佩天士将军，地士将军，大通将军印……其以二千户封地士将军。大为乐通侯，赐列侯甲第，僮千人，乘舆、斥车马、帷幄、器物，以充其家。又以卫长公主妻之。赍金万斤，更命其邑曰当利公主。天子亲如五利之第，使者存问供给，相属于道。自大主将相以下，皆置酒其家，献遗之。于是，天子又刻玉印曰天道将军，使使衣羽衣，夜立白茅上。五利将军亦衣羽衣，夜立白茅上，受印，以示不臣也。而佩天道者，且为天子道天神也。于是，五利常夜祠其家，欲以下神，神未至而百鬼集矣。然颇能使之。其后，装治行，东入海，求其师云。大见数月，佩六印，贵震天下，而海上燕齐之间，莫不搤捥而自言有禁方，能神仙矣。"后来五利将军栾大，也因不实而被诛，始用公孙卿，公孙卿说："仙人好楼居"，于是，"上令长安则作蜚廉桂观，甘泉则作益延寿观，使卿持节设具而候神人。乃作通天茎台，置祠具其下，将招来仙神人之属。"我们读了这些较为详细的记载，对于汉武帝爱好神道，勤求神仙的事迹，便可一目了然，他比之秦始皇的做法，更有过之而无不及，由此可见两汉以来，由道家的学术思想，如何转变为道教的趋势，这些假"方士"们，又如何捏造神仙事实欺世盗名的史料。

我们再看司马迁在《封禅书》中最后作的结论与赞词，更可进而了解汉初"方士"们的情况与结果，结论如说："今上封禅，其后十二岁而还，遍于五岳四渎矣。而方士之候伺神人，入海求蓬莱，终无有验。而公孙卿之候神者，犹以大人之迹为解，无有效，天子益怠厌方士之怪迂语矣。然羁縻不绝，冀遇其真。自此以后，方士言神祠者弥众,然其效可睹矣。"赞词如说:"太史公曰:余从巡祭天地诸神,名山川而封禅焉。入寿宫,侍祠神语,究观方士祠官之意。于是退而论次,自古以来用事于鬼神者,具见其表里。后有君子,得以览焉。若至俎豆珪币之详,献酬之礼,则有司存。"

我们大体了解了从秦到汉初武帝的时期,将近百年前后道家的方士与神仙,以及道教前身祀奉神祠的大略,便可概见秦、汉之际,方士们留给历史的影像,是如何的恶劣。后世骂方士,并战国前后的真方士,也一概唾弃,都是受此影响,实在有欠公允。

3. 汉魏以下道家学术思想的内容概略

自秦皇、汉武以后,道家的学术思想,一再误于这些假方士,假神仙的求丹炼药手里,使人迷失道家文化的真精神。又加汉初儒生如董仲舒等人,生当天下承平之际,用阳儒暗道的手术,叙述周、秦以上儒道本不分家的学术思想,注释五经,疏释圣道,以独尊儒术为标榜,致使道家与老、庄的学术思想,尤遭贬值。于是,由战国以下真正的方士学术,发展为两汉以来易经学术系统象数之学的途径;它与汉代天文学术相激荡,便有扬雄著的《太玄经》,要以象数哲学理论的间架,概纳天文科学的法则。它与阴阳、五行、天干、地支、二十八宿以及日者(选择时日)、龟策(卜卦)等,有关天文、地理、物理的理论科学相结合,便有焦赣、京房等象数、纳甲之学,推测造化之机,易学系统的建立。再经分化而各自成为一家之言的专长,便有后来汉代易学的卦气、变通、升降、爻辰等殊途一致学说的演变。魏、晋以后,修炼神仙丹道派的学者,宗奉魏伯阳的思想系统,归纳这些学说的原理、原则,而成为与中国医药理论合流,丹经道术的规范。又有根据《禹贡》、《山海经》等山川地理形胜的研究,便有郭璞等人,倡导形峦体势地理(堪舆)学术的兴起。至于淮南子、抱朴子的著作,既是道家，又是杂家的学说，应是战国以来方士学术思想部分的集成。在南北朝之际，因为北魏崇尚道教的关系，这些学术思想，大概都穿上宗教的外衣，变为道教的神秘之学，但到隋、唐以后，又复脱颖而出，除了天文、历法等的研究，渐已建立专门化正规的科学体系以外，他如星象、地理（包括堪舆）、卜筮、建筑、工程、工艺、艺术等种种实用之学，以及民间生活的节令等仪礼、与各地方风俗的习惯，完全与道家的学术思想，有密切的关系。如医药等理论，以及算命、看相等学术，虽然远绍周、秦以上的文化渊源，但在汉、魏之际，都已加进印度文化佛家的学术思想，故有唐代医药的进步，与星命（算命）、卜筮学等的建立。如李淳风等的图谶、唐僧一行禅师的天文与星象等学，也都从正统道家的学术思想而来。唐代的数学，远绍九章历算的遗规，配合两汉象数的发展，受到隋、唐之际，阿拉伯算数的影响，对于三角、立方、几何等算数的成绩，已有相当的成就。因此辗转影响，而有唐末五代之间，道家的数学思想，趋向河图、洛书的数理哲学，产生北宋初期邵康节的《易经》象数之学，撮取汉易纳甲的精华，配以甲子、河图洛书数理的哲学，用以说明天地造化的枢机，预计历史人事演变的迹象，一变汉代的谶纬之术，而开历史哲学的先河；从此上下元、明、清千余年间，所有道家各种科学而哲学的学术思想，不依附于汉代的象数，即入于邵康节易学的范围。

而在唐、宋、元、明之间，可以在世界学术与科学史上，除如众所周知的火药，印刷术的发明以外，可以大书而特书的一笔。（1）便是医药方面的进步：在历来传统习用汉代张仲景的《伤寒论》以外，便有金、元四大家医药的理论，与药物学方术的专长研究，以及元代完成人身气机穴道的铜人图，奠定后世针灸治疗学的坚固基础，因此而辗转传授，才有今天德国、日本等世界针灸治疗学的发展，所有推拿、按摩等学，都是这一系统的余技。（2）便是用指南针构成罗盘的学术：

利用一块大圆形的木板,中心嵌上指南针,外面圈以八卦、天干、地支、甲子等层次,加以天文星象的二十八宿,以中原做时间、空间的中心。用仰观天文星象的范围,辨别地理区域的划分,成为天文分野的作用,为世界上最早划分地球经纬度的先驱。一个完整的罗盘,它的层次圈圈,共计三十六层,层层之间,错综复杂,互相沟通为用,必须具有汉代象数、纳甲的基础,与宋代易学河图、洛书的基本观念,才能神而明之,融会贯通而相互为用。当明朝初期,西洋航海学术等,还未十分进步,而且也未传到中国,而在明成祖时代的太监郑和三下西洋,他所制造的巨型木船,与远离中国东南部海面,航行茫茫无际的天海之间,能够分辨距离与导航远海方向的,都是靠着这种罗盘的功效。因此,自明、清以来,便有专门制造标准罗盘的产地:徽州的,称为徽盘。可以与徽州的笔墨、宣纸,同为名产的权威。广东所制的,称为广盘。福建所制的,称为建盘。后来用在察看地理(堪舆)的,大多以徽盘为准。用在航海兼带堪舆作用的,也有采用广盘与建盘的。总之,徽盘的度数标准,适用于中原的地理环境,广盘与建盘,适用于东南临海区域。(3)承接阐扬老、庄思想,天地造物互变的妙旨,专门研究生物互相变化的作用,说明人类能够利用自己生命的功能,修炼而成神仙的妙理,便有五代谭峭所著的《化书》,为最早专门研究生物变化的著作。此外,由宋代邵康节《皇极经世》纳甲系统的演绎,构成三元甲子以统率时、空的观念。从汉易纳甲的演变,发明奇门遁甲的术数,在一般不知究竟者的想象中,认为仅是旁门小术,或为迷信的思想而已,殊不知其中含蕴理论科学的关键,可以由此发掘天地宇宙的奥秘,人事、物理的枢机,却存在非常重要的宝藏。因为时间的有限,以及我个人学有未尽之处,关于这些已经提到,或者临时尚有遗漏的正统道家学术思想的内容,略为提起研究者的注意而已,都到此为止,暂时告一段落。恕不多述了。

八、道　教

我们为了时间等种种的困难，对于道家与道教的讲述，只能择其较为重要的，简介十之一二，以供研究者的参考而已，如要求其精详，非一二百万言，不能以尽道家、道教与中国文化的内容。在开始的时候，已经讲过形成道教的来源问题，归纳它有四个原因：（1）渊源于道家学术思想；（2）发生于政治社会的演变；（3）促进于外来宗教的刺激；（4）基本于神秘学术的迷恋。关于第一个原因的内容大概，讲到目前为止，暂且告一段落。如要从魏、晋以后，经隋、唐、宋、元、明、清的发展而讲到现在，那就不胜其繁，短期无法结束，现在需要简明扼要地讲述第二个原因，以便暂做收场。

（一）汉末道教形成的因缘

如要了解两汉道家的学术思想，如何一变而形成道教的原因，必须要留心春秋、战国到秦、汉以来政治与社会的演变趋势；当战国时期，由六七百年来的周代政权与封建政治制度，因为历史现实环境的影响，与文化思想的转变，春秋王制，几已破坏无遗。由春秋到战国末年，四百年间长期大小战乱的结果，不但形成政局的一片紊乱，尤其以农业立国的社会经济基础，也已零落殆尽，我们衡之历史的成例，每当长期战争的结果，果然可以造成若干青史留名的人物，但只是留给后人的凭吊唏嘘而已，如在长期战乱的当时，必致民穷才尽；我所谓的民穷才尽，不仅是说社会的经济崩溃，就是各种人才，也会因战乱而一齐打光。大家都知道中国文化有句成语："十年树木，百年树人。"真正人才的造就，确是需要经济稳定的社会背景做土壤，以长治久安的文化背景做肥料，才能培养得出来，然而每每累积若干年代，培养出各地的人才精英，算不定就在一个胜利，或一个失败的战争中，随流而没。大家都知道，当战国时期的吴、越战争中，在历史上留下两句名言，那就是越国的"十年生聚，十年教训"。可是，这两句话的真正价值，只能用在战争的兵源养成方面，却不能完全适合于长期建国的功效上面，中国人对于历史人物的经验之谈，却有"老成谋国"与"英雄出少年"两句尖锐对立的名言，确是缺一不可的明训。

在春秋、战国之间百余年中，自老子、孔子、墨子、庄子、孟子等人物，各自建立阐扬他们的学说思想以后，后起之秀，大多传习相仍，反不如其初也。到了战国末期，老、庄的思想，入于道家，他们学术精神，便成为介乎入世出世之间，可以出世，也可以入世的指导原则。孔、孟的思想，却在一般知识分子中，扎下根基，完全趋向入世为人，作为精神行为的标准。至于墨子，开始出于道术，终而介乎道、儒之间而别走一路，遂与燕、赵、秦、晋的游侠精神结合，逐渐形成平民与贵戚社会之间特殊社会的变相。到了秦始皇蓄意并吞六国，要想达到统一局面的前期，天下才智勇力之士，都集中于纵横谋略的途径，竞相奔走权门以谋取功名，可是，到了最后，如苏秦、张仪一流的人物，也已逐渐减少，只有如李斯一流，便已足当大任，那得再能有向上一路的人才产生呢？但是坐议立谈，号称为儒家的儒生，与拔剑而起，介乎道、墨之间的游侠，仍能在一般社会中，隐然具有作用，所以在李斯的朋友韩非的观念中，便提出："儒以文乱法，侠以武犯禁"的忌讳言论了。然而韩非果然看到了这种民间社会风气的趋势，但是他不知道造成时代风气的原因何在？更不知道这是只能疏导，不可遏止的大势所趋，他公然犯时代趋势的大忌，要想一一绳之于法，即使不遭李斯等人的所嫉而早死，纵然得志行法，也必会遭遇到犹如商鞅的结果。后来秦始皇用严刑峻法，罢斥儒、墨（侠），而治新兴的天下，但终以严刑峻法，而为儒、侠合作的新兴力量所推翻，总之，此中大有玄微，而存有历史政治哲学的妙用，希望学者自己留心去研究发掘。

汉兴以来，自刘邦平定天下称帝的初期，儒生因有佐王兴治之功，已经在政治上占得一席重要的地位，以后只需"学成文武艺，货与帝王家"，便可立身仕途，自有进身之路，所以在朝廷与儒士之间，彼此相处，已很融洽。而在社会游侠方面，还是隐然存在着东西南北等五道的潜在力量；如朱家、季布一流，为彰明较著的人物，其余，默默无闻于草泽之间，安分于法外的，还是不少。可是汉高祖起自民间，他自己也来自游侠群中，深知彼此相处无事之道，所以终汉高之世，特殊社会的游侠分子，对于汉高，甚之，还有深厚的好感与拥护的热情。到了高级公子哥儿的太子出身的汉武帝手里，便完全不同了，汉武帝不像他的曾祖父刘邦那样豁达世故，对于民间社会的游侠，大有厌恶的心理，所以他会公然地杀掉郭解，以立其威信，但是游侠中人，也从此寒心隐遁，渐渐便与道家者流互通声气，形成西汉末年乱源的力量。到了东汉末代，因为历史社会的演变趋势，简直变本加厉，便与方外的道士合流，造成汉末三国初期，借用旁门左道以称兵倡乱的形势了。

其次，便是两汉儒生进入仕途后，所造成的权门阀阅的门第风气，到了东汉时期，权门阀阅，声气相通，就以清议揄扬为手段，而霸占了汉末的选举取士的要津，使有才气的真才实学之士，既不肯巴结权势，又不屑于奔竞宦途与学阀之间，便退而隐遁，走入介乎入世与出世之间的道家路线，逐渐形成汉代社会，另有远处方外道士的一群形态。东汉末期这些方外的道士群，已具有后来佛教传入以后，出家为僧的比丘，与印度婆罗门教士的雏形，他们的思想精神，大半是有所激发，或遗憾人生世事而致此，相同于周、秦以前的"隐士"思想。至于唐、宋以后，佛教出家的男女僧众，与道教出家的男女道士，已经普遍存在，等于是法定所公认的遗世而独立者，既不完全受帝王政制的约束，只在普通法律以外，另有其合法的地位；在中国历史上，自南北朝、隋、唐以后，僧道不拜帝王，只须长揖为敬的仪礼，已经成为不必明文规定的惯例。因此，过去所走高隐远蹈的路线，到了唐、宋以后，不须再有迂回，只要退避现实，进入佛教为僧，或道教做道士，便可笑傲山林，把玩风月，远离时累了。所以宋代王安石说，五代的杰出人才，大都入于禅林，不与世事的论调，也是大有道理的。东汉末期的朝野社会，当然有许多累积的原因，造成三国时期的乱离局面，但我们现在站在道教立场来讲，只简单扼要地举出上面一两个因素，藉以说明自张道陵所创初期道教的雏形——五斗米道的经过，实是两汉以来读书知识分子，受到时代社会环境的刺激，因此而起为无言的抗争，便建立他们自己精神王国的道教了。

张道陵，在东汉末期，本来也是一个读书分子，因为不得志于当世，便客居于四川，后来他学道于鹄鸣山中，有了心得，便自造作道书，开创画符念咒道教符箓派的先声。陈寿在《三国志·张鲁传》中，很含糊地说："祖父陵客蜀，学道鹄鸣山中，造作道书，以惑百姓。受道者，出五斗米，故世号米贼。陵死，子衡行其道。衡死，鲁复行之。益州牧刘焉，以鲁为督义司马，与别部司马张修，将兵击汉中太守苏固，鲁遂袭修杀之，夺其众焉"，"子璋代立，以鲁不顺，尽杀鲁母家室，鲁遂据汉中，以鬼道教民，自号师君。"我们读了《三国志》有关于张道陵与他的孙子张鲁的记述，对于张道陵一系道教的起源，在宗教史上，并无宗教神圣光荣的一面，甚之，只有使人鄙视；当然，关于五斗米道的学术内容，陈寿是外行人，没有详细提起，可能也根本无法了解，他说到张鲁秉承他祖父张道陵的遗教，是以"鬼道教民"，那倒是五斗米道符箓派的事实，因为这一派的符咒，都是用于驱神役鬼的作用上，对于形而上道方面，并不高明。我常怀疑，周、秦之际方士修炼的方术，以及秦、汉以后，道教符箓的兴盛，是否都有与印度婆罗门教，与瑜伽术派的法术互相影响，实在很难断言；而印度婆罗门的沙门（出家人），在秦始皇时代，已经与中国通往来，那是有资料可查的事实，而且符箓的形态，有若干与上古梵文的写法，大有相同之处，可是这些问题，暂时也把它算在题外文章，不去管它。我们再看张鲁当时在汉中所行"以鬼道教民"的地方政治形态，却是中国的政治史上，汉末地方宗教政治之研究的好资料，也就是我在前面所说的汉末政治与道教，由于秦、汉的游侠精神，与两汉不满现状的逃世方外之士相结合，造成建立精神王国道教的说明。如《三国志》所说，张鲁在汉中的鬼道治民情形："其来学道者，初皆名鬼卒。受本道已，信号祭酒，各领部众。多者为治头大祭酒，皆教以诚信不欺诈，有病自首其过，大都与黄巾相似。诸祭酒皆作义舍，如今之亭传。又置义米肉，悬于义舍。行路者，量腹取足。若过多，鬼道辄病之。犯法者，三原然后乃行刑。不置长吏，皆以祭酒为治民。民夷便乐之。雄据巴汉，垂三十年。"后来张鲁的地方治权，被曹操打垮，他投降了，拜为镇南将军，曹操待以客礼，"封阆中侯，邑万户。封鲁五子及阎圃等，皆为列侯。为子彭祖取鲁女。鲁薨，谥之曰原侯。子富嗣。"我们看了张鲁实行五斗米道的简短历史，实在非常有趣而滑稽，足以反映三国当时地方政治紊乱的怪现象，但是他比黄巾张角号召起义的太平道，却大有高明之处。如果陈寿所记的都是事实，那么，张鲁在汉中实行宗教性的地方政治，倒有近似"无为"之化，却能稍有合于道德的措施。陈寿著《三国志》的见地与历史笔法，当然远不及于司马迁，但是，他在张鲁等传记末了的评语，却也中肯，如说："公孙瓒保京，坐待夷灭。度（公孙度）残暴而不节。渊（公孙渊）仍业以载凶。只足覆其族也。陶谦昏乱而忧死。张杨授首于臣下。皆拥据州郡，曾匹夫之不若，固无可论者也。燕（张燕）、绣（张绣）、鲁（张鲁），舍群盗，列功臣，去危亡，保宗祀，则于彼为愈焉。"他说张鲁等人，倒能够逆取顺守，得保祖先子孙的宗祀，在当时群盗如毛，都是有始无终的乱世当中，比较起来，的确算是杰出的人物。然而陈寿还见不到张鲁后世的子孙族类，竟能南迁于江西，历宋、元以后，受朝野的尊敬，成为龙虎山正一派的张天师世家，累世备受宠封，可与山东曲阜的孔子世家相提并论，都成为中国文化世家巨室的特殊家世，岂非他的先世张道陵的道术，应有丰功阴德的余荫，才能如此吗？

陈寿著的《三国志》，自有陈寿的立场和主观，他笔下所述说的张道陵，等于是以"假道为骗"的术士，相反的，在葛洪所著的《神仙传》中，便不同于陈寿的记载了。

如说：

> 张道陵者，沛国人也。本太学书生，博通五经。晚乃叹曰：此无益于年命，遂学长生之道，得黄帝九鼎丹法。欲合之，用药皆靡费钱帛。陵家素贫，欲治生，营田牧畜，非己所长，乃不就。闻蜀人多纯厚，易可教化，且多名山，乃与弟子入蜀，住鹤鸣山，著作道书二十四篇。乃精思炼志。忽有天人下，千乘万骑，金车羽盖，骖龙驾虎，不可胜数，或自称柱下史。或称东海小童。乃授陵以新出正一明威之道。陵受之，能治病，于是百姓翕然奉事之以为师，弟子户至数万，即立祭酒，分领其户，有如官长。并立条制，使诸弟子随事输出米绢器物、纸笔、樵薪、什物等。领人修复道路，不修复者，皆使疾病。县有应治桥道。于是百姓斩

草除溷，无所不为，皆出其意。而愚者不知是陵所造，将为此文从天上下也。

我们看了葛洪所写的记载，便可了解陈寿记述张道陵的事实，不但简要不详，而且是有立场和成见的。张道陵的正一明威道术，到了晋朝，更有扩展，晋室的名公巨卿，朝野大族，都有信奉此道，例如王、谢等巨室，也都历世信奉不衰，以书法著名的王羲之，便是此道中的一分子。所以他手写《黄庭经》，并不是专为习字而好玩的。

此外，我们再看葛洪所载张道陵在四川施行的教化，依照历史文化的功绩观念来讲，便会觉得他与文翁化蜀，同样具有文化教育上的价值：

如说：

陵又欲以廉耻治人，不喜施刑罚。乃立条制，使有疾病者，皆疏记生身已来所犯之事，乃手书投水中，与神明共盟约，不得复犯法，当以身死为约。于是百姓计念，邂逅疾病，辄当首过。一则得愈，二使羞惭，不敢重犯，且畏天地而改。从此之后，所违犯者，皆改为善矣。

在这段的记载里，述说张道陵化民成俗的方针，在于人人自觉自治，重廉耻，畏天命，行善举为其重点，根据道家思想的"为政不在多言"，唯重实行的原则，那么，张道陵这种措施，又何尝是不对呢？陈寿所谓"故世号米贼"，是从曹魏政权的立场，因袭治权的正统观念而来，并不全足取信。其次，关于张道陵个人修炼道术的经过：

如说：

> 陵乃多得财物，以市合丹。丹成，服半剂，不愿即升天也。乃能分形作数十人……行气服食，故用仙法，亦无以易。故陵语诸人曰：尔辈多俗态未除，不能弃世，正可得吾行气、导引、房中之事，或可得服食草木，数百岁之方耳。其有九鼎大要，唯付王长。而后合有一人，从东方来，当得之。此人必以正月七日，日中到。具说长短形状。至时，果有赵昇者，从东方来，生平原相，见其形貌，一如陵所说。陵乃七度试昇，皆过，乃授昇丹经。

这是说明张道陵所修炼的神仙道术，仍以外金丹的丹药为主，以服气、导引、房中等的内丹修炼为助伴，最后，仍以九鼎大要等道法为指归。

至于所说七次试验赵昇的道心，然后授以神仙道术，正是后世妄求学仙者先立道德根基的榜样，如说：

> 七试者：第一试昇：到门不为通，使人辱骂四十余日，露宿不去，乃纳之。第二：使昇于草中守黍驱兽，暮遣美女非常，托言远行过寄宿，与昇接床。明日又称脚痛不去，遂留数日，亦复调戏，昇终不失正。第三试昇：行道忽见遗金三十瓶，昇乃走过不取。第四试昇：令入山采薪，三虎交前，咬昇衣服，惟不伤身。昇不恐，颜色不变，谓虎曰：我道士耳，少年不为非，故不远千里，来事神师，求长生之道，汝何以尔也？岂非山鬼使汝来试我乎？须臾，虎乃起去。第五试昇：于市买十余匹绢，付值讫，而绢主诬之云：未得。昇乃脱己衣，买绢而偿之，殊无愠色。第六试昇：守田谷，有一人往叩头乞食，衣裳破弊，面目尘垢，身体疮脓，臭秽可憎。昇怆然为之动容，解衣衣之，以私粮设食，又以私米遗之。第七试昇：陵将诸弟子登云台绝岩之上，下有一桃

树,如人臂,傍生石壁,下临不测之渊,桃大有实。陵谓诸弟子曰:有人能得此桃实,当告以道要。于时伏而窥之者,三百余人,股战流汗,无敢久临视之者,莫不却退而还,谢不能得。昇一人乃曰:神之所护,何险之有,有圣师在此,终不使吾死于谷中耳。师有数者,必是此桃有可得之理故耳。乃从上自掷,投树上,足不蹉跌,取桃实满怀。而石壁险峻,无所攀缘,不能得返。于是乃以桃一一掷上,正得二百二颗。陵得而分赐诸弟子各一,陵自食留一以待昇。陵乃以手引昇,众视之,见陵臂长三十丈,引昇,昇忽然来还。乃以向所留桃与之。食毕,陵乃临谷上,笑而言曰:赵昇心自正,能投树上,足不蹉跌。吾今欲自试投下,当应得大桃也。众人皆谏,惟昇与王长嘿然。陵遂投空,不落桃上,失陵所在。四方皆仰,上则连天,下则无底,往无道路,莫不惊叹悲涕。惟昇、长二人,良久乃相谓曰:师则父也,自投于不测之崖,吾何以自安!乃倒投身而下,正堕陵前。见陵坐局脚床,斗帐中,见昇、长二人,笑曰:吾知汝来。乃授二人道毕。三日,乃还归,治旧舍,诸弟子惊悲不息。后陵与昇、长二人,皆白日冲天而去。众弟子仰视之,久乃没于云霄也。初陵入蜀山,合丹半剂,虽未冲举,已成地仙,故欲化作七试以度赵昇,乃如其志也。

我们读了葛洪所写这段张道陵授受道术的传记,对于一般妄求长生不老之方的人士,应知有所反省。须知道家与道教所标榜的神仙可学,必以立德为先。后世的人,以价值观念的小忠小勤,轻心慢心的意气用事,妄求出世超人的道术,岂非缘木而求鱼,哪有这种便宜的事呢?如果神仙不可学,就凭这种做人的德行为榜样,以此为人处世,亦正是儒家所谓大人君子的风规,这样的教化,又何尝有害世道人心呢?拼命大骂其为异端不可学,似乎有欠公允。我们非常简略地介绍了汉末道教形成的前因后果，便可大概了解秦、汉以后政治社会演变的关系，由道家思想促成道教建立的先声。

（二）魏晋以后的道家与道教

我们初步了解了汉末的学术情况，与社会人心逃避现实的趋向，促使道家形成道教的情形，然后再来研究魏、晋人对于学术思想转变的迹象，就有脉络可循，不致凭空臆度了。汉末时期，朝野上下，受到政治、经济、军事种种的激荡，社会的不安，随时随地呈现一片紊乱，因此应运而生的新创各种道术信仰，便能普遍传开，深入各个阶层，加上黠者利用游侠与知识分子不满现实的情绪，纵横牵扯，一拍即合，就形成三国时代的局面了。我们想要了解历史文化的演变，必然不要忘记时代背景的影响，所以要讲魏、晋时期的学术思想，必须要追踪东汉末期学术思想的情况，然后才能了解魏、晋学术思想的原因。

我在讲述佛教与中国文化的因缘中，曾经讲到影响时代学术思想的重心，在于当权执政者的领导作风，当汉末及曹魏执政的先后阶段，传习儒家的经学、绍述孔、孟的遗教，除如郑玄、卢植等少数的大儒，稍具规模以外，一般所谓儒生者，都以文学见长；如王粲等人，醉心于辞章的意境，其余济济多士，大多从事于救亡图存的时事，或奔竞于当世功名的途径，即使从事学术思想，也都以见用于现实的世务为主，如研究科学而哲学的易经象数之学，也只有少数有志之士，肯在业余作部分专长的研究，如郑玄的爻辰、费直、荀爽的升降、虞翻的纳甲等有数几人而已。此外，如华佗的医道，管辂的术数，尚有正统道家的遗风，至于以道家法术见长，如于吉、左慈等人，虽然名动公卿，影响人心至巨，但到底不能见重于士林，由此而知由汉末到三国时期，学术思想界的情形，正同当世的时事是一样的紊乱。

曹魏时代，因曹氏父子擅长文学的关系，帷幄中的文士，亦多以文学见长，对于义理学术的探求，已经减色，到了魏、晋转移的阶段，少年贵胄的世家公子，如何晏、王弼之流，既不能做絜静精微的学问工夫，又不能疏通知远，于是，仅于思而不学的心得之下，便以老、庄思想来解释《易经》；不但易经汉学传承的原意，由此丧失，即如老、庄的思想，也从此大为变质。加以名公巨卿，世家大族们对于时势国事，有心挽救而无力挽回，就与当时一般名士们群居终日，手把麈尾，清谈玄理以逃避现实，等于任何一个世纪末期的人，趋向声色歌舞、醇酒美人、玩牌跳舞，是同为时代颓废的心理作用，因此以《易经》、《老子》、《庄子》为主的三玄之学，便应运而兴，所谓清谈与三玄，便是如此这般所造成。恰当那个学术思想中心无主的时代，又加西域佛学的名僧居士们，如支遁、支谦等人，开始源源东来，灌输般若谈空，讲论"神我"、"涅槃"的思想，蔚为一时的风气。在另一方面，受到衰乱颓风的影响，故作旷达而流于疏狂，如嵇康、阮籍、山涛、刘伶等人，便是受到这种世风刺激的牺牲者。

然而魏、晋之际，除了这般人物，足以影响时代的风气以外，其他讲究学问德业，从事挽救世道人心的工作者，难道真正无人吗？这又不然，人间世事，本来就如自然物理一样，有了黑暗，自然也有光明，有正的一面，当然也有反的一面。魏、晋时期，从事挽救世风的人物，大多走入道家与道教的路线，例如三国时期张道陵的创教以外，便有南方的许逊（旌阳），在江西创建净明忠孝教，内用道家、儒家修身敦品立行的传统精神，外用符箓等法术，做为积功累德的修道基础，他的遗风流泽，覆荫千余年以下，成为魏、晋以后南方道教的开建者，也就是唐、宋以后，庐山道术一派的渊源，江西南昌道教胜地的万寿宫，便是为许旌阳而立的千秋庙祀。据道教的传述，许旌阳一派的道术，是带家室同修，不必离尘出俗的法派，所以相传许真人道成之日，全家大小，都拔宅飞升，俨然犬吠云中，成为富贵神仙的榜样。其实，许旌阳的德业，除如道教所说的术妙通神以外，他的最大的功德，就是对江西及三江上游水利的开发与建设，的确留有极大的功劳，虽然不及秦代李冰父子开建都江堰的源远流长，但泽及南方，诚为不可泯灭的事实，据黄元吉所写的许真君传记，我们简择他的要点，稍作介绍：

如说：

真君姓许氏，名逊，字敬之。曾祖琰。祖父玉。父肃。世为许昌人，高节不仕，颍阳由之后也。父汉末，避地于豫章之南昌，因家焉。吴赤乌二年己未，母夫人梦金凤衔珠，坠于帐中，因是有娠而生真君焉。生而颖悟，姿容秀伟。少小通疏，与物无忤。尝从猎，射一麀鹿，中之，子堕，鹿母犹顾舐之，未竟而毙。因感悟，即折弃弓矢，克意为学。博通经史，明天文、地理、律历、五行、谶纬之书。尤嗜神仙修炼之术，颇臻其妙。闻西安吴猛得至人丁义神方，乃往师之，悉传其秘。遂与郭璞访名山，求善地，为栖真之所。得逍遥金氏宅，遂徙居之。日以修炼为事，不求闻达。乡党化其孝友。交游服其德义……乃于太康元年，起为蜀旌阳令。时年四十二。视事之初，诫吏胥去贪鄙，除烦细，脱囚絷，悉开谕以道教忠孝慈仁忍慎勤俭，吏民悦服，咸愿自新……蜀民为之谣曰：人无窃盗，吏无奸欺，我君活人，病无能为。真君知晋室将乱，乃弃官东归。民感惠赢粮而送者蔽野，有至千里始还者，有随至其家愿服役不返者。乃于宅东之隙地，结茅以居，状如营垒，多改氏族以从真君之姓，故号许家营焉。……真君生于吴大帝赤乌二年己未正月二十八日，住世一百三十六年。凡来参学净明弟子,皆尊之曰道师君。真君既飞升之后,里人与其族孙,简就其地立祠。……隋炀帝时,焚修中辍。唐永淳中,天师胡惠超重兴建立。明皇尤如宣奉。宋朝太宗、真宗、仁宗皆赐御书,改赐额曰玉隆。仍禁名山樵采,蠲租赋。政和二年,徽宗降玉册,上尊号曰神功妙济真君。正和六年,改观为宫,仍加万寿二字。……元成宗皇帝,加封号曰至道玄应神功妙济真君。

我们了解了许旌阳与魏、晋之间关于南方道教开建的简略情况,便可知道从东汉到三国时期,中国朝野学术思想的趋向,以及民间社会风气转变的情形。所以张道陵创建道教雏形于桓帝、灵帝之际,黠狡者便利用它的做法,在民间纷纷成立各种道门,如黄巾张角等利用太平道而作乱、开三国紊乱局面的先河。但在魏、晋之际,在南方吴、蜀之间,又另有许旌阳一派净明忠孝教的发展,综合传统文化儒、道两家的精神,建立即在人间,由积功累德的善行升华,而成为天上神仙的超人境界,其功诚不可灭,岂可独以历史记载中的片面之词,认为魏、晋学术,唯有清谈玄学足以代表吗?

此外,如与许旌阳同学的郭璞,发展易经象数、纳甲、及五行之理,对于地球物理的研究,开创后世地理(也有专称为堪舆)占验学术的先声,可惜他德业的成就,不及他的同学许旌阳,立身的方针,又不及葛洪的自处,后世学道家学术,流入江湖之辈,都同有犯了郭璞的错误。葛洪研究神仙丹道,著作《抱朴子》,概括内养精神、服气、炼气、丹砂、服药、符箓等道家传统的学术,外涉用世之学,包括政治哲学原理,以及为人处世的规范等等,都足以垂范千古,富有科学、哲学的宝贵价值。

如《抱朴子》的自序说:

道士弘博洽闻者寡，而意断妄说者众。至于时有好事者，欲有所修为，仓卒不知所以。而意之所疑，又无足咨。今为此书，粗举长生之理。其至妙者，不得宣之于翰墨。盖粗言较略，以示一隅，冀悱愤之徒，省之可以思过半矣。岂谓暗塞，必能穷微畅远乎？聊论其所先觉者耳！世儒徒知服膺周、孔，莫信神仙之书，不但大而笑之，又将谤毁真正。故予所著子言黄白之事，名曰内篇。其余驳难通，释名曰外篇。

据《晋书·葛洪传》所载，他除著作有《抱朴子》一百十六篇外，还有碑诔诗赋百卷，移檄章表三十卷，《神仙》、《良吏》、《隐逸》、《集异》等传各十卷。又抄五经史汉百家之言，方伎杂事三百一十卷，《金匮药方》一百卷，《肘后要急方》四卷。又云：

洪博闻深洽，江左绝伦。著述篇章，富于班马。又精辩玄赜，析理入微。

我们试读修撰《晋书》的唐代大儒房玄龄等人，对于郭璞与葛洪两人的中肯评语。如说：

景纯（郭璞）笃志缔绅，洽闻强记。在异书而毕综，瞻往滞而咸释。情源秀逸，思业高奇。袭文雅于西朝，振辞锋于南夏。为中兴才学之宗矣。夫语怪徵神，伎成则贱。前修贻训，鄙乎兹道。景纯之探策定数，考往知来，迈京管于前图，轶梓灶于遐篆。而官微于世，礼薄于时。区区然寄客傲以申怀，斯亦伎成之累也。若乃大块流形，玄天赋命。吉凶修短，定乎自然。虽稽象或通，而厌胜难恃。禀之有在，必也无差。自可居常待终，颓心委运。何至衔刀被发,遑遑于幽秽之间哉!晚抗忠言,无救王敦之逆。初惭智免,竟毙山宗之谋。仲尼所谓:攻乎异端,斯害也已。悲夫!

至于对葛洪个人的评语,却说:"稚川(葛洪)束发从师。老而忘倦。绁奇册府,总百代之遗编。纪化仙都,穷九丹之秘术。谢浮荣而捐杂艺。贱尺宝而贵分阴。游德栖真,超然事外。全生之道,其最优乎?"我们只要读了魏、晋以后,神仙传中的人物,如郭璞、葛洪的传记及其评语,便可了解后代的人所谓"英雄到老皆归佛"、"未有神仙不读书"真正含义的道理了。

简单扼要地了解了汉末、魏、晋以来,由道家学术思想形成道教的大势,便可明白道教在北魏扩大建立的趋势,及其前因后果了;由魏、晋学术思想遗风的影响,到了北朝的北魏时期,自然更加崇尚玄奇,又因北魏政权是崛起西北的边陲氏族,当然很容易接受佛教文化的思想,由于当权执政者的信仰,风气所及,遂至于朝野奉行。如果从中国佛教发展史的立场来看,北魏对于弘扬佛教的史实与功绩,应当极其重要,但在北魏太祖、世祖的阶段,道教也随佛教之后,勃然而兴。而且综罗汉末张道陵、许旌阳等道教同异的道术,另成一格而别创规模,成为初唐正式建立道教的张本,其中得力分子,便是道士寇谦之,及其信受弟子魏国的权臣崔浩所造成。关于寇谦之的学道,大有如张道陵经历的事迹,他的弘扬建立道教的经过,却因崔浩的推荐,当时便受魏国的封诰,以天师的姿态出场,大展其法术。后来北魏武帝一度摧毁佛教,在佛教史上,便将所有罪过,都记在寇谦之与崔浩的头上,其实,寇谦之对于当时灭佛灭僧的措施,并不完全赞同,崔浩弄权,主张灭佛,那倒真是事实。不过,据《魏书》的史料,崔浩本人,不但不信佛教,同时也不相信真正的老子遗教与遗文,他自己是一个读书不多，而喜欢玩弄阴阳、五行、术数的人物，自比为张良，对于真正佛、道的精神，可谓一窍不通，所以便造成当时历史上的宗教惨案。如欲研究北魏时期，道教建立的大略情形，可读《魏书》——释老志、崔浩传，及道教《历世真仙体道通鉴》中的寇谦之传，与佛教《佛祖历代通载》中有关的资料，大约可以思过半矣。

1. 唐代的道教

道教真正建立的阶段，根据史实的资料，当以唐太宗建国的时期为准。唐太宗立国之初，由于传统宗法思想的观念，要拉出一个名垂万古，而天下人人都知其德业的远祖做炫耀，便晋封老子李耳为道教的教主，确定其尊称为太上老君。并且正式命令天下，以道教为国教，位居佛教之先，后来虽然引起佛教徒们一度的争辩，但始终不变道、佛地位次序的成命，尽管他在信仰上，是倾向于佛教的学术思想，但在中国人传统观念的祖宗信念中，仍然不变其初衷，这是中国文化的特质之一，也是中华民族传统思想特点的长处；所以其他外来宗教，要想完全采用宗教信仰来推翻中国人的祖宗传统精神，违反以孝道治天下的思想，那是既愚且蠢，违背原则的作为，结果恐其难有太好的收获。我们论唐代的文化思想，固然不要忘记佛教与禅宗，但是要了解中国文化的精神，自唐代以后，便确定以儒、释、道三家并称的源流，一直传到近代为止，道教与道家，的确占有相当重要的地位。所以唐代的文学、小说、艺术、工业、建筑、日常生活等，许多都是道、禅合璧的成品，不可举一而偏废其他。简单扼要地说，诗人如李白的作品，便是道家神仙思想的气质，杜甫是儒雅风流的正统，王维以佛学的成分为重，其余诸诗人，不归于佛，即归于道，否则，便是儒、佛、道混合，难以严加分别的综合体。

唐代道、佛风气的隆盛，影响唐代文化非常巨大而普及，但是人事物理的因果，必然自相互为因缘，因为唐代文化在时间历史上，乃综罗秦、汉以下的所长；在空间上，是融会中国、印度、阿拉伯的特质，所以它的雄浑博大，几乎有远迈秦、汉的趋势。道教在这样的一个时代中，正式建立它的宗纲，混合周、秦之际，阴阳、老、庄、儒、墨、兵、农、法、杂等等家的学术，抄袭佛教密宗修法与婆罗门教的方法，一概归入道教的醮坛，蒙上道袍法服，披发仗剑，口诵真言咒语，驱神役鬼以炫耀它的宗门，这便是它受到唐代博大文化影响的结果。同时终唐代三四百年之间，道教本身，产生正反两个特殊人物，成为完成道教建设的两支生力军：（1）是晚唐时代的吕岩（吕纯阳）；（2）是唐末五代的杜光庭。吕纯阳从道家正统修炼神仙丹道的途径，吸收魏、晋以后而至隋、唐之间，佛家禅宗修养的长处，建立唐代以后丹道修炼的中心体系，永为世法，使道教在后世的价值，为之提升不少，同时也使道家学术思想，普遍流传到中国民间社会，乃至后来弘扬到亚洲各地区，也都是他的功劳。杜光庭在西蜀，力排佛学，笃信道教，除了收集有关道术的遗书以外，又自动伪造很多的道书，以充实道教的内容，所以后世称人师心自用，乱造的文字，便有"杜撰"的称谓。但自唐到五代以后，道教思想内容，纯粹研究自然物理功能的变化，而推及人能变化成仙的理论，最著名而最难研究的，便有谭峭的《化书》，亦名《谭子化书》。其次，设想以人力的修为，吸收太阳光能，变化生理气质，想要利用人生血肉的身体，变为光能而飞升直达太阳、月亮之中的，便有道教的《日月奔璘经》的思想产生，后世所谓修道的神仙，吸收日精月华的作用，便由此而来。不管这种虚幻的理想，是否可能成为事实，但人要向太空追究的理想，和寻求太阳能和月亮究竟的观念，在中国的学术思想中，早已渊源在三千年以上，直到唐代，才有这种正式追求方术的出现，凡是科学家的理想，开始都如儿戏，为什么我们忘记了自己祖先的儿戏，而不反省警觉，岂非怪事吗？

2. 宋元明清的道教

宋元明清的道教，它的本质，虽然依循唐代道教的源流而来，但是宗派的分立，与正邪混杂的演变，却大有异同，唯限于时间，不能一一详细分述。宋代的道教，因为宋真宗开始利用宗教信仰，来掩饰在军事、政治、外交上种种失败的耻辱，便奠定后来徽宗、钦宗迷信假道士们的谎言，至于国破家亡的后果。总之，我们要记住中国文化一个不易的原则，要讲治国、平天下之道，就不能专以宗教来搞政治，从为政的立场而言，宗教仅为辅导治化的一端，如果专以宗教而言治道，鉴之汉、唐、宋、元、明、清的经验，就未有不败的先例。如汉末三国时期的黄巾张角，宋、元之间白莲教的韩山童，清代的太平天国与红灯照、义和团等等，都是历史的殷鉴。但从纯粹的道教立场而言，这些得失是非，与正统的道家学术思想，以及道教本身，概不负责，只在领导者睿智的拣择而已。而道教在宋代，因为宋徽宗的提倡，却完成了一件学术上的大事，那便是张君房遴选道教的旧藏道书，分门别类，编辑一部《云笈七签》，成为研究道教学术不世的宝典。

当南、北宋之际，在中国西北部与北方河朔之间，正当夏、辽、金的势力，互相消长的时期，王重阳在陕西开创全真道，再由他弟子邱长春的继续宣扬，便普及于山东、河北之间，而建立道教全真派的门庭，明、清以后，成为道教北派主流龙门派的根源。当元朝崛起蒙古，成吉思汗远征印度边境的时期，他为了邱长春，曾经派兵通过西夏，到山东来请邱长春，间关万里，远出沙漠，在印度北方的边境见面，后来便给邱长春以铜符铁券，做为信守的契约。当元兵进入中国，凡持有全真道的信符，可以免除杀戮与劫掠，这事是否为邱长春在事前有先见之明，或后人有指他为汉奸的嫌疑，实在不可乱下断语，总之，这是中国文化宗教史上的一个大案，暂时无法多讲。但在《元史》，以及元相耶律楚材遗留的资料上，对于邱长春，并无多大的好感，所以有人怀疑邱长春及全真道的价值。其实，所谓全真道的内容，是因袭宋、元以来禅宗的心法，配合丹道家主张清静专修的方法，它虽然属于道教的门派，实是融会儒、佛、道三家精神的新兴道术，至于它的作为，是因边陲氏族入侵中原的变乱阶段当中，民族文化意识，受到重大的刺激，因此形成新兴的教派，暗中在作振衰起弊的工作。但是元朝帝室政权，本来就无文化的根基，后来成吉思汗崛起塞外以后，从上到下，自始至终，便以佛教的密宗学术思想做为重心，耶律楚材不但笃信密法，而且为鼎力维护佛教的重臣，同时他又学习北方的禅宗，为其中的能手，所以他对于邱长春等全真道的观念，不但在政治关系上，当然互相对立，就在宗教的信仰上，也自然视为敌对，我们只要仔细研究《元史》中有关于佛、道两家文化思想互争雄长的情形，便可了然于胸了。

明代的道教，与明朝帝室政权的关系，闹过许多历史性的丑剧，其间功过是非，一言难尽，在道教本身而言，却有两件划时代的大事，具有特别的价值。（1）便是永乐时代，完成《道藏》的修辑。将汉、唐以来所有关于道教、道家的书籍、经典，仿照佛教《大藏经》的组织，构成三洞（洞真、洞元、洞神）、四辅（太元、太平、太清、正一），十二类（本文、神符、玉玦、灵图、谱录、戒律、威仪、方法、众术、记传、赞颂、表奏），成为完整保留中国道家传统文化的一部巨著，其中收罗的丰富，内容的庞杂，实在多足观者，虽然选材不够严谨，内容太多支离，但道家与道教的本身，本来就是如此复杂，如非穷毕生精力，集思广益以类别繁芜，恐怕谁也无法能够对它清理出具体的系统。（2）便是修炼神仙的丹道学派，从宋、元以后，如万派朝宗一样，都归元宗奉唐代仙人吕纯阳为祖师，到了宋代张紫阳、白玉蟾以后，被称为丹道南宗正脉以来，再到明末清初之间，复分为四派，其中主要的南宗北派，以张紫阳为主的，称为南宗丹法，含有单修性命，与性命双修，乃至男女夫妇合藉双修的法派。北派，当然以元初邱长春的全真道为主，主张清静专修的丹法。西派以李涵虚为主，认为直接传承吕纯阳的丹法，是属于性命双修的单修派。东派以陆潜虚为主，也认为是直接承受吕纯阳的嫡传口诀，是属于男女合藉的双修派。总之，道家的丹法，到了明末四大宗派出现以后，虽然各有专主与所长，但支离蔓芜，弊漏也随分派而百出，而且与佛家的禅宗与禅定，始终不无关系。因此到了明末清初阶段，路径愈走愈仄，所有丹法道术，便都以伍冲虚、柳华阳一系的伍柳派为主，既不知有汉，更遑论魏、晋了，故终清以来二三百年间，无论道家或道教，都只在鬼画桃符，与拨弄精神的末流上，随俗浮沉，了无起色。

九、道家及道教思想与中国文化的教育精神

讲到中国文化，在春秋、战国前后，便包括诸子百家所有的学术思想，由战国末期到秦、汉之间，作为代表而足以影响上下社会各阶层的，应该算是儒、道、墨三家，到隋、唐以后，便以儒、佛、道为代表。这个观念，我要再三反复说明的理由，就是希望讲中国文化，不要偏废，更不要弄错方向。关于道家与道教的学术思想，它影响中国历史文化的巨大和悠久，实在源远流长，普遍深入每一部分。例如以中国的宗教与哲学而言：佛教经典及佛学内容的翻译，有许多名词、术语，以及注释与疏述，很多地方，都是借重道家学术思想的名词和义理；当然，后来道家与道教，有很多是采纳融会佛教学理的学术思想，那也是不容否认的事实。至于儒家学术，以及侈谈玄之又玄的思致辨慧，更离不开道家思想，尤其是老子、庄子、列子的学问。其他如政治、军事、经济、社会、文学、艺术、工业、农事等等，无不与道教前身的道家学术思想有关。我们为了尽量简化来做大概的介绍，列举最重要，而且最普遍、最熟悉的事，莫如中华民族以及各地方所有的风俗习惯，尤其是过去的农业社会，渔猎社会，平原生活、海洋生活与高原生活，对于五候、六气、二十四节气的关系与重视，几乎与整个的生活打成一片，不可分离，这都由于传统道家学术思想的影响，直达三千年之久。其次，如过去民间岁时过年的伏腊、送灶、元

旦、祭天地祖宗、正月初七的人日、初九的九皇诞、正月十五的上元节、春社的宴会、二月十二日的花朝、三月三日的上坟扫墓、五月端午的插菖蒲、饮雄黄酒、六月六日的晒曝、七月七的乞巧、七月十五的中元鬼节、八月十五的中秋、九月九的登高等等，不尽细说的风俗习惯，都由于道教思想所形成。若在一般民间迷信道教观念的习惯而言，几乎每一个月当中，便有大半时间，都在禁忌与信守之中，简直不敢错走一步。至于婚丧庆吊等与礼仪有关的习俗，无一不从道家的观念而来，但是，这些种种的习惯风俗，我们只要试读《礼记》与《荆楚岁时记》等书，便可知道其渊源久远，而且是儒、道本不分家的综合文化，我们因为生活在道家学术思想之中过的太久了，反而忘其所以，致使自己对于道家内容太过陌生，岂非有违常理。

至于讲到道家及道教与中国文化教育的密切关系，更为重要，我们都只知道中国过去教育的目的，大体是走儒家孔、孟思想的路线，为建立人伦道德，至于修身、齐家、治国、平天下而教育，所谓功名科第，仅是它的余事而已。然而因为后儒对于道、佛两教，素来便有视为异端的因袭观念，所以对于道家与道教在中国教育文化上的功劳，都是阳奉阴违，忘其所以。现在在这个阶段，总算还有若干前辈的长老，尚在人世，可以证明我的所说；所以我肯定地说一句话：中国过去的教育，与中国前辈读书人的知识分子，他由少年到一生的人格道德教育，大多都以儒家的思想做规范，以道家与道教的精神做基础，这是什么理由呢？这便是道教两本书的力量：（1）《文昌帝君阴骘文》。（2）《太上感应篇》。这两本书的内容，等于便是道家与道教的戒条，也就是中国文化教人为善去恶的教育范本，它以天道好还，福善祸淫的因果律做根据，列举许多做人做事、待人接物的条规，由做人做事而直达上天成仙的成果，都以此为标准。从汉、魏开始，经晋代抱朴子的提倡，一直流传到两三千年，它主张的道德，是着重在阴德的修养，所谓阴德，便是民间俗话所说的阴功积德；阴功，是不求人知，被人所不见，人所不知的善行，如明求人知，已非阴德了。由此思想观念的发展，过去认为科第功名的中取与否，除了文章学问以外，更重要的，便是靠为善去恶，阴功积德的结果。因此，很多世代书香的人家，尽管大门口贴着僧道无缘的标语，但在他们案头放着教导子孙家庭教育的范本，都摆有《文昌帝君阴骘文》与《太上感应篇》等书，如果一个立志上进，要读书求取科名的青年，不照这个规矩做去，虽然文章学问最好，也难以有求得科名的希望。甚之，进入考场以后，在那种阴森萧瑟的考棚中，阴风惨惨，鬼气森然的环境里，还有人大叫"有冤报冤，有仇报仇"的场语，如果自己做了亏心事，不但考试不能中取，甚之，暴毙在考棚中的传说，随时随地都有。从我们现代的眼光看来，可能是考棚中的卫生设备太差的所致，但在过去人格人伦的教育思想中，确为最重要的一环，相传所谓"救蚁得状元之中，埋蛇享宰相之荣"的思想，便由此而来。甚之，如宋代的大儒欧阳修，一生不信道、佛，当他出为主考官，在灯下阅卷的时候，也会很明显地浮上这个阴影，他看见在他前面站着一个隐隐约约穿古衣冠的朱衣人，便是主持对于密封录取考生命运的监临者；当他在巡视考场时，便有很轻松的当场即景诗说："下笔春蚕食叶声。"但在录取考卷的时候，便有戒慎恐惧到非常神秘的诗句说："文章千古无凭据，但愿朱衣暗点头。"这种精神与风气，在中国文化教育界中，一直延续到十九世纪末期为止，同时，各省、各府、各县，在在处处，都有文昌阁与魁星楼的建筑，它与东岳庙、城隍庙、三官大帝祠庙等，巍然并峙。所谓梓潼文昌帝君，从唐以后便兴盛风行，是专管文运的神道，魁星也是专管科第功名，赏善罚恶的文运之神；乃至由此普及到达戏剧方面，如过去的唱戏（包括京戏、地方戏等），当开锣上台以前，第一出场的，便是魁星，其次，才是跳加官，招财进宝。戏剧到了最后完场时，便是关公拖着偃月刀来净台，这样的一个戏剧文化思想，他是代表什么意义？大有文章，可以值得深长思也。关于《阴骘文》与《太上感应篇》的内容太多，研究教育思想的人，不妨找来做一参考，以很客观的胸襟去读，对于中国文化，与世界道德教育的了解与重建，我想还是具有相当价值的，青年的同学们，不妨以极度的耐心去试试看，当然！我说的耐心，也是有意义的，否则，你也许不肯卒读，大起反感，过去读书人用的日常"功过格"，便是根据这两本书的精神而来。

在此附带说明中国文化对于人伦道德的基本哲学，彻始彻终，都建立在因果报应的观念上。无论儒家与道家，毕竟没有离开这个范围，只有程度的深浅而已。儒家的思想中，成分比较轻，道家的思想中，成分很重，后来加进佛家的思想，更特别注重三世因果的信念，所以在人生道德修养的方面，便与儒、道思想，不谋而合，很容易互相辅掖并行了。但在隋、唐以后，直到现在，关于佛家的三世因果观念，与传统道家的因果观念，始终是互相冲突，大多都在半信半疑的概念中存在着，这是什么理由呢？因为儒、道的思想，都是根据《易经》的"积善之家，必有余庆。积恶之家，必有余殃"与"善不积，不足以成名。恶不积，不足以灭身"的传统而来，所以形成的因果观念，是讲究祖先、父母、子孙宗族血统的三世因果报应。佛家的三世因果观念，是从个人做基点，形成前生、今世、后身的三世因果；从祖孙父子的宗族三世而论因果，有时容或可据，使人易信，从生前身后而言因果，更加使人茫然，不易相信。但无论属于道、佛两家的那种观念，在汉初，已有司马迁在《伯夷列传》中，提出部分的怀疑论，他对于道家所说"天道福善祸淫"的理论有疑问，然而他在别的传记中，又很肯定地相信。王充著《论衡》，在他的思想体系里，也否认命定的因果观念，但同样地，他又主张人生应当为善的思想，这个有关东方道德教育的专门学问，牵涉太广，只在此略一提出，以供注意。现在所要借此做说明的，便是关于《阴骘文》与《太上感应篇》等的思想渊源，以及隋、唐以后，道、佛两家因果报应观念的汇流，因此而形成中国民间上下，国民道德观念的思想背景而已。

复次，道家与道教，从魏、晋开始，到唐、宋以后，它与中国文学的因缘，正像佛学与禅宗一样，都与文学结有不解之缘的，如果勉强地以时代来分界限，魏、晋的文学，含有道家的成分比较多，无论为诗歌与散文，都是如此。唐人的文学，道、佛两家的气息并重，尤其以唐诗是如此，至于唐人的笔记小说中，却以道家的成分为多。宋人的文学，似乎比较偏向于禅，无论诗词与散文，大体都有这个情况。元代的戏曲、小说等等，佛学成分多于道家，明、清以来，才慢慢走上融混的道路。为了讲这样一个严肃的课题，最后要使大家轻松一些，我们不妨举出唐人诗中一些有关道家与道教的材料，使人读后多少可以沾些仙人气息的意境，唐代的名士才子中，例如李商隐有名的一首《无题》律诗，便可处处见到他含有道家的情绪，"来是空言去绝踪，月斜楼上五更钟。梦为远别啼难唤，书被催成墨未浓。蜡照半笼金翡翠，麝薰微度绣芙蓉。刘郎已恨蓬山远，更隔蓬山一万重。"又如他的《锦瑟》一律，"锦瑟无端五十弦，一弦一柱思华年。庄生晓梦迷蝴蝶，望帝春心托杜鹃。沧海月明珠有泪，蓝田日暖玉生烟。此情可待成追忆，只是当时已惘然。"他所用的刘郎、蓬山、庄生梦蝴蝶、望帝托杜鹃、沧海珠泪、蓝田暖玉等等，无一不是与道家、道教有关的典故，无此修养，无此意境，无此感情，便做不出这种诗境，这比较王维的具有道家意境的诗，"积雨空林烟火迟，蒸藜炊黍饷东菑。漠漠水田飞白鹭，阴阴夏木啭黄鹂。山中习静观朝槿，松下清斋折露葵。野老与人争席罢，海鸥何事更相疑"，各是别有一番风味的。至于唐代名僧、道士的诗，好的作品，也非常的多，因为一般限于诗体的成见与偏见，便轻易地忽略过去，道士的诗，例如："因买丹砂下白云，鹿裘唯惹九衢尘。不如将耳入山去，万是千非愁杀人"，"佛前香印废晨烧，金锡当门照寂寥。童子不知师病因，报风吹折好芭蕉"，"似鹤如云一个身，不忧家国不忧贫。拟将枕上日高卧，卖与世间荣贵人"，"帆力劈开沧海浪，马蹄踏破乱山青。浮名浮利浓于酒，醉得人心死不醒"，等等，都是惑乱人生中，偶然一服的清凉镇定剂，大可有助于修养。至若唐人笔记小说中的裴航遇仙，云英谪嫁的仙人艳迹，平添后世许多神仙眷属的幻想与佳话，那都是道家与道教给予中国文学的生命活力，并无颓唐、哀愁、灰色的情调。宋代名诗人，如苏东坡、王安石、黄山谷等人的作品，更与道、佛思想不能分离，苏东坡的名词，如《水调歌头》："明月几时有？把酒问青天，不知天上宫阙，今夕是何年？我欲乘风归去，唯恐琼楼玉宇，高处不胜寒！起舞弄清影，何似在人间！转朱阁，低绮户，照无眠。不应有恨，何事长向别时圆？人有悲欢离合，月有阴晴圆缺，此事古难全！但愿人长久，千里共婵娟。"以及"鸟噪猿呼昼闭门，寂寥谁识古皇尊？青牛久已辞辕轭，白鹤时来访子孙"等句，不一而足，如要研究道家思想与中国文学，此中大有文章，也不可放过。

《禅与道概论》后语
杨管北

距今十二年前,吾在德国途中,因突患心脏冠状闭塞症,转道返国,息影山居,摒绝妄想,浮云世事,日以读书自遣。浏览既多,理有不明于心者益众,乃复涉猎宗教之学,而读佛经。然佛学难通,尤甚于世典。不但翻译辞章之体裁有异,名相与内义尤加隔碍。后因友人之介,得识南师怀瑾先生,晤谈片时,如有所契。从此每周星期六下午,敦请先生莅临舍间,讲授佛学及修证心要,祁寒风雨无间,逾十余寒暑。初由一般佛学而渐及各宗大要,乃至显教密教,禅宗道家,无不圆融普摄,一一加以开示。先生每又随机设教,屡加接引,使余得窥心宗,了知本来,原甚平易。复以禅门宗风,将歇于世,乃允所请,常于每年春初,举行禅七法会,亲与敬信者,躬行禅寂,由此获益而知方者,颇不乏人。

吾年痴长先生十余岁,人或疑其何以执事之恭、诚信之笃,吾每举韩文公师说,与儒家事师仪礼为对。况释迦弟子,如大迦叶、须菩提等辈,莫不年长于文佛,先哲风规,垂范后昆,为学为道,先须自去增上慢心,犹恐自有惭德。况吾从先生十余年,执经寻讨三教问学,瞻之在前，忽焉在后，久而敬之，固非偶然。然先生谦抑自牧，与吾辈交，虽有法乳之惠，而平素惟以友道自处，逊不为师，此犹久而敬之，亦理所固然。先生学问知识之渊博，实不愧为当代通人，此皆有识者所共仰。吾每请其为浩漫无涯之佛学，作一条贯通论，又为中国上下五千年文化学术之源流，作有系统之论述，终因世缘尘累，未遂所愿。今春去秋，先生应刘白如兄之邀，在政大教育研究所，讲演佛道两家与中国文化。又经《大华晚报》披露一部分讲辞。读者咸欲竟其全文，乃发心随喜，为之经募印送三千册，用以弘扬中国文化与佛法之胜缘。以吾从先生游久，先生道业思想之端绪，略可概窥一二，本书所述佛道两教学术内容，仅其平生所学少分之绪论，诚未足以尽其所蕴。然其正学术之视听，敦思维于正道，淑世利人之情，跃然纸上，故敢不揣鄙陋，特为拈出要点，俾知其涯岸。

时际浊世，佛学思潮，虽日益扩展，然说理者日众，修证者愈少。学者不趋于时尚而视为哲学思想之研究，即随欧美后期佛学家路线，从事梵文、巴利文之考证，以为治佛学之正途。孰知五印梵文，今昔大有异趣，不但方言音译与内义变迁甚远，而求证吾国千余年译本之梵荚，荡然无存。据今疑古，漠视中国佛学之价值，殊有未当。后世巴利文之佛学典籍，大多为南传小乘经典，时代悬隔，传写错讹，虽可资为参考，未必足为证据。况佛法重在行持实证，佛经所说理趣，皆为求证一大事因缘之津梁，如理事分途，依文解义，徒成慧业，则失佛法之宗旨。今先生讲述佛学部分，深入浅出，随机设教，侧重真修实证之要，抽绎佛学要领，汇归心地法门，志在作初学之梯航，为入道之门径。至于属辞比事，语含妙旨，惟在读者好学深思，自可明其大要。

所讲道家部分，追溯中国文化学术思想之源流，别有见地，多不同于俗见。如其反复述说《易经》学系与《书经》学系来源之异同。

指陈春秋、战国时代，先秦诸子学术思想，各因方域语文之有别，由于先民氏族传统思想，与历史地理环境之差异。明扬隐士思想与方士学术为道家文化思想之渊源。皆发人所未发，阐释前古沉沦隐晦，开启后学之正思。若夫丹道妙诀之明旨，阴阳术数与天地物理之阃奥，恐囿于习见者大笑而却走，惟略发端倪而已。惟所憾者，本书所述，因限于时间，未详其要，犹未尽餍吾人所望耳。

南怀瑾先生著述目录

1. 禅海蠡测　（一九五五）
2. 楞严大义今释　（一九六〇）
3. 楞伽大义今释　（一九六五）
4. 禅与道概论　（一九六八）
5. 维摩精舍丛书　（一九七〇）
6. 静坐修道与长生不老　（一九七三）
7. 禅话　（一九七三）
8. 习禅录影　（一九七六）
9. 论语别裁（上）　（一九七六）
10. 论语别裁（下）　（一九七六）
11. 新旧的一代　（一九七七）
12. 定慧初修　（一九八三）
13. 金粟轩诗词楹联诗话合编　（一九八四）
14. 孟子旁通　（一九八四）
15. 历史的经验　（一九八五）
16. 道家密宗与东方神秘学　（一九八五）
17. 习禅散记　（一九八六）
18. 中国文化泛言（原名"序集"）　（一九八六）
19. 一个学佛者的基本信念　（一九八六）
20. 禅观正脉研究　（一九八六）

21. 老子他说　（一九八七）

22. 易经杂说　（一九八七）

23. 中国佛教发展史略述　（一九八七）

24. 中国道教发展史略述　（一九八七）

25. 金粟轩纪年诗初集　（一九八七）

26. 如何修证佛法　（一九八九）

27. 易经系传别讲（上传）　（一九九一）

28. 易经系传别讲（下传）　（一九九一）

29. 圆觉经略说　（一九九二）

30. 金刚经说什么　（一九九二）

31. 药师经的济世观　（一九九五）

32. 原本大学微言（上）　（一九九八）

33. 原本大学微言（下）　（一九九八）

34. 现代学佛者修证对话（上）　（二〇〇三）

35. 现代学佛者修证对话（下）　（二〇〇四）

36. 花雨满天　维摩说法（上下册）　（二〇〇五）

37. 庄子諵譁（上下册）　（二〇〇六）

38. 南怀瑾与彼得·圣吉　（二〇〇六）

39. 南怀瑾讲演录二〇〇四—二〇〇六　（二〇〇七）

40. 与国际跨领域领导人谈话　（二〇〇七）

41. 人生的起点和终站　（二〇〇七）

42. 答问青壮年参禅者　（二〇〇七）

43. 小言黄帝内经与生命科学　（二〇〇八）

44. 禅与生命的认知初讲　（二〇〇八）

45. 漫谈中国文化　（二〇〇八）

46. 我说参同契（上册）　（二〇〇九）

47. 我说参同契（中册）　（二〇〇九）

48. 我说参同契（下册）　（二〇〇九）

49. 老子他说续集　（二〇〇九）

50. 列子臆说（上册）　（二〇一〇）

51. 列子臆说（中册）　（二〇一〇）

52. 列子臆说（下册）　（二〇一〇）

53. 孟子与公孙丑　（二〇一一）

54. 瑜伽师地论　声闻地讲录（上册）　（二〇一二）

55. 瑜伽师地论　声闻地讲录（下册）　（二〇一二）

56. 廿一世纪初的前言后语（上册）　（二〇一二）

57. 廿一世纪初的前言后语（下册）　（二〇一二）

58. 孟子与离娄　（二〇一二）

59. 孟子与万章　（二〇一二）

60. 宗镜录略讲（卷一至五）　（二〇一三至二〇一五）

打开微信,扫码观看
《复旦大学出版社南怀瑾著作出版纪程》视频

打开微信,扫码观看
南怀瑾先生授课原声视频

打开微信，扫码听南怀瑾著作有声书

《老子他说》有声书

《老子他说续集》有声书

购买南怀瑾先生纸质图书，请打开淘宝，扫码登陆复旦大学出版社天猫旗舰店

打开微信，扫码看南怀瑾著作电子书

《金刚经说什么》电子书

《如何修证佛法》电子书

购买南怀瑾先生纸质图书，请打开淘宝，扫码登陆复旦大学出版社天猫旗舰店

图书在版编目(CIP)数据

禅宗与道家/南怀瑾著述. —2 版. —上海：复旦大学出版社,2016.3(2024.4 重印)
ISBN 978-7-309-11598-7

Ⅰ. 禅… Ⅱ. 南… Ⅲ. ①禅宗-研究②道家-研究 Ⅳ. ①B946.5②B223.05

中国版本图书馆 CIP 数据核字(2015)第 157880 号

禅宗与道家
南怀瑾　著述
出　品　人/严　　峰
策划创意/南怀瑾项目组
编辑统筹/南怀瑾项目组
责任编辑/陈　军　邵　丹

复旦大学出版社有限公司出版发行
上海市国权路 579 号　邮编：200433
网址：fupnet@fudanpress.com　http://www.fudanpress.com
门市零售：86-21-65102580　团体订购：86-21-65104505
出版部电话：86-21-65642845
上海新艺印刷有限公司

开本 787 毫米×960 毫米　1/16　印张 18.75　字数 230 千字
2016 年 3 月第 2 版
2024 年 4 月第 2 版第 10 次印刷

ISBN 978-7-309-11598-7/B·538
定价：38.00 元

如有印装质量问题，请向复旦大学出版社有限公司出版部调换。
版权所有　　侵权必究